福州大学 21 世纪海上丝绸之路核心区建设研究院研究成果
海上丝绸之路与中国海洋强国战略丛书

2015 年主题出版重点出版物

海上丝绸之路与中国海洋强国战略丛书

总主编／苏文菁

沉船、瓷器与海上丝绸之路

刘淼 胡舒扬 著

社会科学文献出版社
SOCIAL SCIENCES ACADEMIC PRESS (CHINA)

"海上丝绸之路与中国海洋强国战略丛书"
编委会

编委会主任 高 明

编委会副主任 苏文菁

编委会成员 （按姓氏笔画排序）

丁国民 　王 　涛 　甘满堂 　叶先宝 　庄 　穆
刘 　淼 　〔新西兰〕约翰·特纳 　苏文菁
杨宏云 　杨艳群 　〔新西兰〕李海蓉 　吴兴南
张良强 　张相君 　〔马〕陈耀宗 　林志强
周小亮 　胡舒扬 　〔新加坡〕柯木林 　骆昭东
高 　明 　唐振鹏 　陶 　菁 　黄清海 　黄 　辉
〔马〕黄裕端 　　　赖正维 　潘 　红

丛书主编 苏文菁

"海上丝绸之路与中国海洋强国战略丛书"总序

中国是欧亚大陆上的重要国家,也是向太平洋开放的海洋大国。长期以来,中国以灿烂的内陆农耕文化对世界文明产生了巨大的影响。近百年来,由于崛起于海洋的欧洲文明对世界秩序的强烈影响,来自黑格尔的"中国没有海洋文明""中国与海不发生关系"的论调在学术界应者甚众。这种来自西方权威的论断加上历史上农耕文化的强大,聚焦"中原"而忽略"沿海"已是中国学术界的常态。在教育体系与学科建设领域,更是形成了一个"中""外"壁垒森严、"中国"在世界之外的封闭体系。十八大提出了包括建设海洋强国在内的中华民族全面复兴的宏伟目标。2013年以来,习总书记提出以建设"一带一路"作为实现该宏伟目标的现阶段任务的重要战略构想。国家战略的转移需要新的理论、新的知识体系与新的话语体系,对于农业文明高度发达的中国而言,建设富有中国气质的、与海洋强国相适应的新知识体系、新话语体系、新理论更是刻不容缓。

从地球的角度看,海洋占据了其表面的约70.8%,而陆地面积占比不到30%,陆域成了被海洋分割、包围的岛屿。从人类发展的角度看,突破海洋对陆域的分割、探索海洋那一边的世界、把生产生活活动延伸至海洋,是人类亘古不变的追求。而人类对海洋的探索主要经历了四个不同的阶段。

第一阶段是远古至公元 8 世纪，滨海族群主要在近海区域活动。受生产力，特别是造船能力的影响，滨海人民只能进行小范围的梯度航行，进行近海的捕捞活动。除了无潮汐与季风的地中海之外，其他滨海区域的人民尚无法进行远程的跨文化交换与贸易。目前的知识体系还不足以让我们准确了解该阶段的发展状况，但我们仍然可以从各学科的发现与研究中大致确定海洋文化较为发达的区域，它们是环中国海区域、环印度洋区域、环北冰洋区域，当然也包括环地中海区域。在这一阶段，滨海区域开始出现与其地理环境相应的航海工具与技术，这是各地滨海族群为即将到来的大规模航海储备力量的阶段。

第二阶段是 8 世纪至 15 世纪，滨海族群逐渐拓展自己的海洋活动空间。随着技术的不断发展，他们由近海走向远洋，串联起数个"海"而进入"洋"。海上交通由断断续续的"点"链接成为区域性、规模化的"路"。环中国海的"点"逐渐向西扩展，与印度洋进行连接；印度洋西部阿拉伯海区域的"点"向地中海及其周边水域渗透。由此，海上丝绸之路"水陆兼程"地与地中海地区连接在一起，形成了跨越中国海、南洋、印度洋、红海、地中海的贸易与交通的海洋通道。从中国的历史看，该阶段的起点就是唐代中叶，其中，市舶司的设立是中国政府开始对海洋贸易实施管理的代表性事件。这一阶段，是中国人与阿拉伯人共同主导亚洲海洋的时代，中国的瓷器、丝绸以及南洋的各种物产是主要的贸易产品。

第三阶段是 15 世纪至 19 世纪中叶，东西方的海洋族群在太平洋上实现了汇合。这是海上丝绸之路由欧亚板块边缘海域向全球绝大部分海域拓展的时代。在这一阶段，欧洲的海洋族群积极开拓新航线，葡萄牙人沿非洲大陆南下，绕过好望角进入印度洋；西班牙人向西跨越大西洋，踏上美洲大陆。葡萄牙人过印度洋，据马六甲城，进入季风地带，融入亚洲海洋的核心区域；西班牙人以美洲的黄金白银为后发优势，从太平洋东岸跨海而来，占据东亚海域重要的交通与贸易"点"——吕宋。"大航海"初期，葡萄牙、西班牙的海商是第一波赶赴亚洲海洋最为繁忙的贸易圈的欧洲人，紧接着是荷兰人、英国人、法国人。环中国海以及东南亚海域成为海洋贸易与交通最重要的地区。但遗憾的是，中国海洋族群的海洋活动正受到内在制度的限制。

第四阶段是19世纪下半叶至当代，欧洲的工业革命使得人类不再只能依靠自然的力量航海；人类依靠木质帆船和自然力航海的海洋活动也即将走到尽头；中国的海洋族群逐渐走向没落。"鸦片战争"之后，中国海关系统被英国等控制，世界上以东方物产为主要贸易物品的历史终结了，包括中国在内的广大东方区域沦为欧洲工业品的消费市场。

由上述分析，我们能够充分感受到海上丝绸之路的全球属性。在逾千年的历史过程中，海上丝绸之路唯一不变的就是"变化"：航线与滨海区域港口城市在变化；交换的物产在变化；人民及政府对海洋贸易的态度在变化……但是，由海上丝绸之路带来的物产交换与文化交融的大趋势从未改变。因此，对于不同的区域、不同的时间、不同的族群而言，海上丝绸之路的故事是不同的。对于非西方国家而言，对海上丝绸之路进行研究，特别是梳理前工业时代东方文明的影响力，是一种回击欧洲文明优越论的文化策略。从中国的历史发展来看，传统海上丝绸之路是以农耕时代中国物产为中心的世界文化大交流，从其相关历史文化中可汲取支撑我们继续前行的力量。

福州大学"21世纪海上丝绸之路核心区建设研究院"在多年研究中国海洋文化的基础上，依托中国著名的出版机构——社会科学文献出版社，策划设计了本丛书。本丛书在全球化的视野下，通过挖掘本民族海洋文化基因，探索中国与海上丝绸之路沿线国家历史、经济、文化的关联，建设具有中国气质的海洋文化理论知识体系。丛书第一批于2015年获批为"2015年主题出版重点出版物"。

丛书第一批共十三本，研究从四个方面展开。

第一，以三本专著从人类新文化、新知识的角度，对海洋金融网、海底沉船进行研究，全景式地展现了人类的海洋文化发展。《海洋与人类文明的生产》从全球的角度理解人类从陆域进入海域之后的文明变化。《海洋移民、贸易与金融网络——以侨批业为中心》以2013年入选世界记忆遗产的侨批档案为中心，对中国海洋族群在海洋移民、贸易中形成的国际金融网络进行分析。如果说侨批是由跨海成功的海洋族群编织起来的"货币"与"情感"的网络的话，那么，人类在海洋上"未完成"的航行也同样留下了证物，《沉船、瓷器与海上丝绸之路》为我们整理出一条"水下"的海上丝绸之路。

第二，早在欧洲人还被大西洋阻隔的时代，亚洲的海洋族群就编织起亚洲的"海洋网络"。由中国滨海区域向东海、南海延伸的海洋通道逐步形成。从中国沿海出发，有到琉球、日本、菲律宾、印度尼西亚、中南半岛、新加坡、环苏门答腊岛区域、新西兰等的航线。中国南海由此有了"亚洲地中海"之称，成为海上丝绸之路的核心区域，而我国东南沿海的海洋族群一直是这些海洋交通网络中贸易的主体。本丛书有五本专著从不同的方面讨论了"亚洲地中海"这一世界海洋贸易核心区的不同专题。《东海海域移民与汉文化的传播——以琉球闽人三十六姓为中心》以明清近六百年的"琉球闽人三十六姓"为研究对象，"三十六姓"及其后裔在向琉球人传播中国文化与生产技术的同时，也在逐渐地琉球化，最终完全融入琉球社会，从而实现了与琉球社会的互动与融合。《从龙牙门到新加坡：东西海洋文化交汇点》、《环苏门答腊岛的海洋贸易与华商网络》和《19世纪槟城华商五大姓的崛起与没落》三本著作从不同的时间与空间来讨论印度洋、太平洋交汇海域的移民、文化与贸易。《历史影像中的新西兰华人》（中英文对照）则以图文并茂的方式呈现更加丰厚的内涵，100余幅来自新西兰的新老照片，让我们在不同历史的瞬间串连起新西兰华侨华人长达 175 年的历史。

第三，以三部专著从海洋的角度"审视"中国。《海上看中国》以 12 个专题展现以海洋为视角的"陌生"中国。在人类文明发展的进程中，传统文化、外来文化与民间亚文化一直是必不可少的资源。就中国的海洋文化知识体系建设来说，这三种资源有着不同的意义。中国的传统文化历来就有重中原、轻边疆的特点，只在唐代中叶之后，才对东南沿海区域有了关注。然而，在此期间形成了海洋个性的东南沿海人民，在明朝的海禁政策下陷入茫然、挣扎以至于反抗之中；同时，欧洲人将海洋贸易推进到中国沿海区域，无疑强化了东南沿海区域的海洋个性。明清交替之际，清廷的海禁政策更为严苛；清末，中国东南沿海的人民汇流于 17 世纪以来的全球移民浪潮之中。由此可见，对明清保守的海洋政策的反思以及批判是我们继承传统的现实需求。而《朝贡贸易与仗剑经商：全球经济视角下的明清外贸政策》与《明清海盗（海商）的兴衰：基于全球经济发展的视角》就从两个不同的层面来审视传统中华主流文化中保守的海洋政策与民间海商阶层对此的应对，从中可以看出，当时国家海洋政策的失误及其造成的严重后果；此外，在对中西海商（海盗）进行对比的同时，为中国海商翻案，指出对待海商（海盗）的态度或许是中国走向衰落而西方超越的原因。

第四，主要是战略与对策研究。我们知道，今天的国际法源于欧洲人对海洋的经略，那么，这种国际法就有了学理上的缺陷：其仅仅是解决欧洲人纷争的法规，只是欧洲区域的经验，并不具备国际化与全球化的资质。东方国家有权力在 21 世纪努力建设国际法新命题，而中国主权货币的区域化同理。《国际法新命题：基于 21 世纪海上丝绸之路建设的背景》与《人民币区域化法律问题研究——基于海上丝绸之路建设的背景》就对此展开了研究。

从全球的视野看，海上丝绸之路是人类在突破海洋的限制后，以海洋为通道进行物产的交流、思想的碰撞、文化的融合进而产生新的文明的重要平台。我们相信，围绕海上丝绸之路，世界不同文化背景的学者都有言说的兴趣。而对中国而言，传统海上丝绸之路是以农耕时代中国物产为中心的世界文化大交流，源于汉唐乃至先秦时期，繁荣于唐宋元时期，衰落于明清时期，并终结于1840年。今天，"21世纪海上丝绸之路"建设是重返世界舞台中心的中国寻找话语权的努力，在相同的文化语境之中，不同的学科与专业都有融入海洋话语时代的责任。欢迎不同领域与学科的专家继续关注我们的讨论、加入我们的航船：齐心协力、各抒其才。海洋足够辽阔，容得下多元的话语。

苏文菁
2016年12月

内容提要

本书基于古代海洋文明史的宏观视野，以海上丝绸之路为切入点，在全面系统地搜集窑址、港口、航线沉船及海外遗址出土的中国古代陶瓷遗存的基础上，结合其生产地、中转地、销售地和消费者等一套完整的信息资料，从海洋文化因素分析的角度，对中国古代陶瓷经海上丝绸之路向外运销的历程及阶段特征进行了系统的梳理，揭示了古代海洋文明消长与瓷器贸易变迁的互动关系。

根据大量留存于海上丝绸之路的沉船遗址及遗物信息，比对窑址资料，结合相关文献记载，本书将中国古代瓷器贸易的历史划分为以下若干个阶段：晚唐、五代时期瓷器外销的第一高峰；宋元时期瓷器外销的鼎盛阶段；明初海禁政策下瓷器外销的"空白期"阶段；明代中晚期瓷器外销市场的逐渐恢复，及随着西方海洋势力的到来，中国逐步融入早期全球贸易体系的进程；明末清初郑氏集团控制下的瓷器贸易；清康熙以后瓷器输出特别是对欧洲市场输出的繁荣；外销瓷欧洲市场的衰落及美国对华瓷器贸易的兴起直至鸦片战争以后中国瓷业的彻底衰落。通过对各阶段海洋文化的背景、海洋势力的消长、港口的变迁以及外销陶瓷的生产情况、品种、阶段特征的讨论，大致梳理出了一个较为完整的瓷器外销体系，而这个体系又与海上丝绸之路的发展变迁历程密切相关。

可以看到，陶瓷的海路输出受到港口城市发展、海外贸易政策变迁、海商势力发展、对外航路的不断开辟以及造船、航海技术不断进步等海洋文化因素的综合影响。不同的海洋文化因素在不同的时间呈现不同的阶段特征，影响中国古代陶瓷的海路输出和海上丝绸之路的兴衰，使之呈现曲折发展的面貌。这一过程中所展示的经验教训对于当今更好地发展我们的海洋文明，制定 21 世纪的海洋发展战略，具有重要的历史启示和积极的现实意义。

目 录

001 / 第一章　**前言**

　　　003 / 第一节　中国古代海洋文明的进程

　　　013 / 第二节　中国古代四洋航路的划分

　　　017 / 第三节　中国古代贸易陶瓷的生产

029 / 第二章　**从陶瓷考古资料看晚唐、五代时期的海外贸易**

　　　031 / 第一节　沉船、港口及海外遗址中发现的晚唐、
　　　　　　　　　　五代陶瓷

　　　041 / 第二节　考古发现晚唐、五代贸易陶瓷的特点

　　　043 / 第三节　从陶瓷考古资料看晚唐、五代时期的
　　　　　　　　　　海外贸易

　　　048 / 第四节　结语

049 / 第三章　**从沉船资料看宋元时期海外贸易的变迁**

　　　051 / 第一节　考古发现的宋元时期沉船资料

　　　072 / 第二节　从沉船资料看宋元陶瓷的生产及
　　　　　　　　　　外销

　　　102 / 第三节　宋元时期陶瓷大规模运销海外的背景

　　　110 / 第四节　从沉船资料看宋元时期海外贸易的
　　　　　　　　　　变迁

117 / **第四章　明代前期海禁政策下的瓷器输出**

　　119 / 第一节　明代前期瓷器海洋贸易的
　　　　　　　　　"空白期"概念

　　122 / 第二节　明代前期的海禁政策及朝贡体制

　　124 / 第三节　文献记载明前期朝贡体系下的瓷器输出

　　130 / 第四节　明代前期瓷器在海外的发现

　　141 / 第五节　结语

143 / **第五章　从 16~17 世纪沉船资料看明代海外贸易的变迁**

　　145 / 第一节　16 世纪上半期的东亚海域

　　154 / 第二节　16 世纪后半期至 17 世纪初东亚海域
　　　　　　　　　沉船资料的考古发现

　　177 / 第三节　16 世纪后半期至 17 世纪初期东亚海域的
　　　　　　　　　贸易格局

　　188 / 第四节　东亚海域贸易的早期全球化趋势

201 / **第六章　明清交替之际东亚海域的贸易格局与陶瓷贸易**

　　203 / 第一节　明清交替之际东亚海域贸易格局的变化

　　208 / 第二节　明郑统治时期的瓷器贸易

　　220 / 第三节　结语

221 / **第七章　鸦片战争以前清代外销瓷贸易的繁盛**

　　223 / 第一节　17~18 世纪盛行欧洲的中国风

　　227 / 第二节　从沉船资料看清代前期的瓷器贸易

　　234 / 第三节　18 世纪广州一口通商下的瓷器贸易

249 / **第八章　中国外销瓷器欧洲市场的衰落及美国对华瓷器
　　　　　　贸易的兴起**

　　251 / 第一节　中国外销瓷器欧洲市场的衰落

254 / 第二节　美国对华瓷器贸易的兴起

266 / 第三节　针对美国市场的中国外销瓷

276 / 第四节　结语

279 / **第九章　明清华南瓷业的生产及外销**

281 / 第一节　明清华南外销瓷业的考古发现

289 / 第二节　漳州窑的兴起与早期全球贸易

295 / 第三节　白釉类型产品的生产及运销

299 / 第四节　厦门港的崛起与清代华南外销瓷器的兴盛

305 / **第十章　陶瓷贸易与中外文化交流**

307 / 第一节　从长颈瓶看宋代瓷器对伊斯兰玻璃器的模仿与借鉴

321 / 第二节　永乐、宣德青花瓷造型装饰中的伊斯兰艺术

327 / 第三节　陶瓷外销与饮茶风尚的传播

335 / 索　引

第 一 章

前 言

第一节　中国古代海洋文明的进程
第二节　中国古代四洋航路的划分
第三节　中国古代贸易陶瓷的生产

第一节　中国古代海洋文明的进程

文化、文明是特定的民族或族群在各自特有的生存环境中、在适应和改造自然的过程中形成的特有性格，不同的自然环境在相关因素的共同作用下孕育出各具特征的文化，因而文化是多元的。中国的地理环境决定了中国古代文化的多元性。中华民族所在的东亚大陆，四周环绕有高山、沙漠、草原、大海、雨林，这种特殊的地理环境使中国长期与其他文明区相对隔绝。中心地带的中原和长江中下游是暖温带、亚热带平原地区，黄河和长江流域形成了以灌溉农耕为主的农业文明。与此同时，东南地区面向广阔的太平洋，新石器时代贝丘遗址、有段有肩石器、印纹硬陶、土墩墓等遗存，代表了海洋文明初期以鱼贝类为主要食物来源的海洋聚落文化，而这些海洋聚落曾发展成地域性组织——方国。因此，人们认为早期海洋文明时代，是以东夷、百越族群建立的"海洋国家"（方国、王国）为海洋行为主体的时代。[1] 其创造的以"珠贝、舟楫、文身"等为特征的东南海洋文化区别于以"金玉、车马、衣冠"为特征的大陆农耕文化。[2] "善舟"、好"水事"的东南百越土著民族正是我

---

[1] 杨国桢：《中华海洋文明的时代划分》，载李庆新主编《海洋史研究》（第五辑），社会科学文献出版社，2013。

[2] 凌纯声：《中国古代海洋文化与亚洲地中海》，《中国边疆民族与环太平洋文化》，联经出版事业公司，1979。

国古代原始海洋文化的践行者，中国海洋文明的形成正是原始海洋文化不断累积的结果。

秦汉时期，东南沿海地带仍有由百越族群建立的东瓯国、闽越国、南越国等政权，它们与北方政权共存。这些族群向海而生，形成了善战、好商的海商族群性格。汉武帝平南越（公元前111年）后，汉人南下，百越民族被纳入中原汉族统治体系。汉唐以后，"汉人"不断南迁，逐渐与东南土著融合，共同构成了汉唐以后南方的"汉人"，并由他们将这种海洋文化进一步发展起来。[1] 汉武帝平南越也被认为是王朝主导的传统海洋时代的开始，这一时代一直延续至郑和下西洋结束。[2] 这一阶段也正是中国传统海洋文明不断发展并逐步达到鼎盛的过程。

据考古发现和文献记载，中国与南海的交往在先秦时期即已开始。越人善舟楫和水事，在香港、广东沿海等地发现的与越人航海有关的岩刻画（见图1-1），是当时越人善于航海的明证。[3] 据《淮南子·人间训》记载，秦始皇派大军进攻岭南的动机之一就是"利越之犀角、象齿、翡翠、珠玑"。

至秦汉时期，海外贸易进一步发展起来。当时著名的港口包括番禺（广州）、徐闻、合浦等。汉武帝在平南越之后，即派遣黄门使者自日南障塞、徐闻、合浦出发，沿着民间贸易开发的海上航线，出使东南亚和南亚诸国，最远达到印度东南海岸和斯里兰卡等地，贩去黄金与丝织物，贩回琥珀、玛瑙、水晶、玻璃与香料等。《汉书·地理志》对汉使出使南亚的这条航线有清楚的记载，它是中国最早的、完整的航海文献。[4] 这条航线也为考古发现的西方舶

---

[1] 吴春明：《"环中国海"海洋文化的土著生成与汉人传承》，《复旦学报》2011年第1期。
[2] 杨国桢：《中华海洋文明的时代划分》，载李庆新主编《海洋史研究》（第五辑），社会科学文献出版社，2013。
[3] 刘波：《广州海洋文明遗迹与遗物》，广东人民出版社，2002，第6页。
[4] 李庆新：《海上丝绸之路》，五洲传播出版社，2006，第22页。

(1)

(2) (3)

图1-1 东南沿海地区存有的与越人航海有关的岩刻画

注：(1) 为珠海宝镜湾岩画，(2) ~ (3) 为香港东龙岛、大浪湾石刻。

资料来源：广东省文物管理委员会等编《南海丝绸之路文物图集》，广东科技出版社，1991，第12~13页。

来品资料所证实。两广地区的汉墓中出土了大量的海外舶来品，如香料、银盒、玻璃器皿、串珠、象牙及象牙制品等，它们是中西航线开辟的有力证明。与此同时，两广地区的汉墓中还出土了数百件铜熏炉、陶熏炉，以及外国人造型的陶俑灯座和陶俑等（见图1-2），它们均体现了当时海外贸易的情况，是当时东西方各国商民交往的物证。秦汉之际，岭南地区已有较发达的造船业。1974年、1994年和1997年，中国考古工作者在广州市区发现和发掘了可能为秦汉之际的造船厂遗址，该造船厂在当时主要生产适于内河或沿海岸线航行的平底船。[①] 广东汉墓里出土了十几件陶船和

---

① 广州市文物考古研究所编《广州文物考古集——广州秦造船遗址论稿专辑》，广州出版社，2001。

木船的模型，特别是德庆县东汉墓出土了一件海舶模型。①

图1-2　两广地区汉墓中出土的中外交流的物证
资料来源：广东省文物管理委员会等编《南海丝绸之路文物图集》，广东科技出版社，1991，第24~36页。

魏晋南北朝时期，中原地区战乱不止，经济凋敝，岭南地区则相对稳定，海上丝绸之路也进一步繁荣起来。早在三国时期，临海的魏、吴就非常重视海外交往和贸易的发展，孙吴政权还分交州、置广州以加强对南方海上贸易的经营与管理。东晋南朝时，随着造船技术和航海技术的进步，经海南岛东部、西沙群岛北礁直达东南亚地区的新航线被开辟出来。1975年，考古工作者在西沙北礁礁盘上采集到南朝青釉六耳罐和青釉小杯②，这是瓷器零散出现在该航线上最早的考古证据。魏晋南北朝时期，海路交往频繁，东晋僧人法显的《佛国记》就记录了他沿陆上丝绸之路前往印度取经，并取

---

① 广东省文物管理委员会等编《南海丝绸之路文物图集》，广东科技出版社，1991，第15页。
② 广东省文物管理委员会等编《南海丝绸之路文物图集》，广东科技出版社，1991，第43页。

道海上丝绸之路回国的历程。这一时期也是印度的佛教沿着海路向东传播的重要时期。在东晋以来的六朝的青瓷上经常出现宝相花、莲花及莲瓣纹等与佛教有关的装饰，江浙及东南地区六朝模印花纹砖墓中也常见莲花及飞天等佛教题材的模印花纹，这些考古资料都是3～6世纪印度佛教沿海路东传至我国东南沿海的体现。广州的许多至今仍存的佛寺，也是这一时期印度僧人与佛教文化大举入华的体现。[1] 整个东南亚地区都经历了一个广泛的印度化时代。向西看，在印度洋的另一端，萨珊王朝逐渐崛起并控制了波斯湾地区。[2] 1984年，在广东遂溪县城郊边湾村南朝窖藏出土了一批金银器和二十余枚波斯萨珊王朝银币，广东英德县、曲江区两座南朝墓也出土了波斯萨珊王朝的银币（见图1-3）。[3] 丰富的考古证据显示了当时海上贸易的繁荣，萨珊王朝可能已与中国建立起直接的贸易往来。

隋唐时期，我国的海外贸易进入新的阶段。隋朝就曾多次遣使从广州乘船，前往赤土（马来半岛北部）等地。隋文帝时还在广州的外港扶胥镇创建了"南海神庙"。[4] 唐初，东西方交通仍以汉代以来贯通东西的陆上交通为主，随着青藏高原上吐蕃王朝的兴起与扩张，陇右、河西地区相继易手，兼之中亚大食（阿拉伯帝国）的崛起及东扩，中西方的交通由陆路转而倚重南方海路。

公元7～8世纪，当时世界范围内出现了三个大的帝国，分别是西方的拜占庭帝国，地跨亚、欧、非三洲的阿拉伯帝国和东方的大唐帝国。公元750年，笃信伊斯兰教的阿拔斯王朝（750～1258

---

[1] 广东省文物管理委员会等编《南海丝绸之路文物图集》，广东科技出版社，1991，第37页。
[2] 李庆新：《海上丝绸之路》，五洲传播出版社，2006，第26页。
[3] 广东省文物管理委员会等编《南海丝绸之路文物图集》，广东科技出版社，1991，第44～47页。
[4] 广州市文物考古研究所等编著《南海神庙古遗址古码头》（广州文物考古集之七），广州出版社，2006，第3页。

图 1-3　广东发现的波斯银币及金银器

资料来源：广东省文物管理委员会等编《南海丝绸之路文物图集》，广东科技出版社，1991，第 44~47 页。

年）推翻了倭马亚王朝，定都库法，后迁至巴格达，中国文献称之为"黑衣大食"。751 年，阿拔斯王朝与唐朝在怛罗斯（今哈萨克斯坦江布尔）一战中打败了唐将高仙芝，唐朝势力从此退出中亚。阿拔斯王朝统治时期是伊斯兰文明发展的黄金时代。由于其崇尚海上贸易，从唐代中期以后，大食的对外交往重心已移向了海路。东端的唐王朝也采取了开放的海外政策，专设市舶史负责管理海外贸易，还按照里坊制度，在外国商民聚居区设立"蕃坊"。当时居住在广州的外国人非常多，又以阿拉伯人、波斯人占多数。唐代蕃坊的出现，与同时期位于大食阿拔斯王朝首都巴格达的中国市场遥相呼应，共同揭示了印度洋上贸易的繁忙景况，广州也在这一时期成长为东方贸易大港。《新唐书·地理志》中引贾耽的《广州通夷海道》，记载了 8 世纪七八十年代至 8 世纪末，从广州出发驶经南海到达波斯湾的航线。另外，比贾耽晚半个世纪的阿拉伯地理学家伊本·霍达伯的《郡国道里志》也记载了从巴格达航行至广州的路线。① 伴随盛唐的崛起，唐文化在广泛吸收外来文化的同时，也不断向四周辐射，当时的新罗、日本都和唐王朝保持有密切的联系。至于南海地区，唐代以后也逐渐结束小国林立的局面，出现了室利佛逝和诃陵等重要国家，它们处于东南亚地区的中心地带，控制了东西方海上贸易。至此，整个海上航路被几大稳固政权连接起来。与此同时，海上丝绸之路上出现了一大批重要的港口城市，如我国东南地区的扬州、明州（今宁波）、福州、泉州、广州等，东南亚的室利佛逝，南亚斯里兰卡的曼泰，以及西亚的希拉夫、苏哈尔、巴士拉等。以长沙窑产品为代表的中国陶瓷广泛分布在这些港口城市。"安史之乱"后，中国沿海的扬州、泉州、广州等港口城市，都有大量阿拉伯人和波斯人侨居。随着阿拉伯人和波斯人到广州经商，伊斯兰教由海道传入中国，人们在伊斯兰教聚居地建造了礼拜寺和光塔。海南岛多地还发现伊斯兰圣教徒的墓葬。②

宋元王朝经略海洋，比之汉唐更为主动和开放。从五代十国时期开始，东南地方政权为发展各地经济、维护地方统治，纷纷向海洋开拓，招徕海外蕃商，积极发展海外贸易。宋朝被认为是一个"活泼、重商、享乐和腐化的社会"，手工业和商业的繁荣以及市民阶层和市井文化的兴起是其重要特征。

宋以后，随着经济重心南移，东南沿海地区经济获得极大发展。加上这一时期北方少数民族政权的存在使得陆上交通受阻，宋廷于是面向东南海路，积极发展与东南亚的关系。在历史上，宋王朝曾多次派遣使臣招徕海商，还设置三路市舶司专门负责海外贸易，外贸管理比唐代更为合理，海外贸易的税收逐渐成为国家财政的重要来源。宋代以后，中国的造船业和航海技术有了新发展，指南针的发明及其在航海中的应用，开创了中国航海史的新局面。元

---

① 李庆新：《海上丝绸之路》，五洲传播出版社，2006，第37~39页。
② 贾宾：《海南岛的伊斯兰史迹与南海海洋文化》，载吴春明主编《海洋遗产与考古》，科学出版社，2012。

代一统之后，除了重新开通陆上贸易的丝绸之路外，还大力经营海上贸易。市舶司制度更加规范化、制度化，并推行"官本船"方式，垄断海外贸易。元朝统治期间，陆路经西北四大汗国贯通至伊斯兰国家；海路则东起泉州，跨越印度洋直达波斯湾的忽鲁谟斯。南宋后期，泉州的海外贸易逐渐赶上广州。宋元交替之际，泉州取代广州成为中国对外贸易的第一大港。宋元鼓励民间海外贸易，在一定程度上给予保护和支持，民间海商势力因此逐渐崛起，并在印度西海岸与中国之间的国际贸易中占据垄断性优势。当时，在各主要航线上，中国商船都发挥着主要作用，由中国海商主导的海洋社会经济圈，即东亚贸易网络初步形成。同时，10～13世纪，长达200年的十字军东征及蒙古西征，重组了亚欧势力及世界各大宗教的格局。十字军东征打击了阿拉伯势力，擅长航海经商的阿拉伯人更加重视经营东方贸易。根据宋代周去非《岭外代答》、赵汝适《诸蕃志》、元代陈大震《南海志》和汪大渊《岛夷志略》的记载，宋元时期与中国直接或间接交往的国家已达一百多个。因而，宋元时期在以王朝作为海洋行为主体的推动下，中华传统的海洋文明达到繁荣鼎盛阶段，建立起稳定、和谐、和平、共赢的亚洲海洋秩序。[①] 而郑和下西洋的成功进行，正是传统海洋文明累积的结果。

明代前期，严格的海禁政策对传统的中华海洋文明造成致命的打击，宋元以来以国家为主体的向海洋开放的历程结束，但明代中期以后，传统的海洋文明在沿海私商群体中得以保存。明代中期成化、弘治之际，以漳泉海商为代表的武装化海商集团逐渐发展起来，并在明代晚期最终以合法身份重返东西洋贸易，重新建立起亚洲贸易网络。郑氏集团是漳泉海商集团的最杰出典型，其于明清交替之际利用政权动荡之机发展起自己的海上帝国，以泉州、厦门、

---

① 杨国桢：《中华海洋文明的时代划分》，载李庆新主编《海洋史研究》（第五辑），社会科学文献出版社，2013。

台湾为基地控制了北至日本、南至东南亚地区的整个东亚贸易网络，代表着闽南海商集团的全盛时期。与此同时，随着新航路的开辟，伊比利亚半岛的葡萄牙、西班牙以及英国、荷兰等西方海上殖民势力纷纷到达东亚海域，将我国东南海商主导的传统的亚洲海洋贸易体系逐步融入早期全球贸易体系中。

清代立国之初为了打击东南沿海地区"反清复明"的势力，实行海禁政策并发布了沿海的迁界令以阻止民间的海上活动。康熙二十三年（1684年）展界、开海，设江浙闽粤四海关负责海外贸易的管理。基于广阔的海外市场的需要以及一直以来郑氏集团统治下民间海商的持续发展，海外贸易迅速恢复，大规模地开展起来。但朝廷的禁海之声也始终未断，康熙五十六年（1717年）决定禁民间商船下南洋贸易，对外商来华贸易则无限制。乾隆二十二年（1757年）以后，进一步规定海外贸易集中到广州，一口通商，形成了十三行制度，并对海外贸易的诸多方面进行限制。可见，清朝前期始终贯彻的海禁思想实际上是少数民族中原王朝统治对我国传统海洋文明中逐渐发展起来的民间汉人海商势力进行控制、防范和打击的结果。因此从王朝统治来看，清朝的海洋体制是逐步转向防御保守的。

从当时的世界形势来看，随着更多欧洲海上势力的到来，东亚海域的早期全球化程度进一步加深。虽然就东南亚地区而言，其殖民地化程度进一步加强，但中国的海外贸易始终保持自主地位。闽南及粤东地区民间海商势力的活动仍然蓬勃进行，他们广泛活跃于整个东亚、东南亚海域，并在欧洲人主导的早期全球贸易体系中发挥着重要作用，这是对我国传统海洋文明的继承。正如庄国土先生所说"15—18世纪中，海外华商网络经历破坏、重建、扩张和发展，形成一个以中国市场为中心，北起日本、中国大陆沿海地区、（中国）台湾，南至东南亚地区的东亚、东南亚商贸网络。这个由华商主导的经贸网络与欧洲人的远东经贸网络互相交叉、利用和补充，构成由西人主导的世界经贸网络的组成部分。"[①] 直到19世纪初期，由闽、粤民间海商主导的南海贸易依旧繁荣，这种局面一直到鸦片战争前后才被打破。随着西方殖民势力的不断侵入和鸦片的大量输入，中外平等的贸易关系被破坏，清政府也逐渐采取闭关锁国政策，中国的传统海洋文明在现代化的转型过程中渐趋衰落。

中国的海洋文明经历了漫长的累积和发展过程，这一过程中形成了外向的、进取的、重商的、多元的特性。作为我国古代一项伟大的发明和重要的商品，瓷器随着我国海洋文明的进程持续向海外输出，从东亚、东南亚到南亚，再跨越印度洋到达中亚和东北非，并随着早期全球贸易的开展扩展至欧美地区，进而散布到世界的各个角落。因其特有的物理性能，至今依旧广泛分布在海上航路的各个遗址点，成为揭示我国古代海洋文明历程的最明确的证据。

海上丝绸之路的繁荣推动了我国陶瓷输出史上的第一个高峰，即三上次男先生提出的9~10世纪，或者我国学者通常所说的晚唐、五代时期。考古发现证明，海外遗址出土的中国晚唐、五代外销瓷呈现共同风貌，其中以长沙窑产品最为常见，且数量最多，其次是浙江的越窑产品、北方的白釉瓷产品、白釉绿彩瓷产品，还有广东各地窑口的产品等。它们的分布从东亚、东南亚，一直到南亚、西亚、中东、东北非各国。

---

① 庄国土：《论15—19世纪初海外华商经贸网络的发展——海外华商网络系列研究之二》，《厦门大学学报》（哲学社会科学版）2000年第2期。

第二节　中国古代四洋航路的划分

"海上丝绸之路"又被称为"陶瓷之路""香料之路""香瓷之路""茶叶之路""白银之路""海参之路"等，这些名称反映了"海上丝绸之路"贸易史的若干时空片断，除了器具船货之外，其中还有大量伴随船舶往来的族群迁徙、宗教与科学技术的传播、建筑与生活习俗的影响、物种交流等。

"海上丝绸之路"是中西之间、中外之间多元的海洋交通网络。它不是固定的起、讫航路，而是变动不居、不断发展的，不仅有汉代的"徐闻、合浦道""交趾、东冶道"，唐宋的"广州通海夷道""登州海行高丽渤海道"，而且有明代从南京刘家港到东非马林迪的西洋航路，构成与古代"陆上丝绸之路"大致东西向平行的西太平洋、印度洋航路网，更有500年以来西经好望角、东由马尼拉帆船航路的横跨三大洋环球航行的"新海上丝绸之路"等。

传统的"海上丝绸之路"是以中国东南沿海为中心的中华海洋文化的繁荣、发达、扩展地带，奠基于史前上古夷越土著的"亚洲地中海"海洋文化圈，繁荣于汉唐宋元以来汉人传承的"环中国海"向外沟通的"四洋"航路网络。"四洋"是以中国东南沿海为中心的海洋人文区划与航海实践，"东洋"是指台湾、菲律宾群岛及其以东以南水域，"西、南洋"则是南海、印度洋水域，"北洋"则是东南闽粤沿海以北的东海、黄海、渤海海域。

远洋航海与东、西、南、北"四洋"航路观念的逐步形成是在秦汉六朝时期"四海"早期水道初步繁荣的基础上,航海区域与航海路线进一步向纵深发展和继续延伸的结果。[①] 在古代中国人对于海洋的传统认识中,比较早出现的概念是"南海"。先秦时代中国人已经有"南海"的概念,汉以后专指中国以南海面,后来也指代东南亚和东印度洋诸地。唐代人也习惯把来华进行贸易的蕃舶称为"南海舶"。[②] 秦汉时期的南海航路即为从番禺、东冶发船,经雷州半岛南端,绕北部湾和越南东海岸的"徐闻、合浦道",是日后南洋航路的雏形。东晋僧人法显沿海路回国,据《法显传》记载"自师子国(今斯里兰卡)到耶婆提国(今苏门答腊)"的 90 天航程中一次也未靠岸,从苏门答腊回国直接"东北行,趣广州"。表明六朝时期,南海航路已经发展到离岸阶段。[③] 此时,"南洋"一词尚未出现。

随着海上活动的不断扩展,航海地理知识的不断累积,唐末以后逐渐产生了"东洋"与"西洋"的概念。南宋周去非的《岭外代答》中提到了"东大海""东大洋海""南大洋海"等,是以广州为本位而记载的:"阇婆之东,东大洋海也";"三佛齐之南,南大洋海也"。南宋时期曾担任泉州知州的真德秀,对"东洋""南洋""北洋"也有记述,他对四洋的划分则以泉州为本位:北洋在湄洲湾以北,南洋在今厦门港以南,东洋指台湾海峡及其东面的海域。[④] 真德秀所称"南洋"的范围十分宽泛,意涵还不够明确,但在词语上,反映了"南海"向"南洋"的过渡。

关于"北洋",除真德秀《真文忠公文集》中的记载之外,还

---

① 陈佳荣:《宋元明清之东西南北洋》,《海交史研究》1992 年第 1 期。
② 刘迎胜:《陆路与海陆——中古时代东西文化交流》,北京大学出版社,2011,第 9~10 页。
③ 吴春明:《环中国海沉船:古代帆船.船技与船货》,江西高校出版社,2003,第 163、167~169 页。
④ 陈佳荣《宋元明清之东西南北洋》,《海交史研究》1992 年第 1 期。

有成书时间更早的《西溪丛语》，姚宽在书中写道："今自二浙至登州与密州，皆由北洋，水极险恶。"姚、真二人所指，基本一致。表明两宋之际，"北洋"代表福建往北的东海、黄海和渤海海域。①

"西洋"的记载最早出现于元代史籍，按成书先后依次为《天南行记》《真腊风土记》《南海志》等。其中，《南海志》和《岛夷志略》同时提及了"东洋""西洋"；《南海志》名目尤多，记载有西洋、小西洋、东洋、小东洋、大东洋等。《南海志》以广州为本位划分东西洋，以广州—加里曼丹岛西岸—巽他海峡一线为界，其东的水域为东洋，西洋则由加里曼丹岛及爪哇岛西岸向西直至印度洋。② 换言之，当时的西洋包括现在的南海西部和印度洋。到了明代，东、西洋等名称进一步为人所知，二者的划分也有了变化，"东洋""西洋"所指范围分别向东、西两个方向推移。明代郑若曾《海运图说》云："然闻南洋通商海舶，专在琉球、大食诸国往来，而连海郡邑，鱼盐贸易公私跋涉无日无之，未闻有覆溺之虞。况东洋有山可依，有港可泊，非若南洋、西洋一望无际，舟行遇风不可止也。"可以看出，"南洋"的含义在明中期明确下来，可指代东南亚一带的海域。③

明末清初，西学东渐。之前的域外之域，或者说未知世界，伴随地理大发现和西人东来，逐步变得可知可感，被纳入到人们的地理学知识框架中，对海洋的认识也随之发生变化。"西洋"的概念越来越向西方延伸，"南洋"一名被普遍采用。这一时期，海外交通贸易的中心点逐渐向北推移，由宋代以泉州为本位转移到长江口一带。以航线而论，一般由上海长江口北上至山东、河北、辽宁沿海属于北洋，南下浙江、福建、广东沿海为南洋。④

---

① 转引自陈佳荣《宋元明清之东西南北洋》，《海交史研究》1992年第1期。
② 陈佳荣：《宋元明清之东西南北洋》，《海交史研究》1992年第1期。
③ 陈佳荣：《宋元明清之东西南北洋》，《海交史研究》1992年第1期。
④ 陈佳荣：《宋元明清之东西南北洋》，《海交史研究》1992年第1期。

具体到航路方面，宋代《岭外代答》和《诸蕃志》包含有丰富信息，二者都采用三分海洋体系，把海外世界划分为南洋、西洋、东洋三个区域。往南洋的线路为：泉州—海南岛或交趾—占城或马来半岛—三佛齐—蓝无里。若去往西洋诸国，则需经过故临。东洋航路：泉州—宁波—新罗。另一条是泉州—渤泥—麻逸、三屿、蒲哩噜（菲律宾），宋末改从台湾走捷径。值得注意的是，改走台湾的东洋新航路也令明代"西洋"的范围发生重大变化。[①] 关于元代的西洋航路，《马可·波罗游记》中的记录颇为详尽，反映了航路全程。此外，元人汪大渊曾两次从泉州下海扬帆东、西洋，其所著《岛夷志略》中的外国地名为复原其航迹提供了重要线索，其远航范围包括了印度洋、波斯湾、北非、东非，是为西洋航路全程。[②] 考古资料表明，宋元陶瓷广泛存在于各航路沿线的陆地或港口遗址、沉船中，印证了东、西洋水道上繁忙的贸易运输，为我们全面认识中国古代陶瓷贸易提供了宝贵契机。

---

① 周运中：《中国南洋古代交通史》，厦门大学出版社，2015，第266~269、303页。
② 吴春明：《环中国海沉船：古代帆船·船技与船货》，江西高校出版社，2003，第195页。

第三节　中国古代贸易陶瓷的生产

中国古代陶瓷凭借其特有的物理性能上的优势，自产生后很快就成为人们日常生活中的主要用具，从汉代到明清一直发挥着重要作用。作为中国古代的一项伟大发明，瓷器也成为世界各国人民追逐的对象，从它产生的那天起，就伴随着我国人民同外界的接触开始了向海外的传播，成为我国古代中外文化交流的重要媒介。考古发现证明，我国陶瓷的外输，最主要的途径是通过海洋。这一过程最迟在汉代已经开始，随着海外贸易和海外交通的兴盛，中国陶瓷在唐、五代时期被大量输出。宋元时期由于政府对海外贸易的重视，陶瓷在我国的对外贸易中扮演起重要的角色，我国东南沿海地区出现了一系列专门生产外销瓷的窑口，陶瓷输出的范围也在不断扩展。元以后特别是明清时期，青花瓷的大量烧造使之成为海外最受欢迎的瓷器品种并被大量输出。明末以后，随着我国东南沿海私商势力的发展以及西商东渐，我国被纳入世界贸易体系之中，中国瓷器也随之风靡全球，到达世界的各个角落。

瓷器的出现，是我国古代人民智慧的结晶，是技术发展和经验累积的结果。真正瓷器的出现，需要三大基本要素：在原料的选择上，需要使用含有较少助熔剂的瓷石或高岭土；在窑炉的烧成技术上，要逐步成熟累积到一定阶段以保证用高温烧成；最后一个关键因素是高温釉的出现。在瓷器起源过程中，南方的印纹硬陶起着关键作用。几何印纹陶文化是东南土著民族在新石器、青铜时代和早期铁器时代创造、遗留下来的物质文化遗存的典型代表。① 江南地区含有较少熔剂的陶土（即高岭土）分布范围广，这是印纹陶文化在南方广泛存在的基础。南方地区胎土所制的陶器、印纹硬陶、原始瓷、瓷器基本形成一个序列，其胎土成分在不同的阶段具有相似性。所以我们可以看出，南方地区具备了生产瓷器的原材料基础。到了新石器时代晚期和早商时期，南方地区——特别是东南地区，陶窑在中原先进技术的影响下进行了改进，窑炉的烧制温度显著提高，浙江和江西等南方地区都发现了商代以后的龙窑遗迹，印纹硬陶和原始瓷就是在这样的窑炉内烧成的。商代前后，浙江、福建等地出现了泥釉黑陶，这类陶器在窑室内的高温作用下会融化，形成类似釉面的具有光泽的表面，到了商、周时期，由于以氧化钙为主的助燃剂的添加以及窑室温度的提升，透明、光亮、不吸水的高温釉得以出现。至迟到东汉中晚期，真正的瓷器已经在浙江上虞等地烧成。

六朝时期，随着晋人南迁，江浙地区获得进一步开发，在东汉晚期成熟青瓷烧制成功的基础上，六朝制瓷业得以进一步发展并迅速繁荣，器物种类更加丰富，胎体致密，釉色莹润，胎釉结合良好。以上虞为中心，在宁绍地区形成了一个庞大的瓷窑体系，被称为早期越窑。浙江东南部温州一带的瓯窑、浙江金华的婺州窑以及江西丰城的洪州窑等也都在六朝时期获得大发展。这一时期的青瓷器皿广泛随葬在江浙、福建、广东等地的六朝墓葬中。六朝时期，随着南方政权的稳定，海外贸易逐步开展起来，瓷器也开始零散地出现在航线上，如1975年考古学者在西沙北礁礁盘上采集的南朝青釉六耳罐和青釉小杯。

北朝晚期，南方制瓷技术逐渐传播到北方，北方制瓷业开始兴

---

① 吴春明：《空间论：从印纹陶文化的总谱系看土著民族的地域关系》，载吴春明《中国东南土著民族历史与文化的考古学观察》，厦门大学出版社，1999，第62~63页。

起，最迟在南北朝时期全国都较普遍地烧制出了成熟或较成熟的瓷器。在北方早期青瓷获得大发展的同时，还出现了早期白瓷，但直到隋朝真正的白瓷才正式烧成，标志着我国古代制瓷技术的另一大飞跃。白瓷的正式烧成，开创了唐代"南青北白"的制瓷业格局，也为后期高质量彩绘瓷器的大发展奠定了基础。

入唐以后，"南青北白"的制瓷业格局已经形成。北方以邢窑为代表生产类银似雪的白瓷产品，南方以越窑为代表生产如冰似玉的青瓷产品，而且随着制瓷技术的不断提高和匣钵的普遍使用，唐代已经能够烧制出十分精美的瓷器。这一时期，北方原来烧制青瓷的窑口纷纷转向生产白瓷，而且有些产品质量相当精良。根据市场需求不同，这些窑口可以生产出精、粗两种瓷器，其中以碗、盏托、注子、罐等日用器型最为常见。唐代北方地区生产白瓷的代表性窑口主要有河北的邢窑、定窑和河南的巩县窑，它们生产的北方白瓷产品在唐、五代时期盛行于大江南北。正如唐李肇《国史补》中所载"内邱白瓷瓯，端溪紫石砚，天下无贵贱，通用之"。此外，北方窑口还兼烧白釉绿彩瓷、白釉蓝彩瓷以及唐三彩陶器等品种。唐三彩是盛唐文化的产物，代表着贵族文化，唐高宗时期开始出现，唐玄宗时期最为流行。生产唐三彩的地方除了河北、河南的窑址外，还包括陕西、山西地区的窑址，如陕西铜川黄堡窑就是一处非常有代表性的唐三彩产地。唐三彩曾随着盛唐文化向周边国家和地区传播，其实物遗存在东亚、东南亚和中西亚等地都有发现，日本还仿照唐三彩烧制出了"奈良三彩"。

到了唐代，南方地区越窑以浙江上林湖为中心的青瓷窑业体系繁荣起来，烧瓷的窑场主要集中在浙江的上虞、余姚、绍兴一带。唐后期，越窑的瓷器烧制已较唐前期有了明显的新发展，器型上创造出很多新的品种，常见的器型有盘口壶、注子、罐、碗、钵、盘、碟、灯、枕、唾盂、粉盒等，还有瓷塑和瓷墓志等。尤其是碗，制作规整，式样繁多。唐后期越窑瓷器胎质大多细腻、致密，胎体呈灰或灰白色，釉料的处理和施釉技术也有了显著的提高，釉层均匀，釉色呈青色或青中泛黄，浑厚滋润，创造出了式样别致的荷花形碗、海棠式盘、瓜棱注子、瓜棱水盂等新品种。越窑在五代时达到了其生产历史上的鼎盛时期。越窑所在地刚好处于五代时期吴越国的势力范围中，吴越国王钱氏在上林湖等地建立官窑，大量生产宫廷用瓷和贡品，并积极发展海外贸易，鼓励瓷器外销，故而瓷器产量大增，制作工艺方面也达到了相当高的水准。北宋初期，越窑仍烧制大量贡瓷，同时民用和外销瓷也急剧增加，因此越窑在北宋初年仍继续兴盛，大约在北宋中期以后逐渐衰落。

这一时期与外销有关的另一重要陶瓷品种是长沙窑瓷器。长沙窑产品属青瓷系统，但它以特有的釉下褐绿彩装饰著称于世，十分流行，装饰手法往往不拘一格、自由活泼。长沙窑瓷器的釉下彩绘丰富多样，有人物、动物、花草、云气山水等，还有不少器物上题诗、题字，内容有民歌、谚语、俗语等，文字通俗易懂，民间气息浓厚。其模印贴花再施一层褐色釉斑以突出贴花效果的装饰也非常有特色，而且贴花图案常有胡人乐舞、椰林、葡萄等具有浓郁西亚波斯风格的题材。长沙窑在晚唐、五代时期非常兴盛，入宋以后急剧衰败。其产品运销湖北、江苏、浙江、陕西等国内地区，并向外输出到今朝鲜、日本、印度尼西亚，甚至远至巴基斯坦、伊朗、伊拉克等国家和地区，是晚唐、五代时期发展起来的以外销为主的窑口。

晚唐以后，陆上交通受阻，海上贸易逐渐发展起来，特别是随着伊斯兰世界阿拔斯王朝的兴起，中国至波斯湾的海上航线出现新的繁荣，中国陶瓷器也随着海上丝绸之路的兴起大量销往海外，出现了长沙窑产品、越窑产品和北方白釉瓷器伴出的所谓"三组合"的固定外销品种。

入宋以后，随着商品经济的发展和手工业的繁荣，市民阶层逐渐崛起，陶瓷的生产也蓬勃兴盛，无论是生产规模还是生产地域都大大扩展，产量和质量都有了明显提高，制瓷技术和制瓷工艺也有了极大的突破，瓷器种类繁多，造型丰富多彩，实用又美观。民窑系统中，常用不同类型来代表不同风格的瓷器品种，如以刻划花、印花及芒口覆烧工艺为代表的定窑类型白釉瓷器，以半刀泥刻划花及印花工艺为代表的橄榄青釉的耀州窑类型青瓷，以化妆土装饰为特色、装饰工艺丰富、民间气息浓郁的磁州窑类型瓷器，以窑变釉为特色的钧窑瓷器，朝野斗茶文化风行下兴起的以黑釉盏为特色的建窑类型，宋元时期获得极大繁荣的南方青瓷系统龙泉窑类型，以及有饶玉之称的景德镇青白瓷类型等。随着宋元海外贸易的繁荣，各大窑口的瓷器都不同程度地参与到海外贸易过程中，而其中最具代表性的是龙泉青瓷和景德镇的青白瓷。

宋中期以后，越窑衰落，浙江制瓷中心逐渐转移到浙西南的龙泉地区，龙泉窑兴起，并发展为宋元以来至明代中期南方代表性的青瓷产品，在国内及海外市场均颇受欢迎。龙泉窑在北宋以前已开始生产，南宋后期至元代为其鼎盛时期，明代中期以后龙泉窑生产逐渐式微。北宋早期，龙泉金村窑已经生产出一种胎体轻薄、胎质白净的淡青釉器，器物上常刻划云纹、水草等。北宋中晚期，龙泉窑改烧青黄釉器，龙泉瓷业初现规模，产地主要分布在大窑、金村、丽水等地，器物以碗、盘等日用器为主，器表流行刻划花加篦划纹装饰。南宋中晚期以后，龙泉窑吸收了官窑系统的乳浊釉及多次上釉技术，烧制出以釉色取胜的梅子青、粉青等精美的高档青瓷产品，器物造型也更加丰富。南宋晚期至元代是龙泉青瓷大发展的时期，在国内南北各省份发现的这一时期的墓葬、窖藏、城址中都普遍发现有龙泉青瓷的分布，龙泉青瓷也是这一时期沉船中最常见的陶瓷品种。国内市场及外销的需要，促使龙泉窑的生产迅速扩展至周边的庆元、遂昌、景宁等县，在浙南地区的瓯江流域和飞云江流域均发现窑址密集分布的情况，甚至影响了与其交界的闽北松溪、浦城等地的陶瓷生产，从而形成了一个庞大的龙泉青瓷生产体系，并引起福建、广东、江西等地的大量仿烧。① 这一时期龙泉青瓷产品器型多样，主要有双鱼洗、高足杯、梅瓶、莲瓣纹碗、云龙纹盘、各式炉和瓶等。装饰技法也更趋丰富，刻划花、印花、堆贴、褐色点彩、露胎贴花等工艺都非常流行，体现了商品经济的高度发展。温州是宋代龙泉青瓷的主要输出港口，地处瓯江上游的龙泉窑，其产品多沿瓯江经温州运销国内外。窑址调查表明，温州地区分布着50多处宋元龙泉窑系窑址，时代以宋末元初为多，永嘉桥头即为一处中心。② 温州地区龙泉窑系窑场是受龙泉青瓷外销的影响而建立的，其产品大部分也是为适应外销的需要而生产。③ 从明州输出的龙泉青瓷以销往高丽、日本为主。到了元代，龙泉青瓷还通过松溪进入闽江流域，进而通过福州港转运到国际性港口泉州，再输往世界各地，成为世界性商品。龙泉青瓷也达到了其外销历史上的鼎盛时期，作为我国主要的外销瓷品种一直持续到明代中期。

景德镇在宋代生产一种色泽温润如玉的青白瓷，胎釉精美，刻划纹饰，有"饶玉"之称。南宋至元中期大量采用覆烧工艺，生产芒口器，且印花工艺流行，从而大大提高产量，为当时国内外市场提供了充足的货源。福建、广东、广西等沿海地区窑场也大量仿烧青白瓷产品并运销海外。宋代景德镇的青白瓷大多通过长江出海至明州（宁波），然后跨越东海，输往日本、高丽。元廷在景德镇设立"浮梁磁局"管理陶瓷生产，景德镇制瓷工艺进一步发展，胎土

---

① 中国历史博物馆考古部：《浙江龙泉青瓷上严儿村窑址发掘报告》，《中国历史博物馆馆刊》1986年第8期；栗建安：《福建仿龙泉青瓷的几个问题》，载《东方博物》（第三辑），杭州大学出版社，1999；庄为玑：《浙江龙泉与福建土龙泉》，载《中国考古学会第三次年会论文集》，1984；吴志红：《浅谈龙泉瓷和景德镇仿龙泉瓷》，《南方文物》1992年第4期；曾广亿：《广东明代仿龙泉青瓷初探》，《广东省博物馆馆刊》1988年第1期。

② 金柏东：《浙江永嘉桥头元代外销瓷窑址调查》，《东南文化》1991年第3期。

③ 王同军：《宋元时期温州外销瓷初探》，载温州市文物处编《温州古陶瓷研究》，西泠印社，1999。

由原来的瓷石一元配方变为瓷石加高岭土的二元配方，增加了胎土中氧化铝的含量，使烧成温度提高并减少器物的变形，于是产量大增，且能烧制出大型器。还有一些褐色点彩装饰的小件青白瓷产品是专销东南亚地区的。入元以后传统的青白瓷产品开始衰落，而是被枢府卵白釉瓷器所取代，成为当时最流行的瓷器品种。元代后期景德镇烧制出成熟的青花瓷器，还创烧了釉里红、铜红釉、蓝釉等新的瓷器品种，为明清景德镇制瓷业的全面繁荣奠定了基础。元代景德镇瓷器的外销区域扩大，景德镇青白瓷产品不仅在东亚地区被大量发现，而且在东南亚的菲律宾、印度尼西亚、马来西亚等地也均有发现，甚至到达东、北非地区。这一时期，元青花瓷器也通过陆路和海陆销往伊斯兰世界。

与此同时，随着海外贸易的不断开拓和蓬勃发展，我国东南沿海地区——特别是广东和福建地区，还出现了专门针对外销而进行生产的外销瓷窑口。

晚唐、五代时期，广东窑产品就已是当时外销的重要品种，作为"四组合"之一在海外有较多发现。广东的唐宋窑址主要分布在江河两岸、沿海地区以及韩江、珠江三角洲等冲击平原地带。[①] 广东地区发现的唐代窑址约有二三十处，粤东地区的主要分布在潮安南郊、北郊、梅县等地，粤中地区的包括新会官冲窑、佛山石湾窑、南海奇石窑、高明窑等，粤西地区的则分布在遂溪、廉江等地。广东唐代窑址以生产青瓷为主，器型主要有碗、盘、碟、钵、罐、盆等，釉的玻璃质感强，有流釉现象，碗盘类圆器往往采用几个泥块间隔装烧。晚唐、五代时期，随着北方人口的大量迁入以及其他地区工匠和制瓷技术的输入，广东制瓷业开始走向繁荣。有赖于海外贸易的发展，广东窑产品从潮州、广州等港口销往东南亚地区。

---

① 黄慧怡：《广东唐宋制瓷手工业遗存分期研究》，《东南文化》2004年第5期。

入宋以后，在晚唐、五代时期瓷业积累之上广东窑业获得空前发展，步入兴盛阶段。广东地区发现的这一时期的窑址中，属于北宋时期的数量最多，有80多处。[①] 粤东地区的瓷业非常发达，最具代表性的是韩江流域的潮州笔架山窑。粤中地区的窑址多分布在广州附近的珠江三角洲地带，较著名的有西村窑、惠州梅县窑和佛山石湾窑。广东西村窑[②]和潮州笔架山窑[③]是北宋广东外销瓷窑址代表。西村窑器物造型丰富，包括碗、盘、碟、盒、壶、玩具等，代表性器型有凤头壶、鸟盖粉盒，器内大量采用印花、刻花和彩绘工艺，尤以点彩装饰最具代表性。西村窑瓷器主要销往东南亚，特别是菲律宾地区，这里发现的西村窑瓷器最多，日本也有少量出土。潮州窑产品种类繁多，壶、执壶、炉、盒、玩具、佛像、人像之类在海外发现较多，印度尼西亚、菲律宾、马来西亚等地都有出土。[④]广东制瓷业的繁荣，和北宋前期广州在海外贸易中所占据的主导地位密切相关。[⑤] 进入南宋以后，随着泉州的兴起，广州港在海外贸易中的重要地位被取代，港口周边的外销瓷窑口，如西村窑、佛山奇石窑、潮州笔架山窑等都相继衰落，并逐渐停产。窑场多转移到城镇且规模缩小，产量也大不如前。

福建地区古代陶瓷器的生产，目前发现的窑址资料可以上推到南朝时期，唐、五代时期青瓷的生产逐渐兴起并获得发展，闽北、闽东、闽南都发现了不少窑址资料。进入宋元时期，福建的陶瓷生产繁荣兴盛，出现了青瓷、青白瓷、黑釉瓷并举的鼎盛局面。宋元时期海外贸易的大发展，促使东南沿海地区窑业迅速勃兴，获得极

---

① 古运泉：《广东唐宋陶瓷生产发展原因初探》，载广东省博物馆、香港冯平山博物馆主编《广东唐宋窑址出土陶瓷》，香港大学冯平山博物馆，1985。
② 麦英豪、黄淼章：《西村窑与宋代广州的对外贸易》，《广州研究》1982年第1期。
③ 广东省博物馆：《广东潮州笔架山宋代窑址发掘报告》，文物出版社，1981。
④ 曾广亿：《略论广东发现的唐宋元明外销瓷》，载《古陶瓷研究》（第一辑），中国古外销陶瓷研究会，1982。
⑤ 麦英豪、黄淼章：《西村窑的兴废与宋代广州对外贸易的关系》，载《古陶瓷研究》（第一辑），中国古外销陶瓷研究会，1982。

大繁荣，出现一系列专门针对外销的瓷窑体系。福建地区的窑场数量大增，瓷窑遍布全省各地，逐渐形成闽北（包括南平、三明地区）、闽东（包括福州、宁德地区）、闽南（包括厦、漳、泉地区）三大区域格局。① 宋元时期福建重要窑址主要是沿着福建三大水系及其支流分布的：在福建的北部和中部沿闽江流域分布着建窑、茶洋窑、遇林亭窑以及浦城大口窑、松溪回场窑、光泽茅店窑、邵武四都窑、三明中村窑、闽清义窑、福清东张窑、连江浦口窑、福州长柄窑等。② 这些窑场的产品多通过闽江水道顺流而下，经福州港远销海外。福建中南部的晋江水系分布着德化窑、磁灶窑以及安溪、永春、南安等窑址，它们的产品多经过晋江及其支流水运至泉州港外销。闽南的漳州地区沿九龙江水系分布着同安汀溪窑、漳浦窑以及厦门窑等。③ 一处窑场往往兼烧多个品种，而且窑址规模庞大，往往涵盖数百座窑炉，窑业遗存常常绵延几座山头。宋元时期福建陶瓷品种丰富，主要包括以建窑为代表的黑釉器类型、仿景德镇的青白瓷类型、仿龙泉窑的青瓷类型、同安窑类型的"珠光青瓷"以及以泉州磁灶窑为代表的黑釉器、黄绿釉器以及酱黑釉剔刻花器等。

从元代后期开始，制瓷业格局慢慢发生改变。宋元时期全国各地制瓷业百花齐放、百家争鸣的情况逐渐转变为集中到景德镇一地。景德镇窑生产技术在元代中叶以后迅速提高，相继成功地烧制出了青花瓷器、釉里红瓷器、钴蓝釉瓷器、铜红釉瓷器、枢府卵白釉瓷器五个新品种，从而开创了明清时期瓷器品种的基本格局，也为它日后成为"瓷都"奠定了基础。

---

① 栗建安：《福建古瓷窑考古概述》，载郑培升主编《福建历史文化与博物馆学研究》，福建教育出版社，1993。
② 栗建安：《福建地区宋元时期外销瓷研究的若干问题》，载郑培凯主编《十二至十五世纪中国外销瓷与海外贸易国际研讨会论文集》，香港：中华书局，2005。
③ 郑晓君：《宋元时期环九龙江口的陶瓷业与早期航运》，硕士学位论文，厦门大学，2007。

明清时期中国瓷器手工业继续向前发展，并进入一个全新的阶段。宋元时期的一些著名瓷窑如定窑、耀州窑和钧窑等日趋衰落或已停止生产。经过元代的酝酿积累，景德镇在明清时期成为全国制瓷业中心，这里集中了最优秀的工匠、最先进的制瓷技术，官窑与民窑共同成长、繁荣，创烧出了更多新的瓷器品种，各种颜色釉及彩绘瓷器获得了极大发展，特别是青花瓷器成为主流产品，在国内外市场大受欢迎。

青花瓷器历来是伊斯兰市场喜欢的瓷器品种，从唐青花的出现，到元青花的迅速崛起，都是伊斯兰市场需求的结果。明初郑和下西洋与伊斯兰世界的接触，推动了景德镇官窑青花瓷器的进一步发展，并随之影响国内市场的审美，之后青花瓷器在官窑、民窑生产中逐渐成为主流产品。明代中期以后，随着东南沿海走私活动的兴起，特别是随着整个东南亚地区的泛伊斯兰化，中国的青花瓷器生产有了更广泛的市场需求，促进了景德镇民窑的大发展。明弘治（1485~1505年）以后，景德镇民窑青花瓷器随着频繁的走私贸易大量销往东南亚地区，并随着西方人的到来，通过跨洋贸易销售到欧美等地。入清以后，青花瓷器仍然是景德镇最大宗的产品。到了康熙（1662~1722年）时期，青花瓷器大为进步，官窑及民窑的青花瓷器品质都有很大的提高，胎体纯白、厚重、致密，青花色调鲜艳、莹澈明亮，层次分明，流行故事类题材及大段的诗文装饰，鱼龙变化、冰梅纹、博古图等非常有特色。

明清五彩瓷器也获得空前发展，在嘉靖（1522~1566年）、万历（1573~1619年）时期进入了成熟阶段，图案花纹设计几乎布满全器，色彩浓艳，红色突出，极为华丽。题材以鱼藻、龙凤、云鹤、人物为主，配以山石、花草。清康熙年间，五彩瓷器又有新的发展，烧成了釉上蓝彩、黑彩和金彩，在官窑、民窑生产中水平都很高，质量精良，色泽艳丽，不易脱落。相较而言，民窑质量更胜一筹，流行人物故事题材，以仕女、花卉、梅鹊、博古及我国古代其他代表忠孝、富贵、福禄等美好寓意的纹饰最为常见。康熙中后期，随着政局的稳定和开海政策的实施，中国瓷器再次迅速涌向海外市场。雍正以后，随着西方珐琅料的输入及其在瓷器绘画中的应用，出现了珐琅彩瓷以及在此基础之上新创烧的粉彩瓷器。乾隆以后，随着西方贸易势力在东方的深入和早期全球贸易的不断深化，为了适应瓷器外销的需要，在广州出现了专门的订烧型外销瓷——广彩瓷器的加工工艺。这些根据订单要求烧制加工而成的广彩瓷器，随着远洋贸易销售到世界的各个角落。

第 二 章

从陶瓷考古资料看晚唐、五代时期的海外贸易

第一节　沉船、港口及海外遗址中发现的晚唐、五代陶瓷
第二节　考古发现晚唐、五代贸易陶瓷的特点
第三节　从陶瓷考古资料看晚唐、五代时期的海外贸易
第四节　结语

连接东方与西方世界的海上贸易路线，早在1世纪前后就已较多被采用。西方世界在1世纪前后开始利用印度洋的季风，开辟从埃及通往印度的海路。同时，在东部海域，汉代开辟了由中国东南通往印度东海岸的海上贸易路线。于是，从东亚和中东地区两方面出发的海路，在印度衔接起来。[①] 从境外各地的考古发现来看，汉晋之际，由于海上航线的开辟，我国的陶瓷器已经随着人群的迁徙和商业贸易，开始向海外流散。西沙群岛礁盘上采集的六朝青釉罐和小杯，广东窖藏及墓葬中出土的波斯风格的金银器，以及银币等西亚文物在广东的发现，正是中国南方与波斯湾海路通航的物证。[②] 但是人们通常认为，陶瓷以商品面貌大规模出现始于唐代。[③] 晚唐、五代作为中国古代陶瓷外销的一个重要阶段，在陶瓷产品风格及消费地域上，都同早期阿拉伯世界有着密切的关系。

[①]〔日〕三上次男：《陶瓷之路》，李锡经、高喜美译，文物出版社，1984，第152~154页。
[②] 广东省文物管理委员会等编《南海丝绸之路文物图集》，广东科技出版社，1991，第37~48页。
[③] 冯先铭：《中国古陶瓷的对外传播》，《故宫博物院院刊》1990年第2期。

第一节　沉船、港口及海外遗址中发现的晚唐、五代陶瓷

一　海外遗址的考古发现

考古发现表明，海外遗址出土的中国晚唐、五代贸易瓷器呈现共同风貌，其中以长沙窑瓷器最为常见，数量也最多，其次是浙江的越窑瓷器，北方的白釉瓷、白釉绿彩瓷，还有广东各地窑口的产品等。它们的分布从附近的东亚、东南亚，一直到南亚、西亚、中东、东北非各地。

据中国台湾学者谢明良先生研究，越窑青瓷、长沙窑瓷器及北方的白釉瓷器在日本各地均有较普遍的发现，与长沙窑瓷器同出的往往还有多彩铅釉器、晚唐三彩及白釉绿彩器，其所属时代多为9世纪末至10世纪初。它们和日本九州太宰府、鸿胪馆或兵库县福田等遗迹出土的伊斯兰陶器一起，应当是从扬州输入日本的。[①] 但日本发现长沙窑瓷器的数量明显少于越窑青瓷产品及北方的白瓷产品，和同时期在东南亚、南亚、西亚等地发现的以长沙窑瓷器为主的局面有差异。

---

① 谢明良：《日本出土唐宋时期陶瓷器及其有关问题》，《（台北）故宫学术季刊》1996年第13卷第4期。

在东南亚和南亚的遗址中，如菲律宾、印度尼西亚、泰国和斯里兰卡等地，都发现了9～10世纪的中国陶瓷器。在东南亚出土的中国贸易瓷中除了最常见的长沙窑瓷器、越窑瓷器及北方白瓷外，还有广东的潮州窑、梅县窑、新会窑、广州西村窑的产品。这种瓷器组合在菲律宾群岛不少地区皆有出土，其中地点明确的有吕宋（Luzon）岛南部的八打雁（Batangus）和棉兰老岛（Mindanao）、西北部的武端（Butuan）地区。[①] 此外，在印度尼西亚苏门答腊、爪哇、苏拉威西、加里曼丹及其他岛屿，以及泰国湾西北岸各地的遗址中都广泛发现有9～10世纪的中国陶瓷产品。[②] 南亚的斯里兰卡位于印度洋的中央，很早就开始在东西方海上交通要道上占有一席之地。斯里兰卡西北部的曼泰（Mantai）是古代非常有名的港市，在其9～10世纪的地层中发现了为数众多的中国陶瓷器。在曼泰遗址及斯里兰卡首都阿努拉达普拉（Anuradhapura）的考古遗址中发现的中国陶瓷包括越窑青瓷器、白瓷器和长沙铜官窑瓷器（见图2-1）。[③] 东南亚出土的9～10世纪中国陶瓷的遗址多位于当时重要的港口城市，还有一些则是当时的佛教、印度教等宗教的中心。

在邻近波斯湾的伊朗和伊拉克的9～10世纪陆地遗址和海港遗址中，长沙窑产品分布范围最广，数量也多，如伊拉克的萨马拉遗址（Samarra）、伊朗的希拉夫遗址（Siraf）、巴基斯坦的班布尔遗址（Bambhor）等。所以人们推测，长沙窑产品当是9世纪后半期至10世纪前半期中国输出贸易瓷的大宗之一，并且其国外市场重点应在中亚。[④] 伴随长沙窑瓷器一起出土的，仍然是我们前面提到的几大组合类型。三上次男先生曾以希拉夫遗址出土的晚唐、五代

[①] 〔日〕三上次男：《晚唐、五代时期的陶瓷贸易》，杨琮译，《文博》1998年第2期。
[②] 任荣兴：《唐、五代时期中国瓷器的外销及其生产》，《史林》1994年第3期。
[③] 〔日〕三上次男：《从陶瓷贸易史的角度看南亚东南亚地区出土的伊斯兰陶器》，顾一禾译，《东南文化》1989年第2期。
[④] 〔日〕三上次男：《唐末作为贸易陶瓷的长沙铜官窑瓷》，童希如译，载中国古陶瓷研究会、中国古外销陶瓷研究会编《中国古外销陶瓷研究资料》（第三辑），1983。

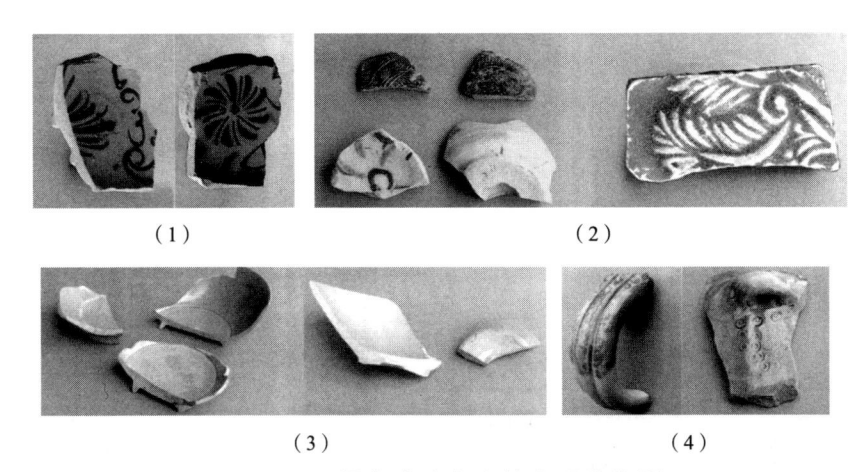

图 2-1　曼泰遗址出土的中国陶瓷器

注：(1) ~ (2) 为长沙窑瓷器残片，(3) 为越窑瓷器残片，(4) 为其他青瓷残片。

资料来源：引自 Martha Prickett - Fernando, "Durable Goods: The Archaeological Evidence of Sri Lanka's Role in the Indian Ocean Trade," in Senake Bandaranayake, Lorna Dewaraja, Roland Silva and K. D. G. Wimalaratne, eds., *Sri Lanka and the Silk Road of the Sea* (Sri Lanka: University of Kelaniya, 1990)。

的中国陶瓷为主要资料，研究传入伊朗的中国陶瓷之内涵。[①] 根据他的研究，在9世纪的希拉夫，长沙窑产品输入的数量最大并且普及于居民之中，其次是越州窑系青瓷器，同时还有作为商品容器的青瓷器、少量的优质白瓷器以及双彩堆花陶器。希拉夫作为中世纪印度洋对东亚贸易最重要的港口，在该地发现的中国陶瓷，无疑是探索这个时代中国与亚洲各地区，特别是与西亚地区贸易实况的重要资料。

二　我国南部港口的考古发现

9~10世纪的贸易陶瓷组合也大量被发现于同时期我国东南的贸易港口扬州、宁波、广州等地。

作为南北交通重要据点的扬州，既是江淮地区货物的集散地，

[①] 〔日〕三上次男：《伊朗发现的长沙铜官窑瓷与越州窑青瓷》，魏鸿文译，载中国古陶瓷研究会、中国古外销陶瓷研究会编《中国古外销陶瓷研究资料》（第三辑），1983。

同时又利用运河流通南北物资。在扬州唐代遗址中广泛发现长沙窑彩绘瓷、越窑青瓷、邢窑系白瓷、巩县窑白瓷、青花瓷、白釉绿彩陶和波斯陶器的陶瓷产品组合（见图2-2）。① 这种陶瓷器组合正是这一时期外销品种的代表。唐代扬州与长江中游的湖南贸易频繁，是当时长沙窑瓷器的主要经商口岸。② 因此，扬州发现长沙窑瓷器的数量也是最多的。《旧唐书·田神功传》载"神功至扬州，大掠居人资产……商胡大食、波斯等商旅死者数千人"，这反映了

（1）　　　　　　　　　　　（2）

（3）　　　　（4）　　　（5）

（6）　　　（7）　　　（8）

---

① 中国科学院考古研究所扬州城考古队等：《江苏扬州市文化宫唐代建筑基址发掘简报》，《考古》1994年第5期；扬州博物馆：《扬州三元路工地考古调查》，《文物》1985年第10期；周长源：《扬州出土的古代波斯釉陶研究》，《文物》1988年第12期。

② 周运中：《港口体系变迁与唐宋扬州盛衰》，《中国社会经济史研究》2010年第1期。

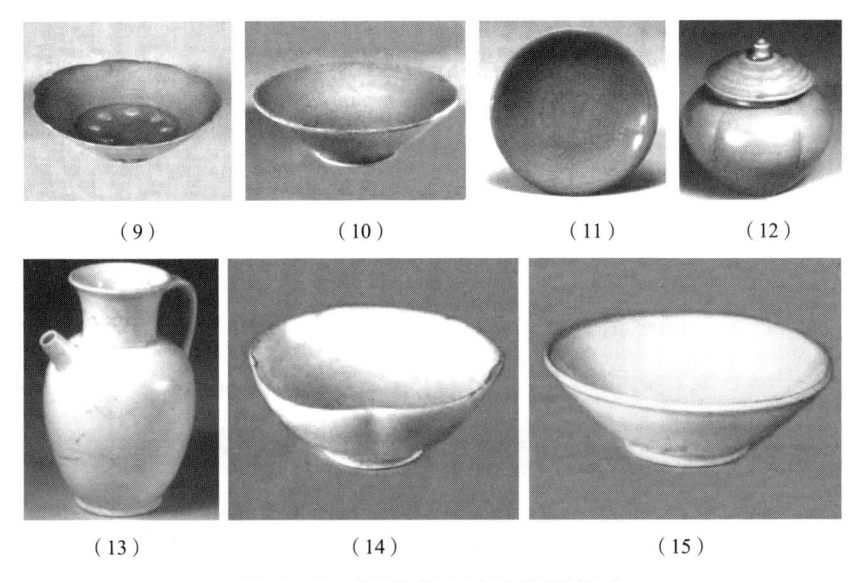

图 2-2 扬州出土的陶瓷器标本

注：(1) 为唐青花瓷残片，(2) 为唐三彩残片，(3) 为波斯釉陶器残片，(4)~(8) 为长沙窑瓷器，(9)~(11) 为越窑青瓷，(13)~(15) 为北方白釉瓷器。

资料来源：引自扬州博物馆等编《扬州古陶瓷》，文物出版社，1996。

中唐时期有大量从事贸易活动的胡商旅居扬州。扬州城的考古发现也证明当时可能存在专门经营瓷器的店铺。

唐代明州港已经是对外航运贸易的重要港口，是当时朝廷指定的对外开放的通商大埠，和交州（今越南境内）、广州、扬州并称四大港，与东南亚、波斯湾、北非等地都有通商贸易关系。明州港自晚唐贸易活动以来兴盛不衰，特别是对高丽和日本的贸易活动。浙江及宁波的文物工作者对这个海港码头进行过多次考古发掘[①]，重要遗址包括和义路码头遗址（在此出土的陶瓷标本见图 2-3）、东门口码头遗址、天妃宫遗址、江厦码头遗址、渔浦城门遗址、市舶司遗址、市舶库遗址等。这些遗址出土了大量的陶瓷器，以越窑青瓷、长沙窑瓷器、景德镇青白瓷、龙泉青瓷四大系为主，长沙窑瓷器多属

---

① 林士民：《再现昔日的文明：东方大港宁波考古研究》，上海三联书店，2005。

晚唐时期器物，数量庞大的越窑青瓷器则自晚唐至宋初都有，这说明明州港是唐、五代直至北宋初年越窑产品向外输出的重要港口。

广东作为当时各国商人进入中国的主要门户，同样发现了长沙窑瓷器。除此之外，广东唐代也出现众多专门生产外销瓷的窑址，主要包括潮州北郊、新会关冲、梅县水车、遂溪、廉江等地。[①] 这些窑址的产品分布于广东、海南地区沿海海域及西沙群岛，更随着长沙窑产品一同被销售到东南亚地区，在前面提到的东南亚地区的遗址中就有较普遍的发现。

（1） （2）

（3）

图 2-3　浙江宁波和义路码头遗址出土的陶瓷标本

注：（1）为长沙窑瓷器残片，（2）为波斯釉陶器残片，（3）为越窑青瓷。

---

① 杨少祥：《广东唐至宋代陶瓷对外贸易述略》，载广东省博物馆及香港大学冯平山博物馆编《广东唐宋窑址出土陶瓷》，香港冯平山博物馆出版，1985。

三 来自沉船的重要资料

那么，晚唐、五代的陶瓷制品到底是怎样输入到东南亚，进而到达波斯湾地区的呢？这一时期的沉船为我们提供了线索。

1998年，在印度尼西亚勿里洞岛附近发现了"黑石号"沉船，打捞出水6.7万件唐代瓷器、金银器、玻璃制品、铜镜及银锭等物品，其中陶瓷（见图2-4）占绝大多数，除长沙窑瓷器外，还有一些越窑青瓷、邢窑白瓷和白釉绿彩器，同时还出水了3件唐代青花瓷，以及少许青釉粗器如储藏罐等。结合纪年墓葬的比对资料，人们认为"黑石号"沉船所载瓷器的年代集中在9世纪前中期。根据沉船上一件长沙窑瓷器上"宝历二年"的铭文，进而推测沉船的绝对年代当为晚唐宝历二年（826年）或之后不久。[①]"黑石号"沉

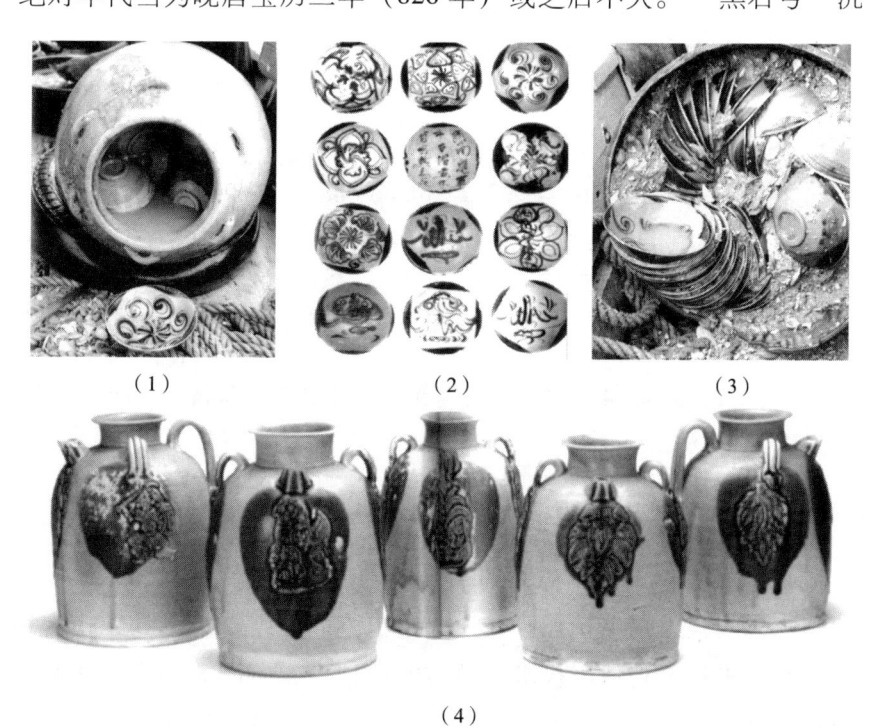

（1） （2） （3）

（4）

---

① 谢明良：《记"黑石号"（Batu Hitam）沉船中的中国陶瓷器》，载谢明良《贸易陶瓷与文化史》（美术考古丛刊6），台北：允晨文化实业股份有限公司，2005。

图 2-4 "黑石号"沉船出水的陶瓷标本

注：(1) ~ (4) 为长沙窑瓷器，(5) ~ (8) 为白釉绿彩器，(9) 为唐青花瓷器，(10) ~ (11) 为越窑青瓷器。

资料来源：引自 Reginal Krahl, John Guy, J. Keith Wilson, and Julian Raby, *Shipwrecked - Tang Treasures and Monsoon Winds* (Arthur M. Sackler Gallery, Smithsonian Institution, Washington, D. C. 2010)。

船出水的陶瓷组合与扬州唐代遗址出土陶瓷器组合完全吻合，这种器物组合未见于其他唐代港口城市的遗址中，所以人们认为该船很有可能是从扬州装载货物驶出的。"黑石号"船体构件连接采用穿孔缝合的方式（由木板拼合而成，椰壳纤维捆绑，缝隙处以橄榄汁填塞），与中外文献所记载的波斯湾海域的希拉夫、苏哈等地的船体一致，是采用阿拉伯传统造船技术的独桅三角帆。① 当时该船载满货物离开中国，在返回阿拉伯的途中，不幸在勿里洞附近沉没了。

"黑石号"沉船被发现的地点是苏门答腊东南海域，而就唐宋时期的航路来看，这里正是当时海上强国室利佛逝国的所在地，为公元 7～13 世纪南海交通总枢纽。宋人周去非的《岭外代答》也记载："三佛齐国（室利佛逝国于 9 世纪中叶以后改称三佛齐）在南海之中，诸蕃水道之要冲也。东自阇婆诸国，西自大食故临诸国，无不由其境而入中国者。"说明室利佛逝是连接中国和印度、阿拉伯、东南亚诸地交通的重要中继站。② 因而，人们对于"黑石号"沉船的始发港和性质也有不同的看法。有学者判断"黑石号"沉船中装载长沙窑瓷碗等器物的储藏器是广东地区生产的大罐，广州所产大罐只能从广州港出口；而考古证据也显示长沙窑瓷器的输出港口主要是扬州港，不大可能是数万件长沙窑瓷器在扬州装船之后运到广州全部卸下再重新包装驶往东南亚，故认为"黑石号"沉船上的船货是分别从中国东南的明州、扬州、广州等不同港口运到室利佛逝集散，然后在室利佛逝的巨港装船后再驶向爪哇的。③ 这种判断有其合理性。但关于盛装长沙窑瓷器的储藏大罐是否为广东所产，目前尚有不同看法。而且，从"黑石号"出水器物的情况来看，它是一艘满载中国船货的商船，货品数量庞大，出水以瓷器为主的船货保存着原始的装船状态，故可能性更大的应该是从中国东南沿海港口出发，各种证据显示扬州港的可能性最大。

总而言之，"黑石号"沉船位于中国东南港口经东南亚到波斯

---

① 〔美〕约翰·盖伊:《九世纪初连接中国与波斯湾的外销瓷：勿里洞沉船的例证》，王丽明译，《海交史研究》2008 年第 2 期。
② 谢明良:《记"黑石号"（Batu Hitam）沉船中的中国陶瓷器》，载谢明良:《贸易陶瓷与文化史》（美术考古丛刊 6），台北：允晨文化实业股份有限公司，2005，第 117 页。
③ 秦大树:《中国古代陶瓷外销的第一个高峰——9-10 世纪陶瓷外销的规模和特点》，《故宫博物院院刊》2013 年第 5 期。

湾航线的重要航路上,"黑石号"器物组合见于沿线的考古遗址中,其目的地大致在波斯湾的希拉夫港口附近。而沉船的结构与我国传统的船体不同,根据文献记载来看当属波斯湾及印度洋的船只系统。毫无疑问,"黑石号"与当时的阿拉伯贸易密切相关。它装载的丰富陶瓷器,再次证明了晚唐、五代时期南海贸易的繁荣。

第二节　考古发现晚唐、五代贸易陶瓷的特点

前面提到目前所发现的我国9～10世纪的陶瓷器中，长沙窑产品是最大宗的，而长沙窑瓷器无论纹饰还是器型，均具有浓郁的伊斯兰因素。长沙窑产品彩绘图案的大量流行在当时很有特色，应与其外销性质有关，学者认为可能是受到伊朗等地陶器彩绘工艺的影响，特别是彩绘图案上的点线花纹，似乎与伊朗常用的连点图案、连星图案密切相关。三上次男先生认为伊朗所出的长沙铜官窑彩绘纹钵上的鸟形图案与9～10世纪波斯陶器上的鸟形图案之间有着密切关系。这不禁令我们想到了唐青花产品，它在唐代出现的背景及其点线图案的装饰风格也使人们想到它与伊斯兰世界的紧密联系。唐青花产品应该也是在唐代与早期伊斯兰世界的交往和商贸中产生的，很快又随着这种商贸活动的中断而消失。

事实上，谈到晚唐、五代陶瓷器，另一个普遍特征就是大量出现模仿金银器造型的器物，无论是北方名窑定窑、邢窑产品，还是南方的越窑青瓷、长沙窑瓷器，以及盛唐时期的唐三彩，都具有这种共同的时代特征。[①] 多曲长杯、带把杯、凤首壶等特殊造型以及器型上的瓜棱腹、花口、高圈足外撇、器口卷边等特征非常明显，

[①] 张东：《唐代金银器对陶瓷造型影响问题的再思考》，载《上海博物馆集刊》，上海书画出版社，2000，第283页；穆青编著《定瓷艺术》，河北教育出版社，2002。

有些器物上甚至还出现了和唐代金银器上一样的蝴蝶、鹿、鱼等简单的模印图案。众所周知，唐代金银器是在波斯-萨珊等外来文化因素及工艺影响下发展起来的。不论晚唐、五代陶瓷器上的这种特征是模仿唐代金银器的结果，还是在中西文化交流的过程中直接受到西亚、中东等地金属工艺以及制陶工艺的影响，可以肯定的是，其出现的一个大背景必然是唐代和西亚、中东等地广泛进行的密切互动。有学者把这种现象称为"瓷化了的金银器"，并认为这类器物在某种意义上，是在阿拉伯世界热爱金银器的传统与阿拔斯统治者和伊斯兰教教义限制对金银器使用的强烈反差中，作为金银器以及昂贵的玻璃器的替代品热销西亚。①

除了明显的伊斯兰装饰风格外，长沙窑陶瓷器上的装饰手法还有汉字书法、佛教题材等，这与古代中国汉字使用范围内周边国家长沙窑器物的发现，以及东南亚地区佛教、印度教遗址中长沙窑瓷器的大量出土相对应。三上次男先生曾经指出，西亚诸国出土的长沙窑器以碗盘居多，而东亚的朝鲜、日本出土的长沙窑器则以壶罐类最为常见，东南亚的情况则居两者之间。东北非埃及的福斯塔特虽出土了不少南方越窑器及北方白瓷等唐代陶瓷产品，长沙窑产品却非常少见。越南、泰国等去往近东贸易航路上东南亚国家常见的晚唐时期广东生产的外销青瓷器，于日本几乎未见出土。上述情况说明不同消费地区对于中国陶瓷的种类是有所选择的。

---

① 郑晋：《长沙窑陶瓷艺术中的伊斯兰因素研究》，硕士学位论文，苏州大学，2009，第12~13页。

第三节　从陶瓷考古资料看晚唐、五代时期的海外贸易

无论是我国的港口扬州、宁波、广州，还是东南亚、南亚各地，以及西亚的希拉夫、萨马拉等地，所出土陶瓷的风貌都非常相似，其品种组合同样出现在"黑石号"沉船中。"黑石号"沉船中最重要的发现便是数量最多的长沙窑瓷器，明确了长沙窑产品是专门用以外销的，从造型到装饰，都具有浓郁的西亚和阿拉伯风格。与其说这一时期的长沙窑产品是随着越窑青瓷器一起销售到海外的，不如说越窑青瓷及北方窑口的白瓷产品是随着长沙窑瓷器一起外销的。长沙窑瓷器多依靠长江水道到达扬州，然后再发往南北各地，还有一部分通过湘桂水路到达广西再转运至广州。长沙窑产品向南经南海、西沙群岛、越南东海、印度尼西亚、马六甲海峡到印度西南的故临，再往西运到波斯湾沿岸港口，转输各地。在成书于贞元年间的《皇华四达记》中，贾耽记载了自广州南下经印度洋直达波斯湾的航线。[①] 贾耽所记载的从广州出发经南海到波斯湾的航线和苏莱曼等所记载的自希拉夫往中国的航线，正处于长沙窑瓷器外销线路的航程之中。公元9世纪，阿拉伯商人苏莱曼在《东游记》中说："唐时中国海船特别大，波斯湾风浪险恶，只有中国

---

① 《新唐书》卷43下所收贾耽"广州通海夷道"。

船航行无阻,阿拉伯东来的货物都要装在中国船上",又说"……大部分中国船都是在希拉夫装货启程的,阿曼和巴士拉口岸的货物都先运到希拉夫,然后装到中国船上"。① 对于文中的"中国船",有学者认为其实际所指应该是航向东南亚、中国的伊斯兰船只,贾耽所记载的航线反映的并不是中国船而是阿拉伯船的航海水平。②

事实上,在沿线遗址出土的陶瓷器组合中,除了9~10世纪中国陶瓷器外还有部分伊斯兰陶器。它们分布的范围相当广泛,北达日本,南下我国的扬州、福州、广州等对外贸易港口,再到菲律宾八打雁遗址、斯里兰卡西北部的曼泰遗址,甚至中亚波斯的希拉夫遗址、巴基斯坦的班布尔(Bambhor)遗址等均有出土。特别是在斯里兰卡的曼泰遗址中,发现的数量非常多,和同时期的中国陶瓷器几乎等量,说明当时这里很可能是一个重要的中转地。③ 历年来在扬州城考古遗址中常常见到伊斯兰翡翠蓝釉标本,并且时常与唐青花瓷共存。广州、福州的墓葬中也都发掘出土过完整的伊斯兰陶器。这些资料成为探索当时阿拉伯商人活动范围的重要线索。伊斯兰陶器向东方大规模的输出是在10世纪前后,11世纪以后就中断了④,这与中国外销瓷的第一个兴盛期在时间段上大体一致,也正是长沙窑产品和唐青花产品迅速兴起及衰落的时期。这种现象并非偶然,体现了9~10世纪阿拉伯商人主导南海贸易这一特定的时代背景。

"黑石号"沉船的发现,使我们明确了阿拉伯商人在晚唐时期海洋贸易中的重要作用,以及长沙窑产品与伊斯兰世界的密切关

---

① 沈福伟:《中国和阿曼历史上的友好往来》,《世界历史》1982年第1期。
② 陈希育:《中国帆船与海外贸易》厦门大学出版社,1991,第32页。
③ 〔日〕三上次男:《从陶瓷贸易史的角度看南亚东南亚地区出土的伊斯兰陶器》,顾一禾译,《东南文化》1989年第2期。
④ 〔日〕三上次男:《从陶瓷贸易史的角度看南亚东南亚地区出土的伊斯兰陶器》,顾一禾译,《东南文化》1989年第2期。

系。但这种繁荣的商贸活动终因一些特殊的事件而发生变化。公元758年，广州曾有阿拉伯人和波斯人掠夺中国货物、焚毁本地人居所等事件发生，朝廷因此颁布禁令。随后于公元878年发生屠杀活动，迫使大批阿拉伯商人退出广州。阿拉伯的文献资料证实878年大屠杀后外国商人离广州而去，改以较安全的东南亚为基地，在马来半岛北部的吉打州港口接收中国船只从广州运来的陶瓷器和其他商品，继而转运印度尼西亚、印度洋沿岸地区和波斯湾。至此，中国人接手了南中国至东南亚的贸易航线。罗马帝国的马苏迪在其著作 *Maraj al–Dhahab* 中也证实了这点。① 加上公元977年，作为当时对中国贸易的主要转口港希拉夫发生大地震，很多商人因此离去，其地位逐渐被霍尔木兹及吉达（Jeddah）等港口城市所取代，阿拉伯人不再直接参与中国的瓷器贸易。原本阿拉伯商人主导控制的印度洋—南海贸易活动也受到巨大的影响。

晚唐、五代时期海外贸易的这些变化，也可以从稍后的沉船资料中找到考古学上的证据。

另两艘稍晚时期的沉船分别为印坦沉船和井里汶沉船。② 印坦沉船于1997年在雅加达以北150公里的印坦油田附近被发现，根据考古资料推测，其年代当在公元10世纪中期前后，也就是南汉王朝覆灭之前。从这艘沉船中出水的中国陶瓷大多为广东生产的一种青黄釉小罐，其余的器物中越窑青瓷器的数量大大增加，占到了20%~30%。此外，还有其他一些青白瓷、白瓷以及东南亚、中东等地的陶器。学者们认为印坦沉船的主要货物是在南汉控制的广州港装船的。③ 2003年2月，在爪哇井里汶岛向北约100海里处的海

---

① Brian McElney, *Chinese Ceramics and the Maritime Trade Pre–1700* (The Museum of East Asian Art, 2006), pp. 13–14.
② 参见《故宫博物院院刊》2007年第6期专刊。
③ Michael Flecker, *The Archaeological Excavation of the Tenth Century Intan Shipwreck*, Java sea, Indoneisa (Oxford: Archaeopress, 2002); 秦大树：《拾遗南海　补阙中土——谈井里汶沉船的出水瓷器》，《故宫博物院院刊》2007年第6期。

域，发现一艘曾航行于印度尼西亚海域间的贸易沉船遗址，出水多达30余万件越窑瓷器，器物造型多样，装饰纹样丰富多彩，所属时代应为五代至北宋早期。井里汶沉船出水的白瓷包括安徽繁昌窑、河南中西部窑场以及定窑的产品。人们将其时代定为10世纪后半期。[1] 类似的沉船资料在中国东南沿海也有发现。2010年福建沿海水下考古调查队在福州平潭海域调查，发掘了一艘沉船遗址，遗址表面未发现船体遗存，但集中采集了一批越窑瓷器，包括花口碗、碟、盏托、执壶等，经过与出土纪年遗物的比对研究，其年代被定为五代时期。这也是中国近海海域发现的时代最早的沉船遗址。[2]

在这几艘沉船资料所反映的信息中，最引人注目的一点就是越窑青瓷产品所占比重大增。从"黑石号"沉船到印坦沉船、井里汶沉船以及分流尾屿沉船瓷器品种组合的变化，人们试图去探寻一些变迁的规律。秦大树先生对这几条9～10世纪的沉船瓷器资料的比较得出：10世纪中叶是一个重要的分水岭，以广东所产青瓷、青白瓷和越窑青瓷产品为主的组合取代了之前以长沙窑器为主加北方白釉瓷器等品种和广东青瓷的组合，长沙窑产品退出了外销瓷的舞台，越窑青瓷器则成为陶瓷外销最主要的品种。[3] 这种观点并非没有道理。在宁波开展城市考古所获得的资料，也印证了这一点，五代至北宋早期的遗迹单位内集中出土了以越窑青瓷为主兼有少量唇口大圈足青白瓷碗的遗物。[4]

与此同时，印坦沉船和井里汶沉船的船体结构及船内装货的方

---

[1] 秦大树：《拾遗南海　补阙中土——谈井里汶沉船的出水瓷器》，《故宫博物院院刊》2007年第6期。
[2] 中国国家博物馆水下考古研究中心、福建博物院文物考古研究所：《福建平潭分流尾屿五代沉船遗址调查》，《中国国家博物馆馆刊》2011年第11期。
[3] 秦大树：《拾遗南海　补阙中土——谈井里汶沉船的出水瓷器》，《故宫博物院院刊》2007年第6期。
[4] 宁波市文物考古研究所、厦门大学历史系考古专业：《宁波市中山路综合整治工程9#地块望京门文化公园重点考古勘探工作报告》（内部资料），第42～47页。

式显示它们所承担的是东南亚岛际贸易，属于东南亚商船①，表明东南亚商人可能参与了这一时期的贸易活动。越窑产品的大量出现还与越窑在吴越国统治下的迅猛发展密切相关。吴越钱氏王朝为巩固其统治，保持与中原的五个王朝及后来的北宋王朝的良好关系，常常进贡数量巨大的越窑瓷器。同时还大力发展海上贸易，积极开拓与南海地区的贸易往来。越窑青瓷的产量在10世纪后半叶达到高峰并持续向外输出，在环印度洋的许多古代遗址中都有发现。

从这几艘沉船资料中，我们似乎也可以看出唐、五代时期中国东南港口变迁的历程。早期海上贸易活动以扬州最为繁盛，广州也大量参与。唐末，扬州由于五代战乱造成"江淮不通"而衰落②，海上贸易的重心开始发生转移。五代时，最活跃的港口变为被吴越和南汉王朝掌控的明州港（今宁波）和广州港。

---

① 李旻：《十世纪爪哇海上的世界舞台——对井里汶沉船上金属物资的观察》，《故宫博物院院刊》2007年第6期。
② （宋）欧阳修撰，（宋）徐无党注《新五代史·刘铢传》，北京：中华书局，第335页。

第四节 结语

唐、五代时期是我国古代海外贸易中的一个重要阶段。从这一时期开始，中国陶瓷产品开始以商品面貌通过海上路线大量输出。考古证据揭示这一时期的陶瓷产品贸易中更多的是阿拉伯以及东南亚等地商人广泛参与，正如学者所称，"唐代中国的海外贸易主要由蕃商蕃舶来华进行"[1]，没有更多直接的考古证据证明中国商人势力在南海的活动，可能当时中国商人更多的进行的是对朝鲜、日本等地的商贸活动。这也从一个侧面说明，中国商人势力的真正崛起是在之后的宋元时期。国外学者通过沉船资料研究中国的越洋海运时也得出类似的结论，"中国陶瓷、铁器以及丝绸等物产在第一个千年的晚期被海外强烈需求，但是中国人却依赖外国船只进行贸易。到8世纪时，中国人开始对船体进行改进以航行到邻近国家进行直接贸易，但至少要到12世纪，强大的中国帆船才开始出现"[2]。

---

[1] 庄国土：《论17—19世纪闽南海商主导海外华商网络的原因》，《东南学术》2001年第3期。
[2] Michael Flecker, "The Advent of Chinese Sea-going Shipping: A Look at the Shipwreck Evidence,"载郑培凯主编《十二至十五世纪中国外销瓷与海外贸易国际研讨会论文集》，香港：中华书局，2005。

第 三 章

从沉船资料看宋元时期海外贸易的变迁

第一节　考古发现的宋元时期沉船资料
第二节　从沉船资料看宋元陶瓷的生产及外销
第三节　宋元时期陶瓷大规模运销海外的背景
第四节　从沉船资料看宋元时期海外贸易的变迁

中国陶瓷自唐、五代时期开始通过海路大规模运销海外,在宋元时期达到高潮,这是我国古代海外贸易迅猛发展的结果。无论是考古发现,还是文献记载,均体现了这一时期我国陶瓷参与海外贸易的盛况。宋元政府都曾鼓励以瓷器作为对外贸易的交换媒介,这在某种程度上直接推动了中国陶瓷的生产和输出。

第一节 考古发现的宋元时期沉船资料

随着水下考古工作的进行，在我国东南沿海地区乃至东南亚地区均发现了不少属于宋元时期的沉船资料，沉船出水的主要船货为中国古代陶瓷。从出水陶瓷器的特征来看，这些沉船分属早晚不同的时代，销往的地区也有所差异，这反映了不同阶段海外贸易变迁的过程。

一 宋元沉船的考古发现

宋元时期的沉船资料，目前主要发现于福建沿海、南海海域以及东南亚海域，其中福建沿海水下文物点最多，南海海域沉船的出水遗物最为丰富。沉船的年代以南宋至元代为主，北宋时期的沉船较少。现按初步判定的沉船时代之早晚介绍如下。

1. Pulau Buaya wreck（鳄鱼岛沉船）

鳄鱼岛沉船发现于苏门答腊东南的鳄鱼岛海域。1989年对沉船进行了打捞，没有发现船体，出水船货（见图3-1至图3-3）以中国陶瓷器为大宗，包括来自广东潮州窑的四系小罐、盘口瓜棱瓶，数量不少的广东奇石窑大罐，景德镇所产的青白釉碗、瓶、盒等，还有一部分来自福建窑口的青白瓷碗。[1] 一同出水的还包括一定数量的铜块、铁锅等金属物资和石器、伊斯兰玻璃器以及少量的东

---

[1] Abu Ridho and E. Edwards McKinnon, *The Pulau Buaya Wreck: Finds from the Song Period* (Jakarta: Himpunan Keramik Indonesia, 1998), pp. 6, 98.

南亚陶器。通过与国内纪年资料的比对分析，学者倾向于把沉船年代确定为11世纪中期至12世纪早期，即北宋中晚期到南宋初年。①

图3-1 鳄鱼岛沉船出水的福建陶瓷

注：（1）为漳平永福窑碗，（2）为德化窑瓶，（3）～（4）为漳浦罗宛井窑碗，（5）为磁灶窑瓶，（6）～（7）为华南地区产素面碗。

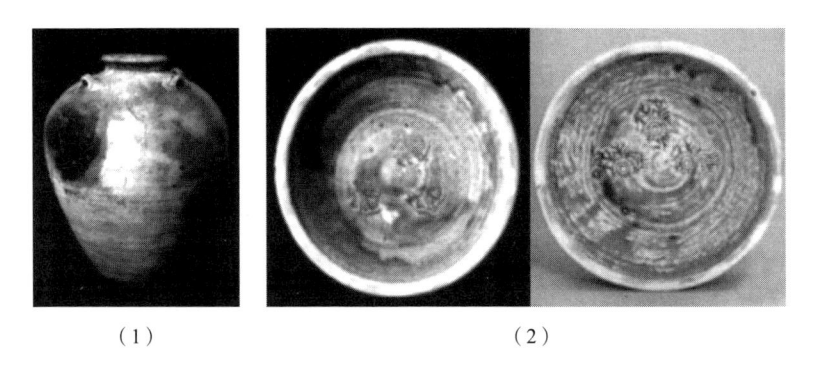

---

① 胡舒扬：《宋代中国与东南亚的陶瓷贸易——以鳄鱼岛沉船（Pulau Buaya wreck）资料为中心》，载上海中国航海博物馆编《人海相依：中国人的海洋世界》，上海古籍出版社，2014。

（3）　　　　　　　　（4）　　　　　（5）

图 3-2　鳄鱼岛沉船出水的广东陶瓷

注：(1) 为广东潮州笔架山窑瓶，(2) 为广东奇石窑大罐，(3) 为广东青釉瓜棱四系小罐，(4) 潮州笔架山窑青白瓷盘口瓜棱瓶，(5) 为青白釉执壶。

图 3-3　鳄鱼岛沉船出水的景德镇青白瓷

2. 莆田北土"龟礁一号"宋代沉船遗址

北土"龟礁一号"宋代沉船遗址位于福建莆田兴化湾南日岛的东北面，于2008年莆田沿海水下考古调查时被发现。出水陶瓷器（见图3-4）大部分为青瓷，器型以碗为主，还有少量盘和碟，经过与窑址资料比对，应是松溪回场窑仿龙泉窑系的青瓷产品[1]，年代为南宋早期[2]。

---

[1] 羊泽林：《福建水下考古发现与相关问题初探》，中国国家博物馆水下考古研究中心编《水下考古学研究》（第一卷），科学出版社，2012。

[2] 福建沿海水下考古调查队：《2008年莆田沿海水下考古调查简报》，《福建文博》2009年第2期。

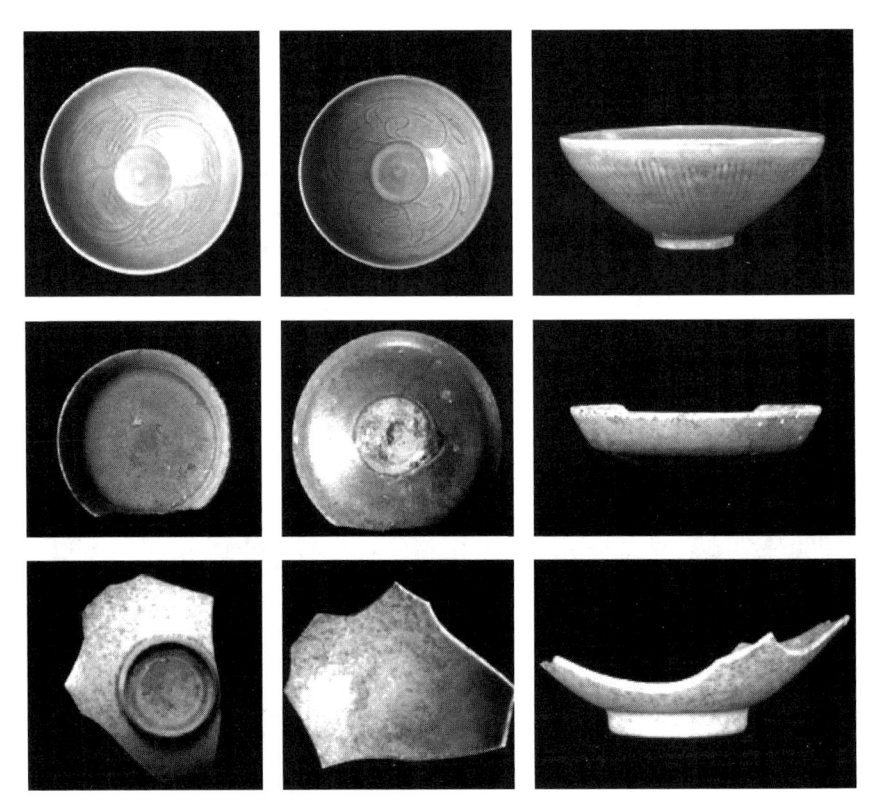

图3-4 北土"龟礁一号"宋代沉船出水的陶瓷器

3. 平潭大练岛西南屿水下文物点

该文物点于2009~2010年进行福建沿海水下调查时被发现,未见船体,只发现较为集中的青瓷碗、盘堆积。出水青瓷(见图3-5)器物特征一致,釉为青绿色,装饰刻划花,器型主要有撇口斜弧腹碗、敞口六花口碗和平底折腹盘,与龙泉东区窑址第一期产品一致,时代为北宋晚期至南宋早期。[1]

---

[1] 栗建安:《闽海钩沉——福建水下考古发现与研究二十年》,载中国国家博物馆水下考古研究中心编《水下考古学研究》(第一卷),科学出版社,2012。

图 3-5 平潭大练岛西南屿水下文物点出水的瓷器

4. Jepara 沉船

1997年发现于印度尼西亚日巴拉的中爪哇海域，出水器物以陶瓷器（见图 3-6）为主，伴出的还有铜锣、铜镜、铁锅、铜钱等金属器。陶瓷器主要是闽南安溪、南安、同安、德化等地窑口所产，还有一些早期龙泉窑产品或闽北龙泉窑系的青瓷产品。器型以碗最多，包括灰白、青灰到青黄等多种釉色。还有酱褐釉或黑釉的瓶、军持，以及青白釉和白釉的盖盒、盘、执壶、瓶等。学者认为这应是一艘从泉州出发的中国船只，从瓷器特征推断沉船的年代为12世纪上半叶。[①]

---

① Atma Djuana and E. Edwards McKinnon, "The Jepara Wreck,"载郑培凯主编《十二至十五世纪中国外销瓷与海外贸易国际研讨会论文集》，香港：中华书局，2005，第126~135页。

图 3-6　Jepara 沉船出水的陶瓷器

5. 西沙"华光礁I号"沉船

西沙"华光礁I号"沉船于1998年底至1999年初在对西沙群岛进行水下考古调查时被发现并进行试掘，出水了大量陶瓷（见图3-7），青白瓷器居多，青瓷器次之，还有一定数量的酱褐釉器。青白瓷器以福建窑口的比例最高，包括德化窑青白釉碗、瓶、粉盒，南安、闽清等地的碗、盘、刻花执壶之类，只有少量景德镇青白瓷产品。青瓷器包括龙泉窑系闽北松溪回场窑的青黄釉刻划花加篦划

图 3-7　西沙"华光礁 I 号"沉船出水的陶瓷器

纹大碗、大盘，南安罗东窑青黄釉大盘。酱褐釉器主要是晋江磁灶窑产品，有青黄釉褐彩瓶、罐等，以及酱褐釉小口罐、军持等。学者通过研究认为，它是南宋时期来自泉州的"福船"。①

6. The Tanjung Simpang 沉船②

根据发掘者介绍，这是一艘沉没于马来西亚海域，满载中国陶瓷产品的中国商船，打捞出水陶瓷器包括酱褐釉军持、罐和青白釉的执壶、盒子以及其他褐釉器。同时出水的还有铜锣等金属器。从出水器物特征看，应为南宋船只，时代和西沙"华光礁 I 号"沉船相近。

7. 广东"南海 I 号"沉船

广东"南海 I 号"沉船于 1987 年在广东省川山群岛阳江海域附近被发现，后经多次调查与试掘。出水文物以陶瓷器（见图3-8至图3-12）为大宗，主要有江西景德镇青白瓷器、浙江龙泉青釉和青黄釉瓷器、福建德化青白瓷器、闽清义窑青白瓷器、磁灶窑黑釉和绿釉瓷器等。其中福建陶瓷器占船载货物的数量、种类比重最大。③ 根据沉船器物组合及出土瓷器特征，学者初步判断这是一艘属于南宋中期前后的船只。

---

① 中国国家博物馆水下考古研究中心、海南省文物保护管理办公室编著《西沙水下考古（1998~1999）》，科学出版社，2006，第 231~233 页。
② "The Tanjung Simpang Ship," MaritimeAsia, http://www.maritimeasia.ws/tsimpang/index.html.
③ 张万星：《广东"南海 I 号"沉船船货的内涵与性质》，载吴春明主编《海洋遗产与考古》，科学出版社，2012。

图3-8 "南海Ⅰ号"出水的德化窑瓷器

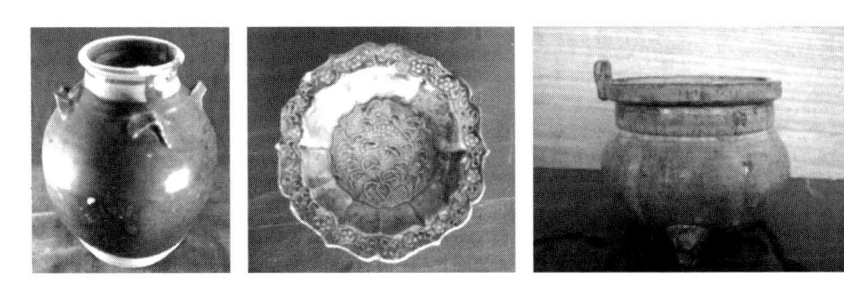

图3-9 "南海Ⅰ号"出水的闽清义窑瓷器

图 3-10　"南海 I 号"出水的磁灶窑瓷器

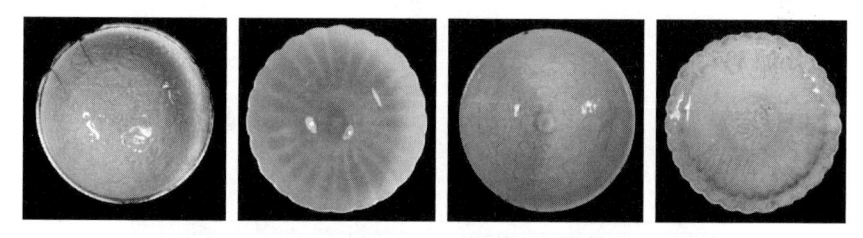

图 3-11　"南海 I 号"出水的景德镇青白瓷

图 3-12　"南海 I 号"出水的龙泉青瓷器

8. 日本奄美大岛仓木崎海底沉船遗迹

日本奄美大岛（西南诸岛）仓木崎海底遗址发现了大量被认为是南宋时期中国陶瓷的沉船遗物。打捞出水的绝大部分为龙泉窑青瓷器，福建仿龙泉窑青瓷器（莆田窑制品）和福建青白瓷器（极有可能是闽清窑的制品）也占据相当的比例，还发现少量景德镇窑的青白瓷产品。[①]

[①] 森达也：《宋元外销瓷的窑口与输出港口》，载沈琼华主编《2012'海上丝绸之路——中国古代瓷器输出及文化影响国际学术研讨会论文集》，2013。

9. 福建连江定海湾"白礁一号"沉船

"白礁一号"沉船位于闽江入海口的北面,黑釉盏及青白瓷浅腹碗是其主要船货。"白礁一号"沉船所运载的青瓷、青白瓷器同闽江口窑址所产制品相似,很可能为连江一带的窑口所产。从出水陶瓷器(见图3-13)特征判断,该沉船年代为南宋末年至元代早期。[①]

图3-13 定海湾"白礁一号"沉船出水的陶瓷器

10. 莆田兴化湾"北土龟礁二号"元代沉船遗址

"北土龟礁二号"沉船遗址位于"北土龟礁一号"沉船遗址北面。2008年调查时被发现,从中采集的遗物器型有碗、盘、碟等,灰白胎,质地较密,釉色灰白或略泛青,大部分器物的内底有涩圈或无釉露胎,制作工艺较粗糙,被认定为连江浦口窑元代窑址的产品。[②]

[①] 中澳联合定海水下考古队:《福建定海沉船遗址1995年度调查与发掘》,载《东南考古研究》(第二辑),厦门大学出版社,1999年。

[②] 栗建安:《闽海钩沉——福建水下考古发现与研究二十年》,载中国国家博物馆水下考古研究中心编《水下考古学研究》(第一卷),科学出版社,2012年。

11. 福建漳州龙海"半洋礁一号"沉船

该沉船于2010年福建沿海水下考古调查时被发现。调查采集到的陶瓷器（见图3-14）大部分为黑釉盏，可能出自福清东张窑。还发现有青白瓷碗、盘，为福建北部宋元窑址的芒口印花产品。白瓷碗、碟与莆田市灵川窑产品相似。据沉船遗物特征初步推断"半洋礁一号"为南宋末期至元初的沉船。①

图3-14 龙海"半洋礁一号"沉船出水的陶瓷器

12. 福建平潭小练岛东礁沉船遗址

东礁沉船遗址点经过2008年和2009年两次水下考古调查，出水陶瓷器（见图3-15）以黑胎和素胎的陶瓶、陶罐为多，还有龙泉窑莲瓣纹钵、双鱼洗、印花碗，福建窑口的黑釉盏和青白釉碗、盘、碟、执壶等。② 通过和窑址资料比对，推断其年代为南宋末期

---

① 羊泽林：《福建水下考古发现与相关问题初探》，载中国国家博物馆水下考古研究中心编《水下考古学研究》（第一卷），科学出版社，2012。
② 栗建安：《闽海钩沉——福建水下考古发现与研究二十年》，载中国国家博物馆水下考古研究中心编《水下考古学研究》（第一卷），科学出版社，2012。

至元代早期。

图3-15 平潭小练岛东礁沉船遗址出水的陶瓷器

13. 莆田湄洲湾文甲大屿元代沉船遗址[①]

文甲大屿元代沉船遗址位于莆田市湄洲岛北面，出水遗物主要为陶瓷器。瓷器绝大部分为白瓷，另有少量青白瓷、酱釉器。白瓷器是连江浦口窑元代窑址的产品，器型有碗、盘、碟等，多刻划有莲纹。青白瓷多芒口，釉面局部有冰裂纹，器型有碗、盘等，可能为景德镇窑产品或福建北部仿景德镇窑产品。

14. 大练沉船遗址

福建平潭大练沉船出水瓷器基本上都是元代龙泉青瓷（见图3-16），主要器型有大盘、小罐、洗、盘、碗等，为龙泉大窑窑区及查田溪口窑的产品。这批瓷器应该是通过闽江上游的建溪进入闽江，顺流而下直达福州港出海南行的。既有可能直接前往东南亚地区，也有可能前去泉州港集散，然后转运东南亚地区。[②] 相似器物在印度尼西亚海域发现的"玉龙号"沉船中也有。

15. "玉龙号"沉船（Jade Dragon shipwreck）

"玉龙号"沉船遗址位于马来西亚Sabah海岸，沉船被严重破坏，完整器物几乎全部被盗掘，剩下的都是碎片。根据海底调查记

[①] 栗建安：《闽海钩沉——福建水下考古发现与研究二十年》，载中国国家博物馆水下考古研究中心编《水下考古学研究》（第一卷），科学出版社，2012。

[②] 中国国家博物馆水下考古研究中心等编著《福建平潭大练岛元代沉船遗址》（中国水下考古报告系列四），科学出版社，2014，第186页。

图 3-16　大练沉船出水的龙泉青瓷

录和对流散文物的考察，沉船船货绝大部分为龙泉窑瓷器（见图 3-17）。西方学者认为它可能是从温州出发的，目的地为东南亚的文莱或 Santubong。①

图 3-17　"玉龙号"沉船出水的龙泉青瓷

16. 韩国新安海底沉船

韩国新安海底沉船经过多年的打捞工作出水了大批中国陶瓷器（见图 3-18 至图 3-20），其中数量最多的是龙泉青瓷和景德镇青白瓷，还有建窑黑釉系瓷器、闽清义窑的白瓷、钧窑系及其他窑口

---

① Michael Flecker, "Rake and Pillage, the Fate of Shipwreck Asia," in Heidi Tan, eds., *Marine Archaeology in Southeast Asia: Innovation and Adaptation* (Singapore: Asian Civilization Museum, 2012), pp. 70-85.

瓷器，以及金属制品等。① 有学者认为新安海底沉船是从宁波港始行的，目的地是日本。由于在沉船中还发现了在东南亚地区广泛出土的小件青白釉褐色点彩装饰的景德镇瓷器，故有学者认为它还有可能转航东南亚。日本学者三上次男根据出水的带有"至治三年六月一日"的墨书木牌，判断沉船年代应为这一年份稍后的时期，即14世纪30年代的元朝末年。②

---

① 韩国文化公报部文化财管理局：《新安海底遗物》，汉城：汉城三星文化印刷社，1984；李德金等：《新安海底沉船出土的中国瓷器》，《考古学报》1979年第2期；冯先铭：《南朝鲜新安沉船及瓷器问题探讨》，《故宫博物院院刊》1985年第3期；叶文程等：《从新安海域打捞的文物看元代我国瓷器的外销》，《海交史研究》1985年第8期。
② 〔日〕三上次男：《新安海底的元代宝船及其沉没年代》，王晴堂译，《东南文化》1986年第2期。

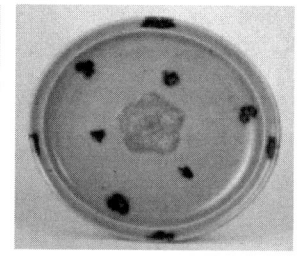

图 3-18 新安海底沉船出水的龙泉青瓷

资料来源：引自《新安海底遗物》（资料篇），韩国文化公报部文化财管理局，1981。

图 3-19 新安海底沉船出水的景德镇青白瓷及卵白釉瓷

资料来源：引自《新安海底遗物》（资料篇），韩国文化公报部文化财管理局，1981。

图 3 - 20 新安海底沉船出水的建窑系黑釉盏

资料来源：引自《新安海底遗物》（资料篇），韩国文化公报部文化财管理局，1981。

17. 西沙群岛"石屿二号"元代沉船[①]

2010 年，国家博物馆水下考古研究中心组织力量对西沙群岛"石屿二号"沉船遗址进行水下考古调查，采集到大量元代青花瓷器（见图 3 - 21），占出水器物总量的一半以上。采集到的还有景德镇枢府卵白釉瓷器（见图 3 - 22）、福建德化白釉瓷器（见图 3 - 23）以及可能为莆田产的青灰釉瓷器，另有极少量磁灶窑产的酱釉器（见图 3 - 24）。推断沉船年代应为元朝末期。

图 3 - 21 "石屿二号"沉船出水的元青花瓷器

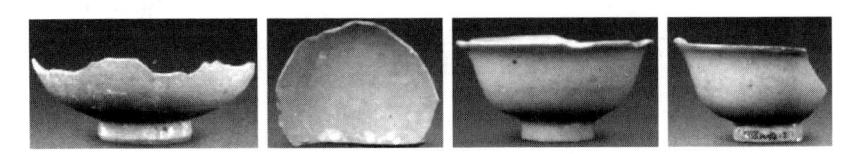

图 3 - 22 "石屿二号"沉船出水的景德镇卵白釉瓷器

[①] 中国国家博物馆水下考古研究中心等：《西沙群岛石屿二号沉船遗址调查简报》，《中国国家博物馆馆刊》2011 年第 11 期。

图 3-23　"石屿二号"沉船出水的德化窑白釉瓷器

图 3-24　"石屿二号"沉船出水的青灰釉器和酱釉器

18. 福建漳浦县沙洲岛元代沉船遗址

沙洲岛沉船遗址于 2008 年进行水下考古调查时被发现，未见船体残骸。采集到的陶瓷器（见图 3-25）包括青瓷器、青白瓷器、

图 3-25　沙洲岛元代沉船遗址出水的陶瓷器

资料来源：引自栗建安《闽海钩沉——福建水下考古发现与研究二十年》，中国国家博物馆水下考古研究中心编《水下考古学研究》（第一卷），科学出版社，2012。

酱釉器以及素胎器等，器型有碗、盏、水注、盆、炉、四系罐等。景德镇瓷器种类丰富且最精美，龙泉青瓷数量不多，有深腹碗和盘。此外，还有一些可能来自磁灶窑的粗糙的酱釉四系罐。该遗址年代大致为元末明初或明代早期。[①]

19. 莆田湄洲湾门峡屿水下元代文物点

该文物点位于湄洲湾口北面。出水遗物以陶器为主，伴有少量白瓷碗。白瓷碗可能是莆田庄边窑元代窑址的产品。[②]

福建沿海水下元代沉船遗址还有"北日岩四号"元代沉船遗址、龙海"半洋礁二号"元代水下文物点，遗物均以福建窑场的青白瓷器为主，还有少量白瓷产品、酱釉器，器型有碗、碟、盘、罐等。[③]

二 沉船出水器物组合分析

经过初步分析，这些沉船资料可划分为几个不同的时间段。

（1）时代较早的最具代表性的沉船为鳄鱼岛沉船。鳄鱼岛沉船出水的中国陶瓷器以广东窑产品为主，还有福建、景德镇所产器物。青白瓷器最多，也有一定数量的青釉和酱褐釉器物。代表器型有广东潮州窑的青白釉盘口瓜棱瓶、青釉小罐，西村窑的印花盆、石湾窑的大罐；福建漳州地区生产的青白釉刻划花碗、华南地区生产的灰白釉唇口素面碗、德化窑生产的青白釉花口瓶以及磁灶窑生产的小口瓶等；景德镇窑生产的青白釉盒、瓜棱执壶、莲瓣纹钵等。时代为北宋中晚期到南宋初年。

类似的器物组合还见于西沙群岛的遗物点，如位于西沙北礁东北侧礁盘的 2010XSBW4、2010XSBW5 以及赵述岛西南的

---

① 福建沿海水下考古调查队：《漳浦县沙洲岛沉船遗址水下考古调查》，《福建文博》2008 年第 2 期。
② 栗建安：《闽海钩沉——福建水下考古发现与研究二十年》，载中国国家博物馆水下考古研究中心编《水下考古学研究》（第一卷），科学出版社，2012。
③ 羊泽林：《福建水下考古发现与相关问题初探》，载中国国家博物馆水下考古研究中心编《水下考古学研究》（第一卷），科学出版社，2012。

2010XSZSS2等水下遗存。这些遗物点的出水器物包括广东潮州窑、福建南安窑以及景德镇窑生产的青白釉碗、盒、罐等，潮州窑的青釉小罐、奇石窑的戳印花纹盆、罐等。①

（2）第二组沉船资料包括福建莆田"北土龟礁一号"宋代沉船遗址、福建平潭大练岛西南屿水下文物点、印度尼西亚的Jepara沉船、西沙"华光礁Ⅰ号"沉船、马来西亚海域的Tanjung Simpang沉船、广东"南海Ⅰ号"沉船、日本奄美大岛仓木崎海底沉船遗迹等。

这组沉船资料非常丰富，出水器物组合中广东窑的产品已经不见，福建窑口的产品大量出现，龙泉窑产品也普遍被发现。具体来看，主要包括龙泉青瓷器，福建闽清义窑刻划花碗、德化青白釉器、南安等地的青釉刻划花产品、磁灶窑的酱釉和铅釉陶器等，还有少量景德镇青白瓷器。其中又以"南海Ⅰ号"沉船出水器物种类、数量最为丰富。总体上看，这组沉船器物的年代应为南宋早中期前后，即12世纪早中期至13世纪早期。

（3）第三组沉船资料包括福建连江定海湾"白礁一号"沉船、漳州龙海"半洋礁一号"沉船、平潭小练岛东礁沉船遗址、莆田兴化湾"北土龟礁二号"元代沉船遗址、莆田湄洲湾文甲大屿元代沉船遗址等。

这一组沉船多发现于福建沿海地区，主要出水器物也以福建陶瓷器为主，特别是闽江流域的产品，如仿建窑的黑釉盏、闽北窑口生产的青白釉芒口碗盘碟、连江浦口窑的刻划莲瓣纹碗等。平潭小练岛东郊沉船还出水有龙泉窑莲瓣纹钵、双鱼洗、印花碗。学者将这组沉船的时代定为南宋末期至元代早期。

（4）第四组沉船资料主要包括福建平潭大练沉船遗址、马来西亚海域的"玉龙号"沉船遗址、韩国新安海底沉船遗址等。

---

① 赵嘉斌：《2009~2010年西沙群岛水下考古调查主要收获》，载吴春明主编《海洋遗产与考古》，科学出版社，2012。

这组沉船资料的器物组合中最具特色的就是有大量的龙泉青瓷器，它在很多沉船的船货中占主体地位，且器物种类多样，代表性器型有龙泉青瓷折沿刻花大盘、模印缠枝花纹小罐及各式瓶、炉等。景德镇瓷器的数量也大为增加，器物造型丰富。福建陶瓷所占比重则有所下降，主要有闽清义窑、青窑等地生产的青白釉器。学者将这组沉船的时代定为元代中晚期。

（5）第五组沉船资料包括西沙群岛"石屿二号"元代沉船遗址、福建漳浦县沙洲岛元代沉船遗址、莆田湄洲湾门峡屿水下元代文物点等。

在这一时期的沉船器物组合中，景德镇器物有所增加，除了青白釉盏、水注等外，还有枢府卵白釉瓷器以及较多的元青花瓷产品。龙泉青瓷数量减少，质量下降。福建陶瓷的数量也锐减，且制作粗糙，主要有德化窑的白釉器物，还有莆田庄边窑等地生产的粗制灰白釉刻花或印花大碗、钵等器物，以及磁灶窑的四系罐、盆等。该组沉船的时代大致在元末明初。

沉船资料显示，宋元时期瓷器的贸易组合呈现阶段性发展变化的特点。

鳄鱼岛沉船器物组合揭示出货品来源越来越偏向和集中于华南，尤其是广东、福建等南部沿海地区。从东南亚地区中国陶瓷的发现情况看，10~12世纪，广东窑口的陶瓷产品获得大发展，销售的范围也大为扩展，体现了北宋广东窑业的繁荣以及广东商人贸易网络的扩张。[①] 受其影响，北宋中晚期在闽南地区出现了一批以烧造青白瓷器为主的窑址，包括漳平永福窑[②]、漳浦罗宛井窑[③]、南安南坑窑[④]等。它们的青白瓷产品和广东宋代的潮州窑瓷器有很多

---

① 〔日〕青柳洋子、梅文蓉、王宁：《东南亚发掘的中国外销瓷器》，《南方文物》2000年第2期。
② 郑辉：《漳平永福窑调查》，《福建文博》2002年第1期。
③ 福建省博物馆：《漳浦罗宛井窑抢救发掘的主要收获》，《福建文博》2001年第2期。
④ 福建博物院等：《南安寮仔窑发掘简报》，《福建文博》2008年第4期。

的相似性和共同特征①，并与广东窑、江西景德镇窑的产品一同输出到日本、东南亚等地，甚至到达埃及②。

时代稍晚的Jepara沉船、西沙"华光礁I号"沉船、"南海I号"沉船等沉船遗址的出水船货显示，之前鳄鱼岛沉船所反映的北宋时期以广东窑产品为主的外销瓷构成，已基本被福建地区烧造的器物取代。船货中还普遍发现龙泉青瓷及福建地区的仿龙泉青瓷产品，景德镇青白瓷产品所占比例也较小。福建窑场产品，无论是德化窑的青白瓷产品、磁灶窑的酱褐釉器、闽清义窑的青白瓷产品还是同安窑系的青瓷产品，都普遍被发现于这一时期的沉船及海外遗址中，揭示了以泉州为中心的南海贸易的繁盛景况。

南宋末期至元初的沉船多被发现于福建沿海，主要出水器物也以福建陶瓷，特别是闽江流域的产品为主。相较于前一阶段南宋早中期及之后元代中晚期沉船资料的大量发现，以及龙泉与景德镇瓷器普遍出现的情况，南宋末期到元初属于我国瓷器外销相对衰落的阶段。这种情况的出现或与政权更替和社会动荡，以及南宋末年泉州港的衰落有关。③但福建陶瓷的继续向外扩散也说明了新的商人势力的发展兴起。

进入元代中后期，瓷器贸易再次繁盛，考古发现的属于这一时期的沉船数量更多。龙泉青瓷和景德镇瓷器的数量明显上升，特别是龙泉青瓷成为船货主体，这与同时期无论是东亚、东南亚还是西亚的海外遗址发现中国陶瓷器组合中龙泉窑产品均占半数以上的事实相一致。④福建陶瓷所占比重则有所下降，质量也大为降低，特别是到了元末，多以粗制品面貌出现。

---

① 栗建安：《东渐西输——潮州窑与周边瓷业关系及其产品外销的若干问题》，载黄挺、李炳炎主编《南国瓷珍——潮州窑学术研讨会论文集》，香港中文大学文物馆，2012。
② 〔日〕森本朝子：《海外出土的宋代漳州窑及其周边地区生产的陶瓷器》，游春译，田中克子校，《福建文博》2009年增刊。
③ 周运中：《中国南洋古代交通史》，厦门大学出版社，2015，第298~299页。
④ 森达也：《宋元外销瓷的窑口与输出港口》，载沈琼华主编《2012'海上丝绸之路：中国古代瓷器输出及文化影响国际学术研讨会论文集》，浙江人民美术出版社，2013。

第二节 从沉船资料看宋元陶瓷的生产及外销

一 广东外销瓷业的生产

晚唐、五代时期，随着北方人口的大量迁入、其他地区工匠和制瓷技术的输入，广东制瓷业开始发展繁荣。同时，由于海外贸易的发展，当地产品从潮州、广州等港口销往东南亚地区。

入宋以后，在唐、五代瓷业积累之上，广东窑业获得空前发展，步入兴盛阶段。目前发现属于北宋时期的窑址数量最多，大概有80多处。[①] 粤东地区的瓷业非常发达，最具代表性的是韩江流域的潮州笔架山窑。粤中地区的窑址多分布在广州附近的珠江三角洲地带，较著名的有西村窑、惠州梅县窑和佛山石湾窑。西村窑[②]和潮州笔架山窑[③]是北宋广东外销瓷窑址的典型代表。西村窑产品造型丰富，包括碗、盘、碟、盒、壶、玩具等，代表性器型有凤头壶、鸟盖粉盒，器内大量采用印花、刻花和彩绘的方法，尤其是点彩装饰极具代表性。西村窑瓷器主要销往东南亚，在菲律宾地区发现的西村窑

[①] 古运泉：《广东唐宋陶瓷生产发展原因初探》，载广东省博物馆、香港冯平山博物馆《广东唐宋窑址出土陶瓷》，香港大学冯平山博物馆，1985。

[②] 麦英豪、黄淼章：《西村窑与宋代广州的对外贸易》，《广州研究》1982年第1期。

[③] 广东省博物馆：《广东潮州笔架山宋代窑址发掘报告》，文物出版社，1981。

瓷器数量最多，日本也有少量出土。潮州窑产品种类繁多，壶、执壶、炉、盒、玩具、佛像、人像之类在海外多有出土，印度尼西亚、菲律宾、马来西亚等地也都有发现。[①] 广东制瓷业的繁荣和北宋前期广州在海外贸易中所占据的主导地位密切相关。[②] 进入南宋以后，随着泉州港的兴起，广州港在海外贸易中的重要地位被逐步取代，港口周边的外销瓷场如西村窑、佛山奇石窑、潮州笔架山窑等都相继衰落，并逐渐停产。窑场多转移到城镇且规模急剧缩小，产量也大不如前。笔架山窑产品见图 3-26。

图 3-26 潮州笔架山窑产品

① 曾广亿：《略论广东发现的唐宋元明外销瓷》，《古陶瓷研究》（第一辑），中国古外销陶瓷研究会，1982。
② 麦英豪、黄淼章：《西村窑的兴废与宋代广州对外贸易的关系》，《古陶瓷研究》（第一辑），中国古外销陶瓷研究会，1982。

二 福建宋元外销瓷业的大发展

五代王审知家族治闽时期，偏安东南，致力于发展生产，非常重视海外贸易，竭力"招徕海中蛮夷商贾"，地方官员亦把发船到海外经商看作官府的主要财政来源。王审邦及其子王延彬等任泉州刺史时，继续实施开放的对外贸易政策，泉州港的海外贸易因此日趋发展。宋元时期，泉州的海外交通、贸易空前繁盛。随着南宋朝廷统治中心南移，泉州外贸口岸的地位也更加重要，成为海外交通辐辏之地以及南、北洋的交汇之地。宋代以来，两浙及漳、泉地区民间舶商的活动十分频繁。在从事海外贸易的民间商人中，又以福建商人最为活跃，他们在两宋时期已崛起为我国东南沿海商人的代表。发展到元代，东南海商的势力更是空前高涨，海外贸易多为富商大贾控制，出现了蒲寿庚家族等海外贸易大族，他们往往拥有自己的私人船队，活跃在浙江、福建、广东等地，成为东南地区商业经济发展中的一个显著现象。宋元时期泉州的海外贸易获得极大发展，加上宋朝统治者为了防止金银铜铁等物资销售海外，提倡以绢帛、锦绮、瓷器、漆器等商品去交换国外物资，进一步推动陶瓷器等大量销往海外。

在泉州历史上的外销商品中，陶瓷器是最主要的。随着泉州港的兴盛，宋元时期东南沿海地区的制瓷业获得了极大的发展，造就了泉州陶瓷生产和输出的黄金时代。《诸蕃志》中详细记载了宋代瓷器从泉州港向外贩卖、输出的目的地，涉及占城、真腊、三佛齐、单马令、阇婆、大食、渤泥、麻逸、三屿等十五个国家和地区，即今天亚洲的越南、柬埔寨、马来西亚、印度尼西亚、菲律宾、印度以及非洲的坦桑尼亚等国家。元人周达观的《真腊风土记》中"欲得唐货"条，亦有关于泉州青瓷器的记载。元代汪大渊的《岛夷志略》也对元代瓷器的输出地和品种做了详细记载，当时有四十多个国家和地区与中国进行瓷器交换，涉及的品种主要包括"粗碗"，"处州瓷器"，"青白花"，"青白、处州瓷器"，"青瓷"、"处器"和"青白"等，其中青白花器的相关记载有16处，青瓷的有15处，青白瓷的有3处，处州瓷的有5处。也就是说，除了泉州周边地区的陶瓷器之外，福建其他地区生产的青瓷、青白瓷产品以及景德镇青白瓷、龙泉青瓷等古代陶瓷名品都通过泉州港大量销往海外。

宋元时期海外贸易的大发展，促使东南沿海地区窑业迅速成长，获得极大繁荣，出现了大量以外销为主的瓷窑体系。福建地区的窑场数量大增，瓷窑遍布全省各地，逐渐形成闽北（包括南平、三明地区）、闽东（包括福州、宁德地区）、闽南（包括厦、漳、泉地区）三大区域格局。[1] 宋元时期福建的重要窑址主要沿福建三大水系及其支流分布[2]：在福建北部和中部沿闽江流域有建窑、茶洋窑、遇林亭窑以及浦城大口窑、松溪回场窑、光泽茅店窑、邵武四都窑、三明中村窑、闽清义窑、福清东张窑、连江浦口窑、福州长柄窑等。这些窑口的产品多通过闽江水道顺流而下，经福州港远销海外。福建中南部的晋江水系则分布着德化窑、磁灶窑以及安溪、永春、南安等窑址，它们所产的瓷器多经晋江及其支流水运至泉州港外销。闽南的漳州地区沿九龙江水系分布有同安汀溪窑、漳浦窑以及厦门窑等。[3] 每一处窑场往往兼烧多个品种，而且窑址规模庞大，一处窑场往往涵盖数百座窑炉，窑业遗存绵延几座山头。宋元时期，福建陶瓷的品种十分丰富，主要包含以建窑为代表的黑釉器类型、仿景德镇的青白瓷类型、仿龙泉窑的青瓷类型、同安窑类型的"珠光青瓷"和以泉州磁灶窑为代表的黑釉器、黄绿釉器以及酱黑釉剔刻花器等。

---

[1] 栗建安：《福建古瓷窑考古概述》，载郑培升主编《福建历史文化与博物馆学研究》，福建教育出版社，1993。
[2] 栗建安：《福建地区宋元时期外销瓷研究的若干问题》，载郑培凯主编《十二至十五世纪中国外销瓷与海外贸易国际研讨会论文集》，香港：中华书局，2005。
[3] 郑晓君：《宋元时期环九龙江口的陶瓷业与早期航运》，硕士学位论文，厦门大学，2007。

（一）黑釉瓷器的生产

宋代朝野上下盛行斗茶之风，建窑的黑釉盏因此大获推崇，兔毫、油滴、鹧鸪斑等都是历史上非常有名的建窑品种。福建曾为宋廷上供贡茶和御用茶盏（"供御""进盏"铭黑釉盏及垫饼），建窑茶盏的流行引发闽北、福州各地窑场的仿烧，形成了一大批生产仿建盏的黑釉瓷窑群。目前发现福建地区生产黑釉盏的窑址主要沿闽江流域分布，尤其集中在闽江上游的闽北地区与闽江下游沿海的福州地区，代表性窑址有闽北的建窑[1]、武夷山遇林亭窑[2]、南平茶洋窑[3]、浦城半路窑、建瓯小松窑、将乐万全窑等，福州地区的福清东张窑、宁德飞鸾窑、闽侯南屿窑等。闽南地区除晋江磁灶窑外，其他如德化、漳浦等地的窑址仅有少量烧造黑釉产品。建窑的黑釉盏在北宋晚期已经开始被仿制，到南宋晚期进入仿制高潮，入元以后器型趋向矮小。[4] 闽北地区受建窑的影响较深，所烧制的黑釉盏在造型、胎质、釉色及烧造工艺上都与建窑相近。闽江下游福州地区周边的窑场所生产的黑釉盏则不同，胎体多呈灰、灰褐与灰黄等色，体型较小，胎体粗松，不如建盏厚重，且足、底部的制作工艺简单、粗糙。这种黑釉盏主要向东外销日本，在闽江口的"白礁一号"沉船、韩国的新安海底沉船以及日本的考古遗址中都有集中发现。[5]

---

[1] 福建省博物馆、厦门大学历史系考古专业：《福建建阳芦花坪窑址发掘简报》，载《中国古代窑址调查发掘报告集》，文物出版社，1984；中国社会科学院考古研究所、福建省博物馆、建窑考古队：《福建建阳县水吉北宋建窑发掘简报》，《考古》1990年第12期；中国社会科学院考古研究所、福建省博物馆建窑考古队：《福建建阳县水吉建窑遗址1991—1992年度发掘简报》，《考古》1995年第2期。

[2] 福建省博物馆：《福建武夷山遇林亭窑址发掘报告》，《福建文博》2000年第2期。

[3] 福建省博物馆考古部：《福建南平茶洋窑址1995年度发掘简报》，《福建文博》2000年第2期。

[4] 梅华全、陈寅龙、林存琪：《浦城、南平黑釉瓷与"建瓷"的区别》，《福建文博》1996年第2期。

[5] 栗建安：《福建古代陶瓷与日本茶道具》，载《东方博物》（第十一辑），杭州大学出版社，1999。

1960年10月，厦门大学人类博物馆对建窑芦花坪窑址进行了首次考古发掘，因当时发掘面积较小，未发现窑炉遗迹，但出土了上千件陶瓷器和窑具标本，包括带"供御""进盏"字样的黑釉盏残片及垫饼。[1]

　　1977年，福建省博物馆和厦门大学历史系考古专业联合对建窑的芦花坪窑址（见图3-27）进行第二次发掘，揭露面积二百余平方米，清理出龙窑窑基一座，残长56.1米，出土遗物标本千余件。[2] 在芦花坪窑址发现的龙窑依山而建，属半地穴式建筑。从窑床前缓后陡，底面铺砂，窑身前直后弯的特征来看，和浙江龙泉的北宋龙窑相同。[3] 出土器物方面，窑内匣钵中所出均为黑釉盏，说明建窑典型的黑釉器是在龙窑中烧成的，而在早于黑釉盏地层的早期地层中，还发现了支钉叠烧的青黄釉器，说明建窑在烧造黑釉器前曾烧造青黄釉器。

图3-27　建窑芦花坪窑址

---

[1] 厦门大学人类博物馆：《福建建阳水吉建窑发掘简报》，《考古》1964年第4期。
[2] 福建省博物馆、厦门大学、建阳县文化馆：《福建建阳芦花坪窑址发掘简报》，载《中国古代窑址调查发掘报告集》，文物出版社，1984。
[3] 朱伯谦、王士伦：《浙江省龙泉青瓷窑址调查发掘的主要收获》，《文物》1963年第1期。

1989年秋，由中国社会科学院考古研究所和福建省博物馆组成的建窑联合考古队开始了对建窑遗址的第三次发掘，分别在庵尾山、大路后门山、源头坑、营长乾等窑址进行。发掘工作至1992年夏季结束，发掘面积2000余平方米，共计揭露龙窑窑基10座（分别为庵尾山3座、大路后门山4座、源头坑1座、营长乾2座），出土了大量瓷器和窑具标本。① 除庵尾山窑址仅发现青釉产品外，各处窑址均以生产黑釉产品为主，在大路后门山窑址还发现了青釉器和烧造青釉器的窑炉，营长乾窑址还发现烧造青白釉的产品。

　　窑址发掘资料揭示，建窑至迟于晚唐时期已较大规模地烧造青瓷，在五代晚期或北宋初期开始烧制黑釉器，其鼎盛时期是北宋中期至南宋中期。南宋晚期，黑釉器的生产走向衰落，建窑进而转向生产青白瓷，大致在元代以后，建窑停烧。烧造黑釉盏采用的均是成熟的匣钵装烧，窑炉长度都为百米以上的龙窑，这反映出建窑有很高的烧窑技术和窑炉的建造、维修工艺。根据对窑炉结构、窑室高度的推测和窑底匣钵排列数量的推算，估计大路后门山窑炉，其碗盏的装烧量一窑一次可达十余万件，可见其产量之高和生产规模之大。继黑釉器之后，南宋晚期至元代初期，建窑也烧造当时兴盛起来的德化窑风格的青白釉芒口覆烧产品，并采用了分室龙窑技术。

　　武夷山遇林亭窑址被发现于20世纪50年代，进行过多次考古调查。1998年初至1999年秋，为配合武夷山景区建设，开展了抢救性考古发掘，发掘面积2500余平方米，揭露作坊遗址（见图3-28）一处，龙窑窑基二座（Y1、Y2，见图3-29和图3-30）。② 火膛、窑室、出烟室、窑门保存完整。两窑所见匣钵以漏斗形匣钵

---

① 中国社会科学院考古研究所、福建省博物馆、建窑考古队：《福建建阳县水吉北宋建窑发掘简报》，《考古》1990年第12期；中国社会科学院考古研究所、福建省博物馆、建窑考古队：《福建建阳县水吉建窑遗址1991—1992年度发掘简报》，《考古》1995年第2期。
② 福建省博物馆：《武夷山遇林亭窑址发掘报告》，《福建文博》2000年第2期。

为主。揭露的作坊遗址约1500平方米，发现墙基、水沟、水井、灰坑、淘洗池等遗迹。

图 3-28　遇林亭窑址出土作坊遗址

注：本图系福建博物院文物考古研究所栗建安老师提供。图3-29和图3-30同。

图 3-29　遇林亭 Y1　　　**图 3-30　遇林亭 Y2**

遇林亭窑址的两座龙窑保存相对完整，长度达百米以上。Y1窑头部分火膛略宽，后壁为砖构直立矮墙，矮墙上方紧接窑室。Y2火膛和窑室之间以多排匣钵柱构成的前窄后宽的通火道相接，火膛火焰穿过匣钵柱之间的通火道后再逐步斜升至窑室。二者结构上略

有差异。另外，这两座窑的倾斜度均较大，会造成火焰快速流动，为了克服这一缺点，遇林亭窑有的将窑炉做成了曲线形，有的将窑炉做成前急后缓形，有的则加长了出烟室，从而有效地控制窑内气氛，制瓷技术相对成熟。

产品方面，遇林亭窑以烧造黑釉器为主。黑釉瓷器的胎土中普遍含砂，较粗糙，以灰色或灰白色为主，器型较为矮小，修坯不是很规整。器物釉层较薄，只有少数器物釉层较厚。Y1后期改造缩短后以烧青釉器为主，青釉瓷器的质量略胜于黑釉瓷器，瓷胎淘洗得更精细，呈白色或灰白色，修坯也比较规范，这些青釉瓷器胎薄、圈足深且平整。经过对种种资料的分析得出，遇林亭窑址的时代约为北宋晚期至南宋中期。Y1、Y2出土器物见图3-31至图3-32。

图3-31　Y1出土的青釉器　　图3-32　Y2出土的黑釉盏

注：图3-31和图3-32系福建博物院文物考古研究所栗建安老师提供。

茶洋窑遗址位于南平市太平镇茶洋村北，1995年冬至1996年春，为配合水口水库的建设和开发，福建省博物馆对茶洋窑遗址进行了抢救性考古发掘。发掘地点为大岭干和庵后山两处，发掘面积共600平方米，揭露工棚遗迹一处、龙窑窑基11座，出土一批陶瓷器标本。[1]

其中大岭干窑址发现五座有叠压打破关系的龙窑。其中Y1（见图3-33）、Y2保存较好。两窑均有用砖砌筑的出烟室。Y1、Y2出土瓷器包括青瓷器、青白瓷器、酱黑釉器及绿釉瓷器。大岭

---

[1] 福建省博物馆：《南平茶洋窑址1995年度—1996年度发掘简报》，《福建文博》2000年第2期。

干窑址出土的篦划水波纹装饰的碗、盘同德化盖德碗坪仑窑址下层（北宋晚期）所出器物相似，黑釉盏则与其上层（南宋时期）出土的相似，故推断大岭干窑址的年代为北宋晚期至南宋。

图 3-33 大岭干窑址 Y1 窑头、中段及后段
注：本图系福建博物院文物考古研究所栗建安老师提供。

安后山窑址发掘和揭露了 6 座有叠压打破关系的窑炉，其中 Y1 保存较完整，叠压打破 Y2、Y3、Y4。Y1 窑底所出器型均为碗，青白釉、灰白胎，胎厚，釉面有冰裂纹，圈足矮扁，挖足浅。此外，还有黑釉茶碗，胎色黑灰或灰色，釉色多酱黑，有的外腹部有两层釉色，褐色在下，较薄和干涩，黑色在上，较厚。安后山窑址出土的瓷器还包括黑釉盏、洗、水注、执壶、盖罐等。Y1 出土青白釉碗同闽清窑元代产品类似，黑釉浅腹碗（见图 3-34）同新安海底沉船打捞出水同类碗相近。因此，其年代当为元代。值得注意的是，安后山窑址发现的仿建盏的深腹黑釉碗（见图 3-35），同日本茶道中的名品"灰被天目"茶碗十分相似。

图 3-34 安后山窑址黑釉浅腹碗　图 3-35 安后山窑址黑釉深腹碗
注：图 3-34 和图 3-35 系福建博物院文物考古研究所栗建安老师提供。

（二）青白釉瓷器的生产

青白瓷是宋代南方烧制成的一种风格独特的瓷器品种，以景德镇窑所产质量最佳，南方各地纷纷仿烧，为福建地区宋元时期的重要瓷器种类。在闽北地区，较重要的青白瓷窑址有浦城大口窑、光泽茅店窑、邵武四都窑、建阳华家山窑、建瓯小松窑、南平茶洋窑、将乐南口窑、宁化青瑶窑、三明中村窑、建宁澜溪窑等。福州地区青白瓷窑址有闽清义窑、连江浦口窑、宁德扶瑶窑、莆田庄边窑以及福州宦溪窑等。闽南地区的青白瓷窑址有德化地区的窑址（主要分布于盖德、浔中、三班等地）、永春蓬莱窑、南安东田窑、泉州东门窑、安溪魁斗窑、同安汀溪窑、漳浦罗宛井窑等。在福建地区的这些青白瓷窑址中，又以德化窑和闽清义窑最具代表性，不仅产量大，产品有特色，而且是外销瓷中被发现最普遍、数量丰富的瓷器品种。

北宋中晚期，闽南地区出现了一批以烧造青白瓷为主的窑址，主要包括漳平永福窑[①]、漳浦罗宛井窑[②]、南安南坑窑[③]等。这些窑址的生产时间主要集中在北宋中晚期至南宋早期，产品以青白瓷为主，胎色白，胎体致密，釉色灰白，常见器型有碗、盘、杯、碟、盏、壶、罐、执壶、器盖、盒等。器物往往施满釉，内壁流行刻划花装饰，还有少量印花装饰，多为卷草、水波、篦点、荷花、牡丹、团菊、卧鹿纹饰等；外壁刻划莲瓣、水波、蕉叶纹等。

罗宛井窑位于漳浦县沙西镇北旗村罗宛井村，1999年福建省考古工作者对该遗址进行过抢救性发掘，发现窑炉遗迹3处，揭露2处。窑炉皆为斜坡龙窑形制，半地下式，土坯砖砌筑。产品以青瓷、青白瓷为主，绝大多数为碗，还有盏、盅、盘、执壶、炉、罐等，器物胎体轻薄，碗类器口沿多外卷，圈足较高，胎质致密，胎釉结合好，多数器物施釉至足根，多刻划卷草纹、篦划纹、卧鹿

---

① 郑辉：《漳平永福窑调查》，《福建文博》2002年第1期。
② 福建省博物馆：《漳浦罗宛井窑抢救发掘的主要收获》，《福建文博》2001年第2期。
③ 福建博物院等：《2003年南安寮仔窑址发掘简报》，《福建文博》2008年第4期。

纹、莲瓣纹等。时代约为北宋中晚期至南宋早期。类似的窑址还有漳平永福窑、云霄水头窑等。

南安南坑窑（见图3-36）也是宋元时期的一处代表性窑址群，共计窑址50多处，分布在东田、仓苍、水头、康美、梅山、罗东等镇，目前南安南坑蓝溪寮仔山窑址、崙坪窟窑址、格仔口窑址已经过正式发掘，发现了龙窑窑炉遗迹。北宋中晚期地层出土的主要是青白瓷（见图3-37），除碗之外，还有各种造型的盒以及盏、净瓶、小杯、执壶、香炉、盘、碟、器盖、灯盏等。在崙坪窟窑址的发掘中发

图3-36 南安南坑窑址

图3-37 南安南坑窑出土的青白瓷标本

现了青釉瓷器和青白瓷器的早晚叠压关系，青白瓷器被叠压在篦划纹青釉器（年代为南宋）之下，时代应为北宋晚期。

寮仔窑位于南安市东田镇蓝溪村寮仔山南坡，2003年福建博物院考古研究所等单位对其进行了发掘，揭露窑炉1座，出土了一批青白瓷器和窑具。寮仔窑的产品均为青白瓷，以碗为大宗，还有盒、盘、盏、罐、壶、水注、灯盏等。器物胎体致密，釉色莹润，施釉规整，多刻划有花卉纹饰。

通过比较研究，可以看到北宋中晚期闽南生产的这些青白瓷产品和宋代广东的潮州窑产品有着很多相似点。由此推断，闽南的青白瓷生产应该是在广东潮州窑影响之下发展起来的[1]，且与北宋潮州窑瓷器的大量生产及外销有着共同的海外贸易背景。在东南亚地区发现的属于北宋晚期至南宋早期的鳄鱼岛（Pulau Buaya wreck）沉船中，就发现了闽南青白瓷和广东青白瓷同船运销的事实。[2] 这一时期，漳州窑的产品往往和广东窑、江西景德镇窑的产品一同输出到日本、东南亚等地。[3]

南宋中期至元代早期，福建的青白瓷生产发展迅猛。闽江流域分布的浦城大口窑、闽清义窑和青窑、连江浦口窑、莆田庄边窑等，都是当时福建地区青白瓷的生产地。

闽清义窑在宋代至明代的外销瓷窑场中占有重要地位，它是近几年来随着中日贸易陶瓷合作研究的不断加强，逐渐引起人们重视的一处意义重大的外销瓷产地。闽清义窑位于闽清县东桥镇义由村和青由村沿安仁溪一带，其产品以青白瓷为主，被认为是福建宋元

---

[1] 栗建安：《东渐西输——潮州窑与周边瓷业关系及其产品外销的若干问题》，载黄挺、李炳炎主编《南国瓷珍——潮州窑学术研讨会论文集》，香港中文大学文物馆，2012。

[2] Abu Ridho and E. Edwards McKinnon, *The Pulau Buaya Wreck: Finds from the Song Period* (Jakarta: Himpunan Keramik Indonesia, 1998).

[3] 〔日〕森本朝子：《海外出土的宋代漳州窑及其周边地区生产的陶瓷器》，游春译，田中克子校，《福建文博》2009年增刊。

时期规模最大的青白瓷产地。① 通过多次的窑址调查和试掘工作，学界对于闽清义窑的生产面貌有了更为清晰的认识，其生产历史较长，从北宋晚期至元末明初持续生产，其中南宋至元代是其鼎盛时期。目前已调查了180多处窑址，并正式发掘了龙窑1座。其产品以实用器为主，常见的有敞口碗、敛口碗、花口碗、深腹高足碗以及各种洗、壶、盒等（有关残片见图3-38）。胎釉质量俱佳，胎体致密坚硬，釉色青白莹润。在烧造过程中由于火候不足等原因，也会出现米黄、粉红等釉色，因此产品存在精粗和优劣的不同。敞口碗类内壁常饰有卷草篦划纹，最具特色。敛口碗内底常压印一朵菊花纹或葵花纹，花蕊上有一个"寿"、"福"或"满"等字。闽清义窑青白瓷在于闽江口的福建连江附近海域发现的宋元沉船和调查所采集的瓷器中，以及广东"南海Ⅰ号"沉船及"华光礁Ⅰ号"沉船中都有发现。在海外发现的闽清义窑瓷器，日本所出的数量最多，澎湖列岛海域和香港的宋元考古遗址中也有出土，印度尼西亚、菲律宾等东南亚地区的遗址及东南亚沉船中同样可以见到。

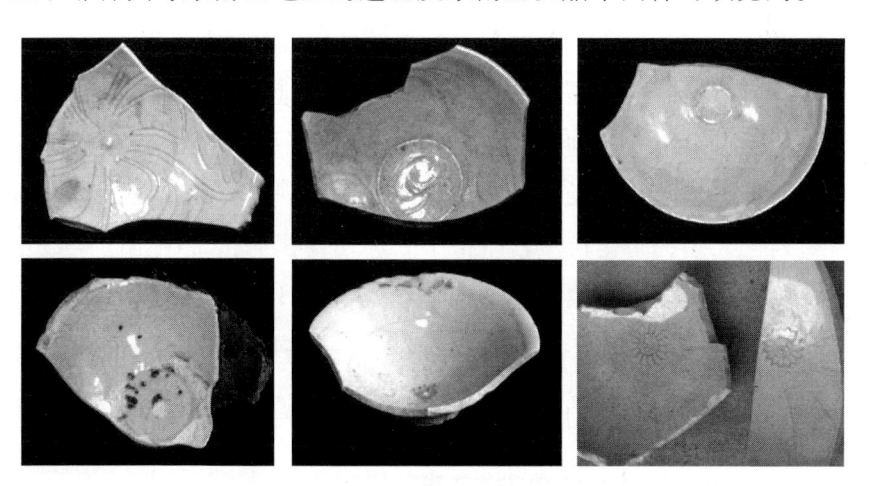

图3-38 闽清义窑瓷器标本

---

① 闽清县文化局、厦门大学人类学系考古专业：《闽清县义窑和青窑调查报告》，《福建文博》1993年第1、2期合刊。

闽南地区青白瓷的生产主要集中在德化地区。德化窑是随泉州港的兴起而发展起来的重要的代表性外销瓷窑口。宋元德化窑以碗坪仑窑、家春岭窑、屈斗宫窑为代表，主要烧造青白瓷产品，包括军持、盒、瓶、小瓶、小口瓶、飞凤碗、莲瓣碗、墩子式碗、钵、高足杯等。① 宋元德化窑的瓷器主要销往日本和东南亚地区，在菲律宾、印度尼西亚、马来西亚、新加坡、日本等国都有大量发现。在我国东南海域发现的西沙"华光礁Ⅰ号"沉船和"南海Ⅰ号"沉船中也有批量出土。

作为以外销为主的窑口，德化窑根据市场的需要烧制了很多专门用于外销的瓷器品种。根据东南亚部族的生活习惯，宴会时大家往往席地而坐，用手搓饭而食，大碗、大盘都是东南亚人所喜爱的常用餐具。因此，东南亚各国出土的瓷器中，以大盘、大碗居多。② 德化窑的产品就包括各类口径在二三十厘米的大型碗、盘，还有各种瓶类以及青白瓷盒，这些在海外市场都颇受欢迎。南宋中后期至元初，德化窑生产了大量的瓷盒，款式多样，有圆形、八角形和瓜棱形等，非常有特色，以模制法制作而成，盒盖面印有精美的花卉图案。这类青白瓷盒在日本的经幢中发现的数量很多，十分普遍，与瓷盒同出的还有各种瓶、壶，种类丰富。军持是我国东南沿海窑口专门针对东南亚市场生产的宗教陶瓷，体现了外来文化因素。青白瓷划花大盘、印花粉盒、印花小瓶等在德化的窑址中出土的数量也较多，我国东南海域发现的西沙"华光礁Ⅰ号"沉船和"南海Ⅰ号"沉船也成批出水了德化青白瓷，这类器物在菲律宾等东南亚地区同样有一定数量的发现③，体现了窑址生产、航路及销售地产品的一致性。

---

① 福建省博物馆：《德化窑》，文物出版社，1990。
② 〔新加坡〕邱新民：《东南亚文化交通史》，新加坡亚洲研究学会·文学书屋，1984，第198页。
③ 栗建安：《福建地区宋元时期外销瓷研究的若干问题》，郑培凯主编《十二至十五世纪中国外销瓷与海外贸易国际研讨会论文集》，香港：中华书局，2005。

1976年，福建省博物馆主持发掘了德化的盖德窑和屈斗宫窑。盖德窑中被发掘的是碗坪仑窑址，发掘面积为87平方米，在上、下二层堆积中各发现残存窑基一段，皆用砖砌成。[①] 上层堆积出土的瓷器标本主要是青瓷，有碗、瓶、洗、执壶、军持等，还有少量白胎酱釉盏。瓷器装饰以划花为主。下层堆积出土的瓷器标本（见图3-39）为白瓷和青白瓷，器型包括碗、盘、盒、壶、洗等。碗、盘多为芒口、划花，盒均模制、印花，用伞状窑具装烧。

图3-39 碗坪仑窑址出土的瓷器标本

屈斗宫窑址位于德化县浔中镇，1976年考古发掘的面积为1000余平方米，揭露了一座较完整的分室龙窑遗迹，窑炉砖砌，半地下式。窑室内用挡火墙隔成17间，挡火墙下方置通火孔。各间均有窑门，窑室两侧外壁与两个窑门之间堆砌有弧形的护窑墙。[②] 出土的瓷器标本为白瓷和青白瓷，器型有碗、盘、碟、洗、杯、罐、盒、瓶、执壶、军持等。胎质洁白、坚致，釉色莹润，窑具大部分为支圈，还有部分匣钵、垫柱等。窑址年代为元代。在屈斗宫窑址中发现的器物主要是青白釉产品和白釉产品，白釉温润细腻，和明代的乳白釉产品相似。同时，窑址发掘中还发现大量生烧的废品，成色不稳定，或灰或黄，深浅色调不同，且器表大多开裂，带

---

① 栗建安：《中国福建地区考古发现的古代窑炉》，载沈琼华主编《中国古代瓷器生产技术对外传播研究论文集》，浙江人民美术出版社，2014。
② 栗建安：《中国福建地区考古发现的古代窑炉》，载沈琼华主编《中国古代瓷器生产技术对外传播研究论文集》，浙江人民美术出版社，2014。

有细碎纹片，说明当时屈斗宫窑址的烧窑技术仍不够稳定和成熟。①

（三）青釉瓷器的生产

福建地区的青瓷，从纹样、釉色来看，皆仿自龙泉窑，并且大部分的青瓷窑址都兼烧黑釉瓷或青白瓷。较为重要的青瓷窑址有：闽北地区的松溪回场窑、浦城碗窑背窑、建阳白马前窑、南平茶洋窑、邵武四都窑等；福州地区的闽清义窑、连江浦口窑、周宁磁窑、屏南亥窑、福清东张窑、闽侯南屿窑等；闽南地区的同安汀溪窑、厦门东窑、长泰碗盒山窑、漳浦的南山和竹树山窑、南安罗东窑、云肖水头窑、晋江磁灶窑等。从窑址发现的情况来看，到了元代，虽然有不少较大的窑场还在继续生产青釉瓷器，但是品种和产量都有变化，专烧青釉瓷器的窑场数量逐渐减少，到了元末，只有少数窑场得以维持下来。

闽北的松溪回场窑、浦城碗窑背窑等本身就和浙西南的龙泉窑产区相连，其产品（见图3-40）特征与龙泉青瓷具有很强的一致性，实际上可以被归入龙泉青瓷体系。

图3-40 松溪回场窑青釉瓷器

以汀溪窑产品为代表的同安窑系青瓷通常又被称为"珠光青瓷"。"珠光青瓷"因最早发现于日本而著称，多为内饰刻划纹、篦梳纹、云气纹，器外刻划数组斜直线纹，底足露胎的碗、盘等。1957年，陈万里先生在调查福建同安汀溪窑后指出，这种"珠光

---

① 福建省博物馆：《德化窑》，文物出版社，1990，第81页。

青瓷"的产地在同安汀溪窑（见图3-41）①，后来冯先铭先生又经过进一步考察并提出，烧制此类风格青瓷碗的窑口除了闽南同安、安溪、南安及闽东的闽侯、连江等地之外，还有浙江的部分地区②，这类瓷器后来在温州地区又有发现③，这应该和对日贸易密切相关。随着考古资料的不断丰富，人们对同安窑青瓷的认识也在持续深化，逐渐以"同安窑系青瓷"取代"珠光青瓷"的叫法，学界还对"同安窑系青瓷"的含义做了明确的限定，认为它是宋元时代受龙泉窑传统工艺技术的影响、在福建地区烧制的以同安窑为代表的、具有地方特色的青瓷。也就是说，"同安窑系青瓷"通常专指福建地区的这类青瓷产品。④ 宋元时期仿龙泉窑瓷器的篦纹刻划花青瓷，在日本的遗址中往往和南宋龙泉窑青瓷共出。⑤ 其产地以汀溪窑为代表，包括闽北及沿海地区的生产类似刻划花加篦划纹风格的青瓷窑场。众所周知，同安窑系青瓷在东亚的朝鲜、日本出土最为丰富，包括各种各样刻划花类型的碗、碟、洗等器物。12～13世纪，是福建同安窑系青瓷在日本大量涌现的时期。在韩国高丽时代的古墓中，北宋时期的同安窑系青瓷出土得最多，南宋到元代时期的此类瓷器数量骤减。这类青瓷在东南亚菲律宾地区的遗址中也有

图3-41　汀溪窑址与青瓷标本

① 陈万里：《调查闽南古代窑址小记》，《文物参考资料》1957年第9期。
② 冯先铭：《元以前我国瓷器行销亚洲的考察》，《文物》1981年第6期。
③ 王同军：《宋元时期温州外销瓷初探》，载温州市文物处编《温州古陶瓷研究》，西泠印社，1999。
④ 林忠干等：《同安窑系青瓷的初步研究》，《东南文化》1990年第5期。
⑤ 栗建安：《福建仿龙泉青瓷的几个问题》，《东方博物》（第三辑），杭州大学出版社，1999。

发现。泉州湾后渚沉船、西沙"华光礁Ⅰ号"沉船遗址以及东南亚地区发现的沉船中都能见到同安窑系青瓷。这些产品主要是通过泉州、福州等港口大量运销海外的，也有一部分从宁波、温州等浙江沿海港口向外输出。

福清东张窑也是宋元时期非常有代表性的一处窑场，除了大量生产建窑类型的黑釉盏外，它也生产同安窑类型的青釉瓷器（见图3－42）。

图3－42 福清东张窑青釉器

进入南宋时期，南安南坑窑大量生产同安窑类型的青釉产品，器型有碗、盏、盘、碟等。2003年，福建博物院发掘的南坑嵛坪窟窑就是以生产青瓷为主的窑址（见图3－43）。嵛坪窟窑址位于南坑村通往加冬井村的山路的南侧，发掘面积约为100平方米，清理出保存较好的窑炉遗迹约10.2平方米，产品以青瓷为主，器型有碗、盏、盘、碟等。这些青瓷叠压在以北宋晚期青白瓷为主要出土物的早期地层之上，从而为青白瓷与青瓷二者的早晚关系提供了考古地层依据。西沙"华光礁Ⅰ号"沉船遗址中就出水有南安罗东窑生产的"大吉"铭文款青釉刻划花大碗，这类产品在东南亚地区的沉船中也曾大量发现。

图 3-43　南安南坑崙坪窟窑址及其所出土的青釉器

四　磁灶窑的生产

晋江磁灶窑是泉州窑系中最具代表性的窑场。宋元时期，磁灶窑的陶瓷生产获得蓬勃发展，大量烧制釉下彩绘瓷、黑釉瓷、低温黄绿釉瓷等多个品种，其产品（见图 3-44）大量销往日本及东南亚各国。磁灶窑的代表性窑场包括蜘蛛山窑、土尾庵窑、童子山一号窑、曾竹山窑、金交椅山窑、溪乾山窑、斗温山窑等[①]，产品丰富多样，主要有碗、碟、执壶、注子、炉、壶、盒、盆、军持、瓶、罐等，釉色有青、黑、酱、黄、绿诸种。除蜘蛛山窑、土尾庵窑外，其他窑址烧制的器物比较单一，如金交椅山窑主要烧造执壶、溪乾山窑烧制碗、童子山一号窑烧制盆、曾竹山窑烧制小口瓶、斗温山窑烧制小口罐。在日本、菲律宾、文莱、马来西亚、印度尼西亚、斯里兰卡、肯尼亚以及中国台湾澎湖县所属的各个岛屿，都发现有磁灶窑产品遗存。[②] 特别是日本、菲律宾等地，发现的数量最多。磁灶窑产品在泉州湾后渚港海船、广东阳江"南海Ⅰ号"沉船、西沙"华光礁Ⅰ号"沉船等遗址中也皆有发现。

---

① 陈鹏、黄天柱等：《福建晋江磁灶古窑址》，《考古》1982年第5期。
② 何振良、林德民等编著《磁灶陶瓷》（《晋江文化丛书》第三辑），厦门大学出版社，2005。

图 3-44　磁灶窑陶瓷

注：本图系福建博物院文物考古研究所栗建安老师提供。

土尾庵位于磁灶镇岭畔村梅溪南岸，1958年以来已经过文物部门的多次调查和局部试掘。1995年秋，福建省博物馆组队，对土尾庵窑址进行了抢救性发掘，发掘面积为100平方米，揭露出一段破坏较严重的龙窑窑基。[①] 窑炉采用红色土坯砖平铺顺砌而成。窑址内出土了大量遗物标本（见图3-45），陶瓷器主要有青釉器、酱黑釉器和黄绿釉器三大类，还发现不少素胎器。这些陶瓷器胎体较粗，多为灰或深灰色，部分器物未烧透，呈疏松的土黄胎。多数器物外壁施半釉、足和底露胎，釉面较暗。黄绿釉器则先在胎上施化妆土，入窑烧结后（标本中有不少这样的半成品）再施黄、绿釉，经低温烧制成器。土尾庵窑址的产品器型多样，装饰技法丰富多彩。根据对出土瓷器标本所做的初步分析、比较，可以推断土尾庵窑址的年代为南宋晚期到元代。

金交椅山窑址位于晋江磁灶镇沟边村，东临梅溪，附近瓷土矿资源丰富。为配合泉州申报世界文化遗产，福建博物院考古研究所、泉州文管办、晋江市博物馆等单位于2002~2003年联合对其

---

① 福建博物院、晋江博物馆编著《磁灶窑址》，科学出版社，2011，第61页。

图 3-45 土尾庵窑址出土的器物

进行了考古发掘，发掘面积为 1500 平方米，揭露窑炉遗迹 4 座、作坊遗迹 1 处。① 这 4 座窑炉皆为斜坡式砖砌龙窑，各窑炉均有叠压打破关系。其出土器物见图 3-46。

图 3-46 金交椅山窑址出土的器物

注：本图系福建博物院文物考古研究所栗建安老师提供。

---

① 福建博物院：《晋江磁灶金交椅山窑址发掘简报》，《福建文博》2005 年第 2 期。

此外，在该窑址窑炉附近还发现了作坊区，包括储泥池、沉淀池、磉墩、柱洞、灰坑、路基、缸等，部分遗迹也存在叠压打破关系，说明其使用时间较长。

晋江磁灶窑的窑炉仍是以龙窑为主，与福建其他地方的宋元时期窑炉遗迹相似，只是在砌筑水平和用材上略显草率，与其粗放的产品风格相一致。

（五）三明中村窑

三明中村窑位于三明市中村乡回瑶村，福建省博物馆同三明市文物管理委员会、三明市博物馆于 1993～1994 年合作发掘了中村窑的草寮后山窑址（见图 3-47）。发掘总面积为 900 平方米，揭露了一座龙窑窑基和窑炉旁的作坊区。[1] 窑基保存得较为完整，为长条形斜坡状龙窑，平面略呈弧形，斜长为 83 米、宽为 0.9～2.25 米。窑头保存完好，窑头前存有工作面。窑室用土坯砖和楔形砖（砌窑顶用）砌筑而成，前窄后宽。窑室的营建是顺山坡先挖生土基槽，然后砌窑墙。窑底中共清理出 17 道挡火墙，挡火墙位于每道窑门的下侧，窑门有 17 个，分别开于窑室的两侧。窑墙外侧的两个窑门之间砌有外侧呈弧形的护窑墙。窑室里还发现有排列较整齐的匣钵和垫钵。窑尾有早晚叠压关系，曾向前移使窑室缩短至 82 米。在发掘工作中，仅清理出晚期窑尾。窑址出土瓷器以青白瓷碗为主，兼有少量酱黑釉碟。青白瓷碗皆灰白胎，胎体较厚重，施青灰色釉且不及底，纹饰有刻划辐射状线条、文字、碗心印花等。还发现了匣钵、垫饼等窑具。草寮后山窑的产品构成较为单一，青白釉碗为大宗，青白釉涩圈碗次之，酱黑釉碟只占极少数。其中青白釉碗胎色灰白，不甚致密，釉色发灰，圆唇口微敛，胎体厚重，挖足草率，具有元代中晚期风格。

---

[1] 福建省博物馆、三明市文物管理委员会、三明市博物馆：《三明中村回瑶元代窑址发掘简报》，《福建文博》1995 年第 2 期。

图 3-47 草寮后山窑址

注：本图系福建博物院文物考古研究所栗建安老师提供。

作坊遗址（见图 3-48）位于窑炉的北侧，发掘出的遗迹分布于山坡由上而下平整出的四个台地上，包括淘洗作坊、制坯作坊、神龛等，出土遗物有铁器、钱币、铜镜和龙泉窑青瓷器等日常用品。钱币上的年号为"熙宁""元丰""圣宋"。出土的龙泉窑青瓷器的器型和纹饰显示出元代特征。

图 3-48 草寮后山窑址作坊遗迹及出土青白瓷标本

注：本图系福建博物院文物考古研究所栗建安老师提供。

草寮后山窑址的创烧年代为北宋初中期，南宋中晚期至元初是其鼎盛发展期，此时它生产精美的青白釉瓷器[1]，至元代中晚期则进入衰退期。

宋元时期，海外贸易发展到顶峰，东南沿海地区纷纷烧造主要

---

[1] 李建军：《三明中村回瑶宋元青白瓷生产概述》，《景德镇陶瓷》（第三卷），景德镇陶瓷学院，1993。

用于外销的陶瓷器。特别是泉州港的兴起，带动了宋元福建瓷业的繁盛。这一时期，福建地区烧制陶瓷器的窑炉以平焰式龙窑为主，龙窑的特点是升温快，降温也快，能烧出还原气氛，适于焙烧坯胎薄、黏度较小的石灰釉瓷器。坡度的大小往往能控制进窑空气量，在同样的坡度下，窑炉越长，抽力越大，如果投柴配合得好，可以快速烧成，从而提高产量。[1] 宋元福建的窑场大多针对外销，追求产量和经济效益是其主要特征，因此这一时期烧造瓷器的窑场多为百米以上的长窑，为了有效控制窑内气温，往往采用分段控制窑炉坡度、窑炉平面呈扇形或S形、延长出烟室长度等灵活的方式。在金交椅山窑址Y4中，在窑室中部甚至发现了挡火墙遗迹，也说明此时福建地区的制瓷技术已经相当成熟。宋元时期福建的制瓷业是相当繁盛的，这些主要产区窑炉密布，叠压打破关系复杂，说明当时为了延长窑炉的使用寿命，改进烧成技术以提高产品质量或增加产量，制瓷业者曾普遍对窑炉进行过大规模的维修和改造。[2]

南宋以后，釉料中的氧化钙含量逐渐减少，氧化钾含量逐渐增多，为石灰碱釉。石灰碱釉高温黏着，需要有效地控制升温速度和保温时间才能将其烧成光滑均匀的釉面。于是，古代烧窑工匠结合龙窑和馒头窑的优点，创造出了新的窑炉形式——分室龙窑。福建地区的分室龙窑大致出现于南宋晚期至元代。分室龙窑结合了南北窑炉的优势，在龙窑内以隔墙相隔，分成若干个窑室，隔墙到顶，下部留有通火孔。每一个窑室相当于一个半倒焰的馒头窑，延长了火焰在窑炉中的走向，升、降温较慢，易于控制升、降温的速度和保温时间。在烧前一窑室时，火焰自窑顶倒向窑底，经隔墙下部通火孔进入下一个窑室，依次通过其后各室，最后自窑尾排出。和传统的龙窑一样，分室龙窑利用坡度增加了抽力，还利用烟气预热后

---

[1] 刘振群：《窑炉的改进和我国古代陶瓷发展的关系》，载中国硅酸盐学会编《中国古陶瓷论文集》，文物出版社，1982。

[2] 福建博物院、晋江博物馆编著：《磁灶窑址》，科学出版社，2011，第388页。

面各窑室内的坯体。既可以提高温度，又可以节省燃料，还能烧成还原气氛。广东的潮州窑在宋代已经出现了分室龙窑。福建目前发现最早的分室龙窑是建阳麻沙白马前窑址（见图3-49），时代为南宋早中期。① 另外，前面提到的建窑营长乾窑址 Y6（时代为南宋晚期至元初）、元代德化的屈斗宫窑址、南平茶洋窑安后山窑址、三明中村草寮后山窑址，均属分室龙窑结构。从窑室结构看，无论是德化屈斗宫窑址、南平茶洋窑安后山窑址，还是三明中村草寮后山窑址，都呈现一些共同特征，即这些分室龙窑都是在原有的龙窑窑炉基础上改建而成的，其窑身变短、变宽，窑室斜平，不分阶级，有隔墙、通火孔、火路沟，门开单边，窑门与窑门之间设置护窑墙来保护窑壁。这些措施都属于窑炉结构优化和烧造技术进步的表现，有利于保持窑温、节省燃料。这几座窑炉烧造的主要产品为青白釉瓷器，屈斗宫窑址还烧制过一种莹润洁白的纯白釉器物。芒口覆烧工艺在屈斗宫窑址中颇为流行，并影响到闽北、闽南其他地方的瓷器生产，如建窑营长乾窑址 Y6 和南安南坑窑中都发现了这种芒口覆烧的青白釉器，体现了德化青白瓷工艺的发展及其向外辐射的程度。分室龙窑技术在元代的广泛出现，或许也与德化窑的工艺传播有着密切关联。

图 3-49 白马前窑址的分室龙窑遗迹

注：本图系福建博物院文物考古研究所栗建安老师提供。

---

① 栗建安：《中国福建地区考古发现的古代窑炉》，载沈琼华主编《中国古代瓷器生产技术对外传播研究论文集》，浙江人民美术出版社，2014。

事实上，福建地区宋元窑址并不只生产单一类型的瓷器品种，而是根据市场流行产品的变化不断调整自己的生产结构。以南安南坑窑为例，考古发掘的崙坪窟窑是以生产青瓷为主的窑址，青瓷产品叠压在以北宋晚期青白瓷为主要出土物的早期地层之上，同时南安南坑窑还发现有德化窑产品类型的芒口覆烧青白釉碗、盘。就建窑而言，除生产黑釉盏外，在南宋末年也烧制芒口印花的青白釉瓷器。每一个窑场都会生产几种不同类型的产品，并根据市场变化调整产品结构，这正是福建地区外销瓷窑口的重要特点。

三　景德镇宋元陶瓷和龙泉青瓷的生产及外销

关于宋元时期龙泉青瓷的外销，古代的文献中多有记载，也就是文献中经常提到的"处瓷""处州器"等。宋元时期，龙泉青瓷通过各个港口大量运销海外。温州是宋代龙泉青瓷的主要输出港之一，地处瓯江上游的龙泉窑，其产品多沿瓯江运至瓯江口南岸的温州，转销国内外。窑址调查表明，温州地区分布着50多处宋元时期龙泉窑系的窑址，年代多为宋末元初[1]，这些窑场是受龙泉青瓷外销的影响而建立的，其产品大部分以适应外销的需要而生产[2]。宁波（明州）作为通往高丽、日本航线的主要出发港，也是龙泉青瓷器输出的重要港口，宁波城市考古中的宋元地层曾出土大量的龙泉青瓷器标本。到了元代，龙泉青瓷器通过松溪运到福建的泉州和福州后再运销海外，逐渐成为另一条重要路线。泉州港在当时海外贸易中的重要地位也使得龙泉青瓷器更大批量地销售到东亚、东南亚、南亚、中东甚至东非等更广阔的市场。从考古材料中可以看到，亚洲的韩国、日本、菲律宾、马来西亚、泰国、文莱、印度尼西亚、印度、巴基斯坦、伊朗、伊拉克、叙利亚、沙特阿拉伯、也门，非洲的埃

---

[1] 金柏东：《浙江永嘉桥头元代外销瓷窑址调查》，《东南文化》1991年第3期。
[2] 王同军：《宋元时期温州外销瓷初探》，载温州市文物处编《温州古陶瓷研究》，西泠印社，1999。

及、苏丹、埃塞俄比亚、索马里、肯尼亚、坦桑尼亚，甚至远到津巴布韦和南非，都有数量可观的宋元时期龙泉青瓷器出土。[1] 特别是各地14世纪后半期的遗址，出土龙泉青瓷时期有明显增加的趋势。

宋代景德镇生产一种色泽温润如玉的青白瓷器，胎釉精美，刻划纹饰，有"饶玉"之称。南宋至元代中期，景德镇的窑场大量采用覆烧工艺，生产芒口器，且印花工艺流行，从而产量大增，为当时内销及外销市场提供了充足的货源。福建、广东、广西等地的窑场也大量仿烧青白瓷产品，且大规模运销海外。

景德镇宋代青白瓷器在东亚地区出土很多，东南亚地区出土则较少，反映了宋代景德镇青白瓷器的海外市场主要是日本、高丽。[2] 日本出土瓷器中，景德镇瓷器占较大比重。12世纪后期至13世纪输入日本的中国陶瓷中，青白镶边芒口碗、盘类最为普遍且具有代表性，水注、梅瓶等器型也较常见。朝鲜半岛出土的宋代瓷器中最多的是景德镇青白瓷，尤其是印花瓷盒，数量特别多。北宋中期以后，赣粤之间的梅关古驿道长期失修，致使景德镇陶瓷产品无法通过驿道入粤从广州港向外运销，所以只能依靠北路从昌江、鄱阳湖至长江，从明州入海，而后跨越东海运到日本、朝鲜半岛并向南转运至印度洋沿岸国家。[3] 明州（宁波）是通往东亚、东南亚的重要港口，这里曾出土大量宋元陶瓷器，以东门口码头遗址最具代表性。从考古地层看，宋代地层以龙泉青瓷器、景德镇青白瓷器为主，元代地层出土遗物较为丰富，以龙泉青瓷器为主，也包括一定数量的景德镇青白瓷器与枢府卵白釉瓷器。[4]

---

[1] 叶文程、芮国耀：《宋元时期龙泉青瓷的外销及其有关问题的探讨》，《海交史研究》1987年第2期。
[2] 李再华：《略谈景德镇宋元瓷器外销》，《中国古代陶瓷的外销》（1987年福建晋江年会论文集），1987。
[3] 林世民：《从明州古港（今宁波）出土文物看景德镇宋元时的陶瓷贸易》，《景德镇陶瓷》1993年第4期。
[4] 林世民：《从明州古港（今宁波）出土文物看景德镇宋元时的陶瓷贸易》，《景德镇陶瓷》1993年第4期。

元代景德镇瓷器的外销范围明显扩大，高丽、日本等东亚地区发现的景德镇元代青白瓷和枢府卵白釉瓷器数量更多，质量更好。除此之外，景德镇元代青白瓷器在东南亚地区也有不少出土，菲律宾、印度尼西亚、马来西亚等地均有发现。菲律宾发现的宋代瓷器数量不多，元代瓷器的出土数量最多，主要是景德镇产品，有青白瓷、青花瓷、釉里红瓷等品种，有褐斑装饰的小件青白釉器物是专供菲律宾的外销瓷器，还有画着折枝菊花纹的青花小罐，发现很多。[1] 这和我国西沙海域发现的"石屿二号"沉船出水的器物组合是一致的。特别是小件的青白瓷器和青花瓷器，在菲律宾和印度尼西亚发现的数量非常多，主要用于墓葬随葬。元代景德镇枢府卵白釉瓷也向海外销售，新安海底沉船中出水的景德镇青白瓷器及枢府卵白釉瓷器和宁波海运码头遗址出土器物一致，这两类器物在东南亚的菲律宾、印度尼西亚，马来西亚的沙捞越，南亚的巴基斯坦，北非的埃及、苏丹，东非的肯尼亚、坦桑尼亚、桑给巴尔，非洲东南部的马达加斯加等地都有出土。

元青花瓷器的生产与外销情况向来是人们关注的热点，已有很多相关的讨论。在考古发现的基础上，人们往往将元代青花瓷器分为两类：一类是用进口青料绘画的精美大型瓷器，多销往中、西亚等地，为社会上层人士所使用；另一类为纹饰简洁、疏朗、草率的小型瓷器，主要是东南亚地区的民间用瓷，特别是菲律宾地区，出土了大量小型瓷器，且质地粗糙。[2] 在日本、菲律宾、印度尼西亚、印度、马来西亚等国，都或多或少出土有元代青花瓷器，又以菲律宾、马来西亚出土最多。[3] 根据三上次男先生的调查研究，在北印度、阿富汗、伊朗的霍尔木兹、波斯湾北岸、伊朗内陆、叙利亚、

---

[1] 叶文程：《宋元时期景德镇青白瓷窑系的外销》，《景德镇陶瓷》1998年第Z1期；冷东：《中国瓷器在东南亚的传播》，《东南亚纵横》1991年第1期。

[2] 李再华：《略谈景德镇宋元瓷器外销》，《中国古代陶瓷的外销》（1987年福建晋江年会论文集），1987。

[3] 中国硅酸盐学会：《中国陶瓷史》，文物出版社，1982，第354页。

阿拉伯半岛南部的亚丁港、埃及的福斯塔特、东非的埃塞俄比亚、索马里、肯尼亚、坦桑尼亚等国，以及阿德比尔寺、伊斯坦布尔托普卡帕宫博物馆的收藏中，都发现有大量的元代青花瓷器。这些元代青花瓷器多来自14世纪的遗址，且往往和龙泉青瓷器共出，是当时最流行的外销瓷器品种。①

元代青花瓷器的生产和外销有其特殊性，在出现的原因和运销路线上都值得进一步探讨。元代青花瓷器对西亚地区的输出路线，学界认为有两条，一条是汉代开通的"陆上丝绸之路"，另一条是宋代逐渐发展起来的"海上丝绸之路"。元代时期，西北地区为元之藩属的四大汗国统治，陆上输出路线更加安全、便捷。所以有观点认为伊斯坦布尔托普卡帕宫博物馆和阿德比尔寺收藏的精美青花大盘是元代和明初经陆上丝绸之路运来的，其中很多应是皇室的礼品。② 而元代航海技术和海外贸易十分发达，海南岛附近的浅海中发现的元代青花绘莲塘鸳鸯纹碗，是元代青花瓷器从海上对外输出的证明。特别是前面提到的出土元代青花瓷器的南亚、中亚以及非洲一些遗址，大多位于港口附近，说明至少有一部分元代青花瓷器是经海路向外运输的。当然，元代时期西北地区陆路畅通，应该也有部分青花瓷器是从陆上运输而去。特别是在集宁路窖藏发现之后，人们对于元代时期西北地区陆上的瓷器贸易情况开始了新的探索。

---

① 〔日〕三上次男、杨琮：《13—14世纪中国陶瓷的贸易圈》，《东南文化》1990年第3期。
② Brian McElney, *Chinese Ceramics And The Maritime Trade Pre – 1700* (The Museum of East Asian Art, 2006).

第三节　宋元时期陶瓷大规模运销海外的背景

一　朝廷主导的宋元海外贸易的发展

宋元时期是中国古代海外贸易高度发展的阶段。自宋代时期开始，人们对待商贾的观念态度开始改变，促进了商人阶层的形成。宋代时期士大夫阶层兴起，理学盛行，理学家更加关注现实，他们大多鼓励贸易，秦汉以来传统的重农抑商思想受到冲击，重商态度及富国强民的思想在宋代一直兴盛。特别是随着北方和西北少数民族政权的对立，以及11～13世纪十字军东征，西亚地区长期处于分裂和动荡之中，陆上对外交往的道路受阻。为了缓解财政上的危机，满足统治者对海外奢侈品的需求，宋王朝面向东南，积极发展海上交往。因而，海外贸易在宋代的经济中占有重要地位。文献中屡屡提到"市舶之利最厚""以助国用"。[①] 宋元时期历代统治者几乎都推行积极的海外贸易政策。宋朝政府曾不遗余力地招徕外商前来贸易，并且给予他们很多优待措施。宋朝政府通过怀柔政策，招徕海外入贡者，因此官方运作的"朝贡贸易"比较兴盛。为了保证财政税收，宋朝政府也非常注意保护私人海外贸易。此外，宋朝政

---

① （清）徐松辑《宋会要辑稿·职官》四十四之二十、二三；（清）黄以周等辑《续资治通鉴长编拾补》卷5。

府还奖励海外贸易，以海外贸易税收的多少及招徕外商前来贸易的成绩作为官员考核的重要指标，甚至授商以官。

宋朝政府为适应海外贸易的发展，建立了完备的市舶制度，设立泉州、广州、明州三大市舶司以便管理。学者们大多认为三大市舶司实际上有着不同的分工：广州市舶司最早设立，主要是管理外商的吸纳型港口，是朝贡贸易的遗产，它是承接了历代控制南方地区的最大海外贸易港。宋代时期两浙地区承袭五代吴越时期的海外贸易并继续发展，民间海外贸易活跃，两浙路市舶司的设置是出于对两浙地区民间出海舶商的管理，是民间海商势力向外发展的重要口岸。福建市舶司的设立伴随着东南沿海地区航海和造船技术的累积与提高，商人们开辟了从泉州东出向台湾，直接南下菲律宾的直线航道[①]，东洋贸易进一步繁荣。泉州和两浙路市舶司，正是民间海上贸易发展的重要标志，反映了宋代以来两浙及漳州、泉州地区民间舶商的活跃。当时广州仍是全国最大的对外通商口岸，泉州的地位日益重要，特别是在南宋时期逐渐超越广州，一度成为第一大港。

元代时期蒙古族势力几乎覆盖整个亚洲，大大促进了陆上与海上贸易。元朝承袭了宋朝的海外贸易政策，而且蒙古统治者相对于其他正统的中国统治者来说更为开明、开放，所以元朝特别重视商业和贸易，建朝后延续宋朝制度设立市舶司，并建立完备的海上贸易机构，积极发展海外贸易。《续文献通考》卷二十六载："帝既定江南，凡邻海诸帮与番国往还互易舶货者，货以十分取一，粗者十五分取一，以市舶官主之……，始立市舶司于泉州，令孟古岱领之，立市舶司于庆元、上海、澉浦。博易珠翠香货等物，及次年回帆，依例抽解，然后听其货卖。"[②] 为了更好地控制海外贸易，元朝

---

① 郑有国：《试析宋之"三路舶司"——兼论中国港口之职能分工》，《福建论坛》（人文社会科学版）2006年第6期。
② 转引自詹嘉《海上陶瓷之路的形成与发展》，《中国陶瓷》2002年第2期。

还推行官营的航海贸易制度①,这在一定程度上对元代的海外贸易起到过积极的推动作用。例如,由官府等机构出钱出船,派人出海贸易,所得利益按照三七比例官私分配,使官员、诸王、驸马等权要纷纷加入贸易活动,在海外贸易中赢取丰厚利润。②忽必烈时期还颁布了《市舶则法》以保证海外贸易的顺利进行,于是海外贸易逐步繁荣。元代国内市场建立了完善的驿站制度,确保东西南北各地商旅的畅通。元朝时期,陆路和海陆交通均获得极大繁荣。陆路经西北四大汗国贯通了与伊斯兰国家的连接;海路则东起泉州,跨越印度洋直达波斯湾的忽鲁谟斯。在元朝统治下,泉州的贸易超过广州,正式成为国际第一大港。当时明州是对东亚贸易的主要港口,密州是北方最重要的港口,而泉州、广州则是国际性商港。

宋元时期造船业获得迅猛发展,先进的水密舱技术已经在宋元船舶中广泛采用,既保障了货物和船只的安全,又便于抢修坏舱。这一时期,中国的造船技术步入世界先进行列。从北宋前期起,宋朝政府就在明州、温州设立官营造船场,以供漕运和海外运输。民间造船业则更为兴盛,史料中对此多有记载,如《宋会要辑稿》载:"漳、泉、福、兴化,凡滨海之民所造舟船,乃自备财力,兴贩牟利而已。"③1974年泉州后渚港出土的海船即是宋末泉州建造的。④这一时期,还出现了大型化商船,史籍中经常有万斛船、5000料船和神舟等记载。⑤根据宣和元年(1119年)朱彧《萍州可谈》记载的"舟师识地理,夜则观星,昼则观日,阴晦观指南针",可以推测除了利用天体导航外,指南针已经应用于我国海船的导航中。宣和五年(1123年)徐兢出使高丽时也使用了指南针

---

① 席龙飞:《元代官营航海贸易制度述略》,《中国社会经济史研究》1990年第2期。
② 《元史》卷九十四。
③ 转引自刘文波《宋代福建海商崛起之地理因素》,《中国历史地理论丛》2006年第1辑。
④ 陈高华、吴泰:《关于泉州湾出土海船的几个问题》,《文物》1978年第4期。
⑤ 陈希育:《中国帆船与海外贸易》,厦门大学出版社,1991,第45页。

航海①，宋元时期的考古遗址中也经常可以见到磁州窑生产的用于指南针水浮的瓷碗。中国海舶的船体结构及抗风性能在宋元时期已有了很大的改进和提升，在载重量、风帆使用技术、远洋海舶上平衡舵的普遍应用，指南针的应用以及利用天文定位航海导航技术方面的提高②，并且从阿拉伯商人那里学习并掌握了利用季风活动的规律，这些因素都使得我国东南航海船家得以向更广阔的航海领域深入扩展。中国帆船在东亚、东南亚海域以及北印度洋海域航行，开辟出一些新航线，不再以朝鲜半岛、日本和中南半岛作为主要航海对象，而是拓展了对菲律宾群岛、加里曼丹岛、香料群岛以及印度洋辽阔地区的航海活动。③

宋元时期通过"市舶贸易"，以国家为主导控制海外贸易，发达的造船业和航海技术的进步是海外贸易的重要保证，使得宋元时期的海外贸易在航线上得以不断开辟和延伸。

二 东南沿海商人势力的兴起

不同于唐代对民间商人海外贸易的压制政策，宋元时期鼓励民间海外贸易，并在一定程度上给予保护和支持。宋代和元代文献中都有不少招商入蕃兴贩、贸易的记载。④ 宋元时期海商势力逐渐崛起，泉州和两浙路市舶司的设置，就是民间海上贸易发展的结果，反映了宋代以来两浙及漳、泉地区民间舶商的活跃。吴越国与日本之间通过明州（今浙江宁波一带）往来，交通便利，贸易关系比较密切。宋代在此基础之上继续发展。太平兴国三年（978年）两浙路杭州市舶司设立，规定全国各地出海的商船都必须向其申办手续。之后，该机构一度迁到明州，宋真宗时明州设立了独立的市舶

---

① 徐竞：《宣和奉使高丽图经》卷34。
② 王新天：《中国古代东南海洋性瓷业发展史》，博士学位论文，厦门大学，2007，第129~134页。
③ 陈希育：《中国帆船与海外贸易》，厦门大学出版社，1991，第57~58页。
④ 见《宋史·食货志》和《元史·食货志》。

机构。广州市舶司主要负责管理前往东南亚等地区进行贸易的船只，而明州市舶司则负责管理前往高丽、日本等地区进行贸易的船只。目前日本发现的一件两浙路市舶司公凭，是崇宁四年（1105年）六月发给商人李充的。李充为泉州客商，前去日本贸易，归来时需赴明州市博务抽解，他的货物中有"瓷碗二百床，瓷碟一百床"①。这些民间海商，"江淮闽浙，处处有之"②"富民往诸蕃商贩，率获厚利""商者益众"③，其中福建海商表现得最为活跃，逐渐成为东南沿海民间商人的代表④。泉州的海外贸易活动十分活跃，文献中经常出现北宋中期以后泉州商人到高丽、日本等地通商的记录，他们在很长的一段时间内几乎垄断了与高丽的贸易。⑤ 宋代和日本古文献中也有大量关于民间商贸往来的记载。⑥ 元祐二年（1087年）朝廷设置泉州市舶司，正式开放泉州港。泉州港既经营与高丽、日本的贸易，又可发展与南洋的贸易。《梦粱录》载：两浙海商"若欲舟泛外国买卖，则是泉州便可放洋"，又"若商贾止到台、温、泉、福买卖，未尝过七洲、昆仑等大洋。若有出洋，即从泉州港至岱屿门，便可放洋过海，泛往外国也"。⑦ 南宋时期，泉州港已成为海商开展贸易活动的主要门户。到了元代，东南海商更是空前活跃，海外贸易多为富商大贾控制，他们拥有自己的私人船队，浙江、福建、广东等地都有许多活跃的海商，成为东南地区商业经济发展中的一个显著特征。⑧ 这些富商大贾主持海运、把持市

---

① 《朝野群载》卷二十，"太宰府附异国大宋尚客事"，见荣岚《7~14世纪中日交流的考古学研究》，中国社会科学出版社，2001，第236页。
② 包恢：《敝帚稿略》卷一。
③ 《元史》卷二○五。
④ 刘文波：《宋代福建海商崛起之地理因素》，《中国历史地理论丛》2006年第1辑。
⑤ 陈高华：《北宋前期前往高丽贸易的泉州舶商》，《海交史研究》1980年第2期。
⑥ 荣岚：《7~14世纪中日交流的考古学研究》之"宋元日往来商船一览表"，中国社会科学出版社，2001，第240~251页。
⑦ 吴自牧：《梦粱录》卷12《江海船舰》，《丛书集成初编》本，转引自刘文波《宋代福建海商崛起之地理因素》，《中国历史地理论丛》2006年第1辑。
⑧ 王秀丽：《海商与元代东南社会》，《华南师范大学学报》（社会科学版）2003年第5期。

舶数十年，其地位和财富显赫一时，有力地推动了海外贸易的进行。

宋元时期，民间商人广泛参与了当时的国内外贸易。博多湾发现的中国陶瓷器上往往带有墨书或朱书题记[1]，在我国东南沿海以及东南亚地区打捞的沉船瓷器中，这也是非常普遍的现象。目前初步判断中国商人在货物上书写墨书，是为了区别货物的所有者。与文献中"一舟数百人""商人分占贮货，人得数尺许，下以贮物，夜卧其上"[2]的记载结合起来考察，体现的正是宋元时期民间小商人参与海外贸易的情况。据赵彦卫的《云麓漫钞》、赵汝适的《诸蕃志》、汪大渊的《岛夷志略》等文献记载，中国的民间商船在宋元时期也获得巨大发展，航路不断扩展，从（今）东亚、东南亚的韩国、日本、菲律宾、印度尼西亚、马来西亚、新加坡、印度、斯里兰卡等广阔地区乃至阿拉伯、东非等地的国家和地区，以泉州为中心的海外航线已经四通八达。宋元以来，中国船舶和从事远洋贸易的商人在印度西海岸与中国之间的国际贸易中占据了垄断性优势。在当时各主要航线上，中国商船都发挥着主要作用。菲律宾、印度等地的贸易皆掌握在中国人手中，中国还有开往印度洋的商船。尽管在中国与海外的航线上也存在着阿拉伯船、东南亚船以及高丽、日本船等，但中国商船在当时无疑有着不可替代的地位。[3]

相对于唐、五代来说，宋元时期应该是以中国为主导的海洋社会经济圈，即东亚贸易网络初步形成的时期。正如庄国土先生所说"中国海外华商经贸网络的肇基始于宋元时代，到15世纪初基本形成，在17—18世纪经历扩张和发展而达到顶峰，从而形成一个以中国市场为中心，遍及北起日本、中国大陆沿海地区、（中国）台湾、南括东南亚地区的东亚、东南亚商贸网络"。[4]

---

[1] 张勇：《福州地区发现的宋元墨书》，《福建文博》1998年第1期。
[2] （宋）朱彧：《萍州可谈》卷二，商务印书馆，1985。
[3] 陈希育：《中国帆船与海外贸易》，厦门大学出版社，1991，第56~57页。
[4] 庄国土：《论17—19世纪闽南海商主导海外华商网络的原因》，《东南学术》2001年第3期。

三 "瓷器之属博易"政策的影响

北宋晚期直到南宋时期，中国的铜币大量外流，致使中国发生了"钱荒"。朝廷为限制铜钱外流曾屡次下令，规定海外贸易不得用金银铜钱，而提倡以绢帛、陶瓷器之属博易。这一政策又为元朝所延续，元朝政府同样要求用不值钱的陶瓷与海外进行交易。用瓷器博易的记载屡见于宋元时期的文献。《宋史》卷185《食货志》"香条"有关于以瓷器与远夷博易的记载："绍兴三年，福建博司乳香亏数，诏依前博买，开禧三年，往博买，嘉定十二年（1219），臣僚言，以金钱博买，泄之远夷为可惜，乃命有司止以绢布、锦绮、瓷、漆之属博易，听其来之多少，若不至，则任之，不必以为重也。"《宋史》卷186、卷188也记载，北宋初期"凡大食（阿拉伯半岛南部）、古逻（马来西亚西南部）、阇婆（爪哇）、占城（越南）、渤泥（婆罗洲）、麻逸（菲律宾群岛的描东岸到民都洛一带地区）、三佛齐（巨港）诸蕃，并通贸易，以……瓷器……等物"；开宝四年，"置市舶司于广州，又于杭、明州置司，凡大食、古逻、阇婆、占城、渤泥（文莱）、麻逸、三佛齐，诸蕃并通贸易，以金、银、缗钱、铅、锡、杂色布、瓷器，市香药犀角、象牙、珊瑚、琥珀、珠非、镔铁、玳瑁、车渠、水精、蕃布、乌樠、苏木等物。"《互市舶法条》中也见类似记载。这一政策在中国的外销陶瓷器历史上产生了深远影响，自此，陶瓷器的外销量大增。该政策的执行，是促使宋元时期中国东南沿海外销瓷窑址大规模出现的直接原因。

《宋史》"三佛齐传"，宋朝政府亦以瓷器为诸蕃国奉贡当赏赐品：建隆三年春，室利乌耶（三佛齐王），遣使李丽林、副使李亚末、判官叱叱壁等，来贡方物，回，赐以牦牛尾、白瓷器、银器、锦线、鞍辔二副。赵汝适所著，成书于南宋理宗宝庆元年（1225年）的《诸蕃志》中详细记载了我国宋代瓷器对外贸易的输出地，涉及占城、真腊、三佛齐、单马令、阇婆、大食、渤泥、麻逸、三屿等十五个国家和地区，即今天亚洲的越南、柬埔寨、马来西亚、印度尼西亚、菲律宾、印度以及非洲的坦桑尼亚等七个国家。元人周达观《真腊风土记》的"欲得唐货"条中，亦有泉州青瓷器的记载。元代汪大渊的《岛夷志略》也对我国元代瓷器输出地区和品种做了详细记载，当时与中国进行瓷器交换的，涉及四十多个国家和地区，品种主要有"粗碗""处州瓷器""青白花""青白、处州瓷器""青瓷""处器""青白"等，其中青白花器的相关记载有16处，青瓷的有15处，青白瓷的有3处，处州瓷的有5处。已有学者对此进行了详细的列表整理。① 这些证据显示，宋元时期由于海外贸易的发展以及政府的提倡和鼓励，大量中国陶瓷器被输往东南亚地区。14世纪上半叶，阿拉伯大旅行家伊本·白图泰在游记中也提到中国陶瓷器外销印度、也门和北非的马格里布、摩洛哥等地。也正是在这一背景下，东南沿海地区大量出现专烧外销瓷的窑址，特别是福建地区，宋元时期外销瓷的生产异常繁盛。

政府的鼓励，促使瓷器大规模的生产和外销，龙泉青瓷、景德镇青白瓷生产及外销都达到鼎盛，闽南窑业的繁荣也是在宋元时期。宋元时期政府重视海外贸易的共同原因都是为了获得更多财富，于是瓷器就成为对外贸易中用以交换的绝佳媒介——在中国被认为不值钱的瓷器却是海外人们喜爱的产品。也正是由于这个原因，宋元时期瓷器的商品性进一步突出，大量手工业产品作为商品成批量地大规模运销海外。

---

① 庄为玑：《泉州三大外销商品——丝、瓷、茶》，载《海上集》，厦门大学出版社，1996。

第四节 从沉船资料看宋元时期海外贸易的变迁

一 宋元时期我国古代海外贸易的大发展

丰富的沉船资料揭示了宋元以来中国古代海外贸易的大发展。南宋以后泉州逐渐取代广州成为第一大港，12~14世纪是以泉州为中心的福建窑业大发展的时期，其产品广泛出现在沉船及东南亚乃至西亚地区的遗址中，反映了福建商人的贸易网络不断扩展的情况。[1] 宋元时期海外贸易的迅猛发展，促使东南沿海地区窑业快速繁荣，出现了一系列专门针对外销的瓷窑体系，窑场数量大增，瓷窑遍布全省。

龙泉窑和景德镇窑的产品也随着泉州港的兴起大量销往海外，特别是在海外的元代遗址中，普遍发现了龙泉窑和景德镇窑瓷器。

从南宋至元代，龙泉青瓷通过各大港口持续向海外输出。位于瓯江口南岸的温州，是宋代龙泉青瓷器的主要输出港。温州地区分布着50多处宋元时期龙泉窑系的窑址。[2] 明州作为通向高丽、日本

---

[1] 〔日〕青柳洋子、梅文蓉、王宁:《东南亚发掘的中国外销瓷器》,《南方文物》2000年第2期。
[2] 王同军:《宋元时期温州外销瓷初探》,载温州市文物处编《温州古陶瓷研究》,西泠印社,1999。

的主要出发港，也是输出龙泉青瓷器的重要港口，宁波城市考古中的宋元地层曾出土大量龙泉青瓷标本。南宋至元代，龙泉青瓷器经松溪入瓯江，运到福州、泉州后再转运海外，逐渐成为另一条重要航路。泉州港在当时海外贸易中的重要地位也使得龙泉青瓷器更大批量地销售到东亚、东南亚、南亚、中东以及东非等广阔市场。[1] 特别是14世纪后半期，各地出土的龙泉青瓷器有明显增加的趋势。

景德镇宋代青白瓷器在东亚地区出土了很多，而东南亚地区出土较少，反映了宋代景德镇青白瓷器的海外市场主要是日本、高丽。[2] 这是因为北宋中期以后，赣粤之间的梅关古驿道长期失修，致使景德镇陶瓷无法通过驿道入粤从广州港销往南洋，所以只能依靠北路从昌江、鄱阳湖至长江，从明州入海，再跨越东海到达日本、朝鲜半岛并向南转运至印度洋沿岸国家。宁波（明州）的考古遗址中出土了大量宋元陶瓷，以宁波东门口码头遗址为例，从考古地层可以看到宋代地层以龙泉青瓷器、景德镇青白瓷器为主，元代地层出土遗物更为丰富，以龙泉青瓷器为主，也包括一定量的景德镇青白瓷器与枢府卵白釉瓷器。[3]

元代景德镇瓷器的外销区域明显扩大，东亚地区遗址发现的景德镇元代青白瓷器和枢府卵白釉瓷器数量更多。此外，景德镇元代小件褐斑装饰的青白瓷器和小件青花瓷器在菲律宾和印度尼西亚发现数量非常多。枢府卵白釉瓷器在东南亚、南亚、东北非及中南非等地都有出土。至正型青花瓷则在北印度、中东、波斯湾北岸、阿拉伯半岛南部、东北非等地大量发现，多见于14世纪的遗址中，

---

[1] 叶文程、芮国耀：《宋元时期龙泉青瓷的外销及其有关问题的探讨》，《海交史研究》1987年第2期。
[2] 李再华：《略谈景德镇宋元瓷器外销》，载《中国古代陶瓷的外销》（福建晋江年会论文集），1987。
[3] 林世民：《从明州古港（今宁波）出土文物看景德镇宋元时的陶瓷贸易》，《景德镇陶瓷》1993年第4期。

往往和龙泉青瓷器共出，成为当时最流行的外销瓷器品种。[1]

新安海底沉船、西沙"石屿二号"沉船中大量龙泉青瓷器及景德镇瓷器的出水与海外遗址的发现相一致，揭示了元代以泉州为中心的海外贸易大发展的盛况。

二 宋元时期东洋航路的不断开辟和扩展

宋元时期海外贸易的发展，除了体现为以泉州为中心的面向东南亚、西亚等传统航路的继续发展之外，还反映在福建商人贸易网络在东洋航路的不断开辟和扩展。

南宋以后运销日本的陶瓷，除了龙泉青瓷、景德镇青白瓷外，还包含数量众多的福建陶瓷，这些福建制品主要由闽江流域的闽北、闽中及闽江口附近窑址生产，包括建窑系黑釉盏，连江及莆田等地的青釉、青白釉产品，闽清义窑、青窑的青白釉产品等，其中基本上没有同时期闽南地区大量输出的德化青白瓷和白瓷产品。这种器物组合也见于闽江口附近的连江定海湾及东络岛等沉船遗址中，因此人们认为福州，而非泉州，是面向日本贸易的船只主要的出发地。[2]

唐代以来面向日本贸易的传统路线是（福州—）明州—九州的航路。但新的考古发现揭示，日本出土宋元时期陶瓷的器物组合在台湾北部大坌坑遗址[3]、琉球群岛 13 世纪后半期至 14 世纪遗址[4]、日本西南大岛仓木崎海底沉船遗址[5]以及日本九州南部的鹿儿岛遗址、博多遗址中均有发现。于是学者们进一步提出，面向日本的贸

---

[1] 〔日〕三上次男：《13—14 世纪中国陶瓷的贸易圈》，杨琮译，《东南文化》1990 年第 3 期。
[2] 森达也：《宋元外销瓷的窑口与输出港口》，沈琼华主编《2012' 海上丝绸之路：中国古代瓷器输出及文化影响国际学术研讨会论文集》，浙江人民美术出版社，2013。
[3] 王淑津、刘益昌：《大坌坑遗址出土的十二至十四世界中国陶瓷》，《福建文博》2010 年第 1 期。
[4] 彭盈真：《琉球出土中国陶瓷：十五世纪陶瓷消费地之个案研究》，硕士学位论文，台湾大学艺术史研究所，2004，第 12 页。
[5] 森达也：《宋元外销瓷的窑口与输出港口》，载沈琼华主编《2012' 海上丝绸之路：中国古代瓷器输出及文化影响国际学术研讨会论文集》，浙江人民美术出版社，2013。

易除了沿用明州至九州的传统路线外，还存在一条福州经台湾北部、琉球群岛至九州的航路。① 而且该航路可能从南宋一直延续至明代早中期。

此外，东洋航路的进一步开辟还体现在福建商人跨越台湾海峡，开辟了通向菲律宾的直航贸易航线上。南宋以后，澎湖逐渐被纳入泉州的管辖范围。② 根据宋代文献的记载，宋代以来存在着从广州—占城—渤泥—麻逸—蒲端的航路，在这条传统航路中，菲律宾处于市场的最末端，并不属于主消费市场，因此，当地发现的宋以前的中国陶瓷器数量不多。宋末元初，随着闽商势力的崛起，闽南诸港跨越台湾海峡到菲律宾、文莱的东洋新航路逐渐被开辟出来③，便利的新航路使得菲律宾成为重要的新兴消费市场，中国陶瓷器也随之大量涌入该地。

从考古资料来看，宋元时期的陶瓷遗存遍布澎湖列岛，其中85%的产品来自福建，12%来自浙江。④ 福建陶瓷中包括福建仿龙泉青瓷、建窑系黑釉盏、德化窑青白瓷、磁灶窑产品等。在菲律宾群岛的遗址中，元代瓷器出土数量最多，而宋代以前的器物数量很少。前面提到的在菲律宾广泛发现的景德镇青白瓷、枢府卵白釉瓷器、早期青花瓷、釉里红、铁锈斑瓷等绝大多数属于元代。⑤ 菲律宾群岛南部地区还大量发现有连江浦口窑及莆田庄边窑等福建窑口的产品⑥，这些制品也多见于前面提到的元代沉船遗址中。

---

① 金泽阳：《宋元时期的东海贸易航路》，载沈琼华主编《2012'海上丝绸之路：中国古代瓷器输出及文化影响国际学术研讨会论文集》，浙江人民美术出版社，2013。
② 杨国桢：《宋元泉州与亚洲海洋经济世界的互动》，载中国航海学会等编《泉州港与海上丝绸之路》（二），中国社会科学出版社，2003。
③ 周运中：《中国南洋古代交通史》，厦门大学出版社，第303页。
④ 陈信雄：《台澎出土中国陶瓷的历史学应用》，载（台湾）《田野考古——台湾地区出土瓷器资料研究特刊》（第九卷），2004。
⑤ 艾迪斯：《在菲律宾出土的中国陶瓷》，载（台湾）中国古外销陶瓷研究会编《中国古外销陶瓷研究资料》（第一辑），中国古陶瓷研究会、中国古外销陶瓷研究会，1981。
⑥ 羊泽林：《福建古代青白瓷的生产与外销》，载沈琼华主编《2012'海上丝绸之路：中国古代瓷器输出及文化影响国际学术研讨会论文集》，浙江人民美术出版社，2013。

新安海底沉船的发现，则再一次证明包括日本、中国台湾、菲律宾在内的东洋航路贸易繁盛于元代。

三 东亚贸易网络与传统的印度洋贸易网络的碰撞

Janet Abu-Lughod 曾指出，古代世界体系中存在着八个贸易圈，13 世纪及此前很长时期，阿拉伯海、印度洋和中国南海已形成三个有连锁关系的海上贸易圈。[①] 海外贸易对于宋元时期的中国有着重要意义，贾志扬（John W. Chaffee）认为这一时期已经形成了覆盖亚洲海域的跨国海洋贸易系统，各国之间彼此竞争而又相互合作。[②]东南亚在地理上连接着中国南海和印度洋、阿拉伯海地区，无疑是这一时期跨国海洋贸易的重要一环，海上贸易的高额利润吸引各国参与进来并为之竞争。

首先，掌握着货源的中国商人无疑是从事宋代中国与东南亚陶瓷贸易的主要力量。

正如前面内容提到的，这一时期以泉州海商群体为代表的中国东南海商势力迅速成长，特别是对于一些富商大贾，已经很难严格区分他们是蕃商还是我国东南沿海的商人。从这一时期瓷器的生产和外销情况来看，东亚及南海贸易更多地被掌握在中国海商手里。中国商人掌控着这一时期整个南海贸易的主动权。宋元时期，中国上层对香料等消耗品的需求日益增长，中国商人先换取阿拉伯和印度的象牙、棉布等奢侈品，再将其余中国商品一起运送到东南亚地区，向当地的岛民换取香料等物品。从印度的西海岸到东非的东海岸，70 多个古遗址曾经涉及与中国的陶瓷贸易[③]，体现了中国商人

---

① Janet L. Abu-Lughod, *Before European Hegemony: The World System A. D. 1250 – 1350* (Oxford: Oxford University Press, 1989)。转引自黄纯艳《论宋代南海贸易体系的形成》，《国家航海》2012 年第 3 期。

② 贾志扬（John W. Chaffee）：《宋代与东亚的多国体系及贸易世界》，胡用光译，《北京大学学报》（哲学社会科学版）2009 年第 3 期，第 99~108 页。

③ 朱莉叶·艾莫森、陈洁等：《瓷器贸易的曙光——白瓷与青白瓷》，秦大树译，《南方文物》2000 年第 4 期。

参与早期国际贸易的自主性及程度。有人认为12～15世纪，从中国东南沿海至印度洋，以至红海及非洲东海岸，有一个大体成形的"中国—伊斯兰世界雏形体系"①，这个范围也正是我国宋元陶瓷外销的区域，对这一时期外销瓷情况的分析，可以让我们认识这一体系的形成过程，以及中国在该过程中所起到的作用。而泉州作为这一时期的重要港口，见证了当时中国逐步融入高度发展的跨地区贸易体系的进程。

阿拉伯商人是这一时期跨国海洋贸易的又一股活跃力量。在唐代，西亚、中亚、北非地区已经伊斯兰化，13～15世纪的印度也部分实现了全面伊斯兰化。到了宋代，东南亚地区沿海各主要商业中心亦基本伊斯兰化。宋元时期，中国瓷器大量销往伊斯兰世界的伊朗、伊拉克、叙利亚、黎巴嫩、土耳其、埃及等地。元代青花瓷大量出现并销往南亚、中亚、中东、北非等地区，反映了当时中国和阿拉伯世界的经济交往情况。唐末因为遭迫害而退出中国沿海的阿拉伯商人和波斯商人，在宋元时期再次与中国进行直接贸易。陈裕菁在其所译的《蒲寿庚考》一书中说："阿拉伯商人之与中国通商，虽屡经盛衰，而自唐经五代以至于宋，连绵延续，未尝中辍，有宋一代，其盛遂极。"② 在北宋年间，主导广州、泉州对外贸易的可能主要还是蕃商，直到南宋时期，蕃商及其后裔仍是闽南海贸巨擘，如蒲罗辛、罗智力、施那炜、蒲亚里、蒲寿庚等。③ 随着海外贸易的繁荣，他们逐渐融入闽南的民间海商团体，成为中国古代海外贸易的重要力量。由此，阿拉伯人和波斯人渗入印度洋贸易网络的各个部分。

在中国商人和阿拉伯商人之外，亚洲地区的其他贸易者也是宋

---

① 郑培凯：《十二至十五世纪中国外销瓷与海外贸易国际研讨会论文集》，香港：中华书局，2005，"前言"。
② 〔日〕桑原骘藏：《蒲寿庚考》，陈裕菁译，北京：中华书局，1954，第4页。
③ 庄国土：《论17—19世纪闽南海商主导海外华商网络的原因》，《东南学术》2001年第3期。

元时期海外贸易中不容忽视的部分，他们不同程度地参与了这一时期频繁进行的海上贸易。

种种迹象显示，宋元时期，中国海商的势力范围已经越过马六甲海峡。他们在连接着中国南海、印度洋两大贸易圈的苏门答腊东北部建立起贸易据点，稳定地从事包括陶瓷等商品在内的运输和贸易。同时，还有大量阿拉伯商人、印度商人及亚洲其他地区的人群参与其中。在连接了东亚、印度洋、波斯湾的远距离贸易之外，东南亚的岛间贸易也得到一定发展。这一时期的海上贸易形成了一种更为复杂的多地区人群参与、形式多样、既有合作又有竞争的贸易网络。陶瓷贸易作为重要的一环，其数量的增加和范围的扩大反映了这些变化。

第 四 章

明代前期海禁政策下的瓷器输出

第一节 明代前期瓷器海洋贸易的"空白期"概念
第二节 明代前期的海禁政策及朝贡体制
第三节 文献记载明前期朝贡体系下的瓷器输出
第四节 明代前期瓷器在海外的发现
第五节 结语

陶瓷作为我国古代通过海洋输出的重要商品，它的大规模运销往往是通过民间商人的海外贸易进行的。明代前期由于实行严格的海禁政策，瓷器的输出改变了以往民间自由贸易流通的形式，在输出方式、数量、种类上都出现了新的特点。

第一节　明代前期瓷器海洋贸易的"空白期"概念

　　青花瓷器在元代大量出现,并于明清两代逐渐成为瓷器生产的主流。在整个明代瓷器历史上,永乐、宣德、成化以及后来的嘉靖、万历时期,都是青花瓷器烧造的代表性时期,产品精良,时代特征明显。而宣德、成化年间的正统、景泰、天顺三朝(1436~1464年),被陶瓷界普遍认为属于瓷器生产历史上的衰退期,三朝官窑瓷器不见有书年款者,有确切纪年的出土器物也不多,其生产面貌长期以来模糊不清,因此人们曾将其称为"空白期"或"黑暗期"。[1] 与之相似,国外学者在研究东南亚地区出土的中国贸易瓷器时指出,中国对东南亚地区的陶瓷贸易在14世纪晚期到15世纪中期的明代前期也可能存在着这样的"空白期"。

　　中国瓷器海外贸易"明代空白期"的概念于20世纪50年代由东南亚的考古学者首先提出。因为当时沙捞越三角洲地区的考古遗址中发现的中国陶瓷器多为13世纪之前的器物,与文莱北婆罗洲沿海地区特别是哥打巴株(Kota Batu)遗址中大量发现明代瓷器的现象明显不同,于是有学者认为沙捞越三角洲地区考古遗存中可能

---

[1]　刘毅:《明代景德镇瓷业"空白期"研究》,《南方文物》1994年第3期。

存在一个中国明代瓷器的"空白期"。[1] 当时人们只是试图用这一概念解读考古资料,揭示港口变迁的情况。随着时代的发展以及考古资料的不断丰富,这一概念的含义逐渐发生转变。沙捞越三角洲地区也陆续发现了一些明代的贸易资料,证明这种缺乏并不是绝对的。[2] 泰国学者布朗(Roxanna M. Brown)在进一步分析文莱地区出土的以前被认为是明代前期的青花瓷器资料,认为它们主要生产于弘治时期,其中没有年代更早的产品。同时她还认为这种现象和缅泰边境发现的14~16世纪墓葬遗址中缺少元代至弘治时期青花瓷产品的现象一致。类似的现象也出现在菲律宾地区的两个著名墓地遗址,14世纪的圣安娜(Santa Ana)遗址及16世纪的卡拉塔根(Calatagan)遗址,同样存在15世纪的资料空缺。[3] 而在泰国,明确属于14~15世纪的中国陶瓷器在泰国南部地区的考古遗址中很少被发现,可能也存在这样的"空白期"。[4] 于是,一些陶瓷研究者逐渐意识到,整个东南亚地区,相对于之前及之后中国陶瓷器大规模涌现的情况,确实存在明代前期中国陶瓷器匮乏的现象,虽然这种匮乏的具体时期以及程度还没有严格的界定。

布朗博士在统计东南亚地区发现的古代沉船资料后指出,属于1368年至1487年的沉船出水中国陶瓷数量急剧减少,被东南亚地区的越南、泰国等地的陶瓷产品所取代。这一时期,各海洋贸易地点中的东南亚陶瓷器比重占到60%~99%。而在这之前,9世纪至

---

[1] Tom Harrisson, "The Ming Gap and Kota Batu, Brunei," *Sarawak Museum Journal* 8 (1958).

[2] S. R. Parker, *Celadon and Other Related Wares Excavated in Sarawak*, Southeast Asian Ceramics Society, *Chinese Celadons and Other Related Wares in Southeast Asia* (Singapore: Arts Orientalis, 1979), pp. 57–64.

[3] Roxanna Maude Brown, "The Ming Gap and Shipwreck Ceramics in Southeast Asia," A dissertation submitted in partial satisfaction of the requirements for the degree Doctor of Philosophy in Art History, University of California, p. 17.

[4] 何翠媚:《从考古学证据看1500年以前存在于南部泰国的华人》,载联合国教科文组织海上丝绸之路综合考察泉州国际学术讨论会组织委员会编《中国与海上丝绸之路》,福建人民出版社,1991。

14世纪早期的沉船资料显示，中国在陶瓷贸易中几乎一直处于垄断地位，这更加证明了明代前期中国陶瓷贸易的短缺。于是明代前期陶瓷器海外贸易的"空白期"（特别是青花瓷器的短缺）问题被正式提出。[1]

但也有学者不认同"空白期"概念的提法。因为无论是文献记载，还是沉船及陆地遗址的考古资料，均显示这一时期还是有一定数量的中国陶瓷器通过不同途径销售到海外，"空白期"的概念可能要限定在某些特定地区的市场或特定的时间段内。[2] 而且，陶瓷贸易中明代前期中国青花瓷器的短缺和明代前期中国陶瓷外销整体上的短缺应是两个不同的概念。明代的海禁政策并没有导致整个中国陶瓷器外输的迅速间断，还是有不少中国青瓷器、褐釉瓷器等在东南亚贸易陶瓷器的市场上占据一定的比重。

那么在海禁政策与朝贡贸易并行的明代前期（指明弘治之前），中国陶瓷器的海外输出到底以怎样的面貌呈现，就成了一个非常有意思的课题。

---

[1] Roxanna M. Brown, "Ming Ban – Ming Gap: Southeast Asian Shipwreck Evidence for Shortages of Chinese Ceramics,"载郑培凯主编《十二至十五世纪中国外销瓷与海外贸易国际学术研讨会论文集》，香港：中华书局，2005。

[2] Chuimei Ho and Malcolm N. Smith, "Gaps in Ceramic Production/Distribution and the Rise of Multinational Traders in 15th Century Asia,"载台湾大学艺术史研究所《美术史研究集刊》（第七期），1996。

第二节　明代前期的海禁政策及朝贡体制

明代前期，海禁政策及朝贡体制是外交政策的两大支柱。明初曾有允许中外私人海外贸易的短暂过渡期①，后来为了防御倭寇侵扰，开始实行严格的海禁政策，禁止沿海居民私通海外，"片板不许入海"②，并且历代严格执行。与此同时，明王朝积极发展朝贡贸易，鼓励海外诸国入明朝贡。"朝贡"制度虽是一种外交手段，但在明初的表现更像是贸易活动，这已成为多数学者的共识。它和海禁政策实施的目的一致，海禁政策是打击私人海外贸易，朝贡政策则是发展官方贸易，二者都是为了将海外贸易严格控制在官方手里。③ 中国与东亚、东南亚各国在朝贡体系内建立起了新的贸易秩序，这是该时期中国陶瓷器得以继续销往海外的主要背景。

明初严格的海禁政策扼杀了自宋元时期发展起来的民间商人的海外贸易势力，标志着海洋贸易阶段的重要转变。但海外国家来华贸易却不在禁止之列，而是鼓励以"朝贡"形式进行。中国私人贸易船被禁止到海外贸易，东南亚国家只有通过"朝贡"这一渠道才能获得中国物资，故在明初实行海禁阶段，东南亚国家频繁地派船

---

① 万明：《明前期海外政策简论》，《学术月刊》1995 年第 3 期。
② 《明史》卷二百二十五，列传九十三，"朱纨"，北京：中华书局，1974，第 5403 页。
③ 李金明：《明初中国与东南亚的海上贸易》，《南洋问题研究》1991 年第 2 期。

到中国"朝贡"。① 而明王朝为了更好地推行以朝贡贸易为核心的对外政策，遣使四出，招徕东南亚诸国入明朝贡，并且对朝贡国给予丰厚赏赐，以丝绸、陶瓷器等为主，耗资巨大。到了明成祖时期，这种朝贡贸易随着郑和船队下西洋达到鼎盛。明成祖之后，国库空虚，无力支付"厚往薄来"，朝贡次数逐渐被削减，每次入贡的人数也受到严格限制。东南亚国家得不到更多的利益，多停贡不来，朝贡贸易逐渐走向衰落。明代中后期，随着明朝官方从海洋退缩，民间的出海走私贸易在海禁的夹缝中逐渐兴起。②

明代前期朝贡贸易的盛行，一个重要特点就是外国与中国的贸易在政府之间进行并制度化。在明代前期新的贸易体系中，琉球王国占有重要地位。明政府需要通过朝贡贸易获取马、硫黄等战略物资和统治阶层追崇的苏木、胡椒及各色香料。琉球国入贡的贡物就包括硫黄、马、苏木及胡椒等物，它们多取自暹罗、日本等国。③ 琉球借朝贡之机，以上贡大明朝廷的名义，到东南亚各地进行买卖，充当中国与东南亚贸易的"中介商"。明政府对琉球国也有很多支持政策。对琉球的入贡，除了规定贡道须由福建而入之外，基本上是来者不拒，有来必赐。此外，洪武、永乐时多次赐予琉球铜钱、海船甚至航海人员等从事海外贸易所需的人力、物力以及航海技术。洪武末年至成化初年（亦即15世纪上半叶），是琉球国对明朝通贡贸易往来的黄金时期，这种局面直到15世纪中期以后才开始改变。明朝出使琉球的册封船，实际上是满载中国货物的贸易船，通过琉球人的精心安排，与来自东南亚各地的商人进行贸易。于是在明代前期，形成了以琉球人和琉球船为中介的中国、琉球及东南亚多边贸易关系格局。④

---

① 李金明：《明初海禁与东南亚贸易的发展》，《南洋问题研究》1998年第2期。
② 杨国桢：《16世纪东南中国与东亚贸易网络》，《江海学刊》2002年第4期。
③ 聂德宁：《明代前期中国、琉球及东南亚多边贸易关系的兴衰》，载福建师范大学中琉关系研究所编《第九届中琉历史关系国际学术会议论文集》，海洋出版社，2005。
④ 聂德宁：《明代前期中国、琉球及东南亚多边贸易关系的兴衰》，载福建师范大学中琉关系研究所编《第九届中琉历史关系国际学术会议论文集》，海洋出版社，2005。

第三节 文献记载明前期朝贡体系下的瓷器输出

明代前期在严格的海禁政策下，中国陶瓷器的输出主要是在朝贡体系下进行的。明朝廷往往将陶瓷器和丝绸作为赏赐品、礼品以及交换其他物资的重要手段。明初赏赐品中最重要的就是丝绸和陶瓷器。洪武七年（1374年），琉球中山王弟泰期复来贡，"命刑部侍郎李浩赍赐文绮、陶铁器，且以陶器七万、铁器千就其国市马"。洪武九年（1376年），"浩言其国不贵纨绮，惟贵磁器、铁釜，自是赏赉多用诸物"。[1] 洪武十六年（1383年），明太祖分别赐占城、真腊、暹罗等国瓷器[2]；洪武十九年（1386年）九月又"遣行人刘敏、唐敬偕中官赍磁器往赐"真腊国[3]。西域失剌思、敏真、日落等国都以瓷为贵，有些还特派使臣奏求瓷器。同时，明朝廷也将陶瓷器作为交换战略物资特别是战马的重要手段。永乐十七年（1419年），失剌思遣使进贡狮子、名马等，明朝廷赐其酋绒锦、文绮、瓷器等物，且"时车驾频岁北征，乏马，遣官多赍彩币、磁器，市

---

[1] 《明史》卷三百二十三，列传第二百十一，外国四"琉球"，北京：中华书局，1974，第8361页。

[2] 《明史》卷三百二十四，列传第二百十二，外国五"占城""真腊""暹罗"，北京：中华书局，1974，第8385、8394、8397页。

[3] 《明史》卷三百二十四，列传第二百十二，外国五"真腊"，北京：中华书局，1974，第8394页。

之失剌思及撒马尔罕诸国"。① 郑和下西洋时期也输出了一大批官窑陶瓷器。《明实录》记述："（永乐三年六月）己卯，遣中官郑和等，赍敕往谕西洋诸国，并赐诸国王金织文绮彩绢各有差。"② 随郑和出使的几个人，著述如马欢的《瀛涯胜览》、费信的《星槎胜览》以及巩珍的《西洋藩国志》，都记载了关于交易用陶瓷器的情况，学者们对此已有较多探讨。③ 1988 年 4 月、1994 年 7 月，景德镇市中华路、龙岗弄一带的基建工地出土了大量永乐盘碗，其器型与纹饰都很丰富。与这批瓷器相似的器物在伊朗、土耳其多有传世。景德镇工地的这批永乐盘碗与洪武瓷器堆积共出，一般认为是明御器厂在永乐三年（1405）以前为郑和第一次下西洋而准备的赏赉品或贸易瓷器。④ 正是因为这一时期官府的瓷器需求巨大，文献中才有宣德八年（1433 年）一次就"往饶州烧造各样瓷器，四十四万三千五百件"⑤ 的记载，而且同时期窑场数量大规模增加。毫无疑问，除了宫廷日常及祭祀用瓷外，朝贡贸易对陶瓷器的需要在一定程度上推动了明代前期景德镇官窑及龙泉窑的发展。

明代前期的朝贡贸易体系中，作为中国与东南亚多边贸易关系中介的琉球王国，对中国陶瓷器的输出起到了重要的转口作用。"其国不贵纨绮，惟贵瓷器、铁釜"⑥，所以，明朝对其赏赐多用陶瓷器。《明实录》中有不少关于琉球以中国陶瓷器为重要物资到东

---

① 《明史》卷三百三十二，列传第二百二十，西域四"失剌思"，北京：中华书局，1974，第 8615 页。
② 《明实录·明太宗实录》卷四十三"永乐三年六月己卯"，中央研究院历史语言研究所校印（国立北平图书馆红格抄本），1926，第 685 页。
③ 陈万里：《宋末至清初中国对外贸易中的瓷器》，《文物》1963 年第 1 期。
④ 炎黄艺术馆编《景德镇出土元明官窑瓷器》，文物出版社，1999，第 18 页；香港艺术馆编制《景德镇珠山出土永乐宣德官窑瓷器展览》，香港市政局，1989，第 22～23 页。
⑤ 《大明会典·工部十四·陶器》第五册，卷一百九十四，文海出版社（明万历刊本），1985，第 2632 页。
⑥ 《明史》卷三百二十三，列传第二百十一，外国四"琉球"，北京：中华书局，1974，第 8361 页。

南亚各国贩运"贡品"的记载，如正统六年（1441年），琉球国通事就驾船载中国陶瓷器等物往爪哇购买胡椒、苏木等物。① 同时，以处州青瓷器（龙泉青瓷器）为代表的中国瓷器也是琉球王朝转送朝鲜、日本以及暹罗等国的重要礼物。据琉球《历代宝案》记载，1419~1470年琉球王国发往东南亚的21艘船只中把青瓷器作为礼品送出的情况为：暹罗28次、巨港7次、爪哇5次、马六甲9次、苏门答腊2次，朝鲜1次。整个15世纪，琉球至少将95000件青瓷器作为礼物送给东南亚国家。② 这些礼物的一般标准包括2420件陶瓷器：20件青瓷大盘、400件青瓷小盘、2000件青瓷小碗（见表4-1）。特别是对暹罗的贸易，据学者统计，从洪熙至宣德年间（1425~1435年），前往暹罗国的琉球船只多达17艘次，琉球国每次派遣人船均备有绸缎、大小青瓷器物以及硫黄、扇、腰刀等丰厚的礼物奉献给暹罗国王。以"照得本国稀少贡物，为此今遣正使……，坐驾盘字号海船……，装载磁器等物，前往贵国（暹罗）出产地面收买胡椒、苏木等物回国，谨备进贡大明御前"的名义，希望暹罗国王能够给予琉球国人船，"容令买卖，及早打发，乘趁迅风回国便益"。③ 琉球与暹罗的通使互市在永乐、宣德以至正统年间，曾经兴盛一时。

朝贡贸易体制下，陶瓷器的生产和输出都受到朝廷严格控制。关于这一点，我们也可以从文献中寻找线索。当时琉球国为了获取更多的中国瓷器，其贡使甚至携带白银，私自前往瓷器产地进行采购。永乐二年（1404年），琉球"山南使臣私赍白金诣处州市磁器，事发，当论罪。帝曰'远方之人，知求利而已，安知禁令。'

---

① 《明实录·明英宗实录》卷八十六"正统六年十一月己丑"，中央研究院历史语言研究所校印（国立北平图书馆红格抄本），1926，第1729页。
② Chuimei Ho and Malcolm N. Smith, "Gaps in Ceramic Production/Distribution and the Rise of Multinational Traders in 15th Century Asia,"载台湾大学艺术史研究所《美术史研究集刊》（第七期），1996。
③ 《历代宝案》第一集卷四十，第二册第1278上，台湾大学影印本，1972。

表4–1　《历代宝案》记载15世纪琉球船只转口龙泉青瓷的情况

咨文No.	日期	大青盘		小青盘		小青碗			大青盘	白地青花盘	白地青花碗
		大青盘	青盘	小青盘	小盘	小青碗	小碗	青碗			
1	洪熙1(1425)	20		400		2000					
2	洪熙1(1425)	20		400		2000					
3	洪熙2(1426) 9.10	20		400		2000					
4	宣德2(1427) 9.17	20		400		2000					
5	宣德3(1428) 9.2	20		400		2000					
6	宣德3(1428) 9.24	20		400		2000					
7	宣德4(1429) 10.10	20		400		2000					
8	宣德5(1430) 10.18	20		400		2000					
9	宣德6(1431) 9.3	20		400		2000					
10	宣德7(1432) 9.9		20	400		2000					
11	宣德7(1427) 9.30		20	400		2000					
12	宣德8(1433) 9.18	20		400			2000				
13	宣德8(1433) 9.18	20			400		2000				
14	宣德8(1433) 10.3	20			400		2000				
15	宣德9(1434) 9.26	20		400		2000					
16	宣德9(1434) 9.26	20		400		2000					
17	宣德10(1435) 9.12	20		400		2000					
18	正统1(1436) 10.1	20		400		2000					
19	正统2(1437) 8.16	20		400		2000					
20	正统2(1437) 8.16	20		400		2000					
21	正统4(1439) 4.9	20		400		20					
22	正统5(1440) 10.16			400		2000					
23	正统6(1441) 4.19			400		2000					
24	正统6(1441) 7.6			400		2000					
25	正统7(1442) 10.5	20		400		2000					
26	正统7(1442) 5			400							
27	天顺7(1463) 8.4	20		400				2000			
28	天顺7(1463) 8.4	20		400				2000			
29	天顺8(1464) 8.9	20		400				2000			
30	天顺8(1464) 8.9	20		400							

第四章　明代前期海禁政策下的瓷器输出

续表

咨文 No.	日期	大青盘		小青盘		小青碗		大青盘	白地青花盘	白地青花碗
		大青盘	青盘	小青盘	小盘	小青碗	小碗	青碗			
31	天顺8(1464) 8.9	20		400				2000			
32	成化1(1465) 8.15	20		400				2000			
33	成化1(1465) 8.15	20		400				2000			
34	成化2(1466)	20		400				2000			
35	成化3(1467) 8.	20		400				2000			
36	成化3(1467) 8.	20		400				2000			
37	成化4(1468) 8.15	20		400				2000			
38	成化4(1468) 8.15	20		400				2000			
39	成化5(1469) 8.15	20		400				2000			
40	成化5(1469) 8.15	20		400				2000			
41	成佛6(1470)	20		400				2000			
42	成化6(1470) 4.1		20			100			20	20	20

悉贯之"。[①] 事实上，在严格实行海禁及朝贡政策过程中，明政府制定了很多律令严禁居民私出外境、违禁下海及私自交易。这一时期的朝贡贸易严格限定在会同馆等衙门进行，由锦衣卫负责究治，而且严格限定了违禁品的交易，目的就是防止民众透漏事情给外夷，并防止军需品的外流。[②]"（明）实录，正统三年十二月丙寅，命都察院出榜，禁江西瓷器窑场烧造官样青花白地瓷器，于各处货卖，及馈送官员之家，违者正犯处死，全家谪戍口外。十二年九月戊戌，禁约两京及（江）西、河南、湖广、甘肃、大同、辽东沿途驿递镇店军民客商人等，不许私将白底青花瓷器皿卖与外夷使臣。"[③]

但在海禁期间，中国私商在利益驱动之下，仍然存在一些走私

[①] 《明史》卷三百二十三，列传第二百十一，外国四"琉球"，北京：中华书局，1974，第8363页。
[②] 黄彰健编著《明代律例汇编》（"中央"研究院历史语言研究所专刊之七十五）（下册），台湾：商务印书馆，1979，第687~697页。
[③] （清）顾炎武《日知录集释》（全校本）附录二《日知录之余》卷二"禁瓷器"条，上海古籍出版社，2006，第1906~1907页。

活动。中国商人到东南亚贸易主要是依靠册封使船，私商往往会搭乘当时贸易使臣的船只到东南亚地区从事贸易活动。① 还有不少私商效仿、伪造使船，假冒朝使到东南亚各国贸易。有些沿海守御官军也执法犯法，还有一些私商甚至冒死下海到东南亚各国从事走私活动。大量的沿途贸易与走私活动，也成为当时陶瓷器输出的途径之一。成化十四年（1478年），江西饶州府浮梁县人方敏伙同弟方祥、方洪共凑600两白银购买到青花瓷器2800件，用船载运到广州售卖，雇请广东东莞县民梁大英，以其自造的违式双桅槽船在金门与东南亚私人商船贸易被捉获刑。② 这种走私活动在福建、广东等沿海地区尤为活跃，特别是琉球国朝贡登陆的泉州、福州等地区。因此，除景德镇窑、龙泉窑等名窑产品之外，必然也有一些沿海地区民窑的产品输出。

---

① 李金明：《明初海禁与东南亚贸易的发展》，《南洋问题研究》1998年第2期。
② （明）戴金：《皇明条法事类纂》（上册），卷二十"接买番货"条，文海出版社，1985，第514~515页。

第四节 明代前期瓷器在海外的发现

一 东南亚地区发现的沉船资料

海外中国瓷器的发现无疑是这一时期贸易活动的最直接证据。最重要的是东南亚发现的一系列沉船资料，它们主要分布在越南海岸、泰国湾、马六甲海峡、印尼以及菲律宾海域。国外学者把东南亚发现的沉船资料分成几组，而明代前期的沉船资料又以宣德八年（1433年）郑和下西洋结束为节点进行了细分：1368~1430年，这一时段的沉船有5艘，其中中国陶瓷占出水陶瓷器总数的30%~50%；属于15世纪中叶1430~1487年的沉船有9艘，出水中国陶瓷器比重下降至15%，甚至更低。直到弘治年间（1488~1505年），大量青花瓷器涌入东南亚，中国才逐渐恢复在海外陶瓷贸易中的垄断地位。[①]

明代前期第一阶段的代表性沉船主要有泰国湾的荣坚（Rang Kwien）沉船、"西昌岛二号"（Ko Si Chang II）沉船，宋岛（Song Doc）沉船，马来半岛沿岸的杜里安（Turiang）沉船，以及印度尼西亚水域的马拉内（Maranei）沉船——又称巴库（Bakau）沉船。

[①] Roxanna M. Brown, "Ming Ban – Ming Gap: Southeast Asian Shipwreck Evidence for Shortages of Chinese Ceramics," 载郑培凯主编《十二至十五世纪中国外销瓷与海外贸易国际学术研讨会论文集》，香港：中华书局，2005。

这几艘沉船上伴出有明初洪武或永乐年间甚至更早的铜钱，其中杜里安沉船、"西昌岛二号"沉船以及马拉内沉船被确定为中国制造的船只，长度均在30米左右，发现有密封舱结构以及铁钉等。在这些早期沉船中，都有较多的泰国及越南陶瓷器，同时也出水一定比例的中国陶瓷器，特别是龙泉青瓷器和酱褐釉瓷器（见图4-1）。发现的中国陶瓷器中，龙泉青瓷器最多，器型以折沿盘最为常见，还有少量的盖罐、碗、小瓶。这些器物釉层厚，装饰花纹有刻划花、印花等，无论器型及装饰风格，都还保留有一些元代的因素。碗、盘的内外及圈足均施釉，外底留有刮釉一周的垫烧痕迹。还有酱褐釉的大口罐、带系小口罐、双系小瓶、碗及盖盒等。此外，也发现了两三件青花瓷器。泰国湾的荣坚沉船发现1件中国青花高足杯，青花呈色深蓝，内底心饰把莲纹饰，外壁饰花卉及莲瓣纹。还有1件青花盘，釉层较厚，青花呈色灰蓝，盘心饰花卉纹饰。越南陶瓷中有少量的青瓷器以及大量的釉下蓝彩及黑彩装饰的碗、盘、瓶、罐等。泰国瓷器数量非常多，包括少量泰国汕甘蓬窑（Sankampaeng）生产的青绿釉盘，宋加洛窑（Sawankhalok）生产的青绿

图4-1 杜里安沉船出水的龙泉青瓷及东南亚陶瓷

釉及褐釉的罐子、小瓶、盘、碗、器盖，还有宋加洛窑、素可泰窑（Sukhothai）的釉下黑彩花卉及鱼纹盘、碗、瓶、罐等，以及泰国素攀武里府窑（Suphanburi）生产的储藏大罐。[1]

比上组沉船时代略晚的是南洋（Nanyang）沉船和龙泉（Longquan）沉船。南洋沉船于1995年在马来西亚海岸被发现，共出水1万到1.5万件陶瓷器，包括大量泰国的宋加洛窑青瓷器和少量素可泰窑青瓷盘（见图4-2），中国产品有1件青瓷小罐（水注）和几件酱褐釉罐子。这艘船较小，估计长18米，宽5米。龙泉沉船长约30米，宽约8米，出水10万件陶瓷器。其中四成为中国瓷器，基本上都是龙泉青瓷，还有少量酱褐釉双系罐和2件白瓷碗。泰国的素可泰窑釉下黑彩陶瓷和宋加洛青瓷（见图4-3）各占两成。[2]两艘沉船都装载有素攀武里府窑储藏罐，这种储藏罐主要见于早期沉船，之后就不再出现。而大量发现宋加洛窑青瓷盘的情况又多见于15世纪中期的沉船中。

图4-2 南洋沉船遗址出水的泰国青瓷

更晚一些的15世纪中期的沉船共有7艘。分别是发现于泰国湾的科拉姆（Ko Khram）沉船、"西昌岛三号"（Ko Si Chang III）沉船、罗勇府（Prasae rayong）沉船，马来西亚的"皇家南海号"

---

[1] Roxanna Maude Brown, "The Ming Gap and Shipwreck Ceramics in Southeast Asia," A dissertation submitted in partial satisfaction of the requirements for the degree Doctor of Philosophy in Art History, University of California, p. 17, Plate 1-29.

[2] Roxanna Maude Brown, "The Ming Gap and Shipwreck Ceramics in Southeast Asia," A dissertation submitted in partial satisfaction of the requirements for the degree Doctor of Philosophy in Art History, University of California, p. 17, Plate 30-36.

图 4-3　龙泉沉船出水的泰国青瓷及釉下黑彩瓷

(Royal Nanhai) 沉船，菲律宾地区的潘达南岛 (Pandanan) 沉船，越南海域的"富国岛二号"(Phu Quoc II/Dam Island) 沉船，以及印度尼西亚海域的巴拉那堪 (Belanakan) 沉船。这组沉船中发现最多的就是泰国宋加洛窑青瓷器，以及泰国素可泰窑釉下黑彩器，越南生产的一定量的单色釉瓷、釉下蓝彩和青花器、红绿彩器等，也有少数常发现于晚期沉船的缅甸青瓷器（见图 4-4、图 4-5）。中国陶瓷的数量在这些沉船中急剧缩减，只见极少的酱褐釉罐及青瓷器，而青花瓷的发现相对前期略有增加。①"皇家南海号"沉船在接近龙骨的一个隐蔽储藏室里发现 1 件中国青瓷罐及 6 件中国青花瓷器（见图 4-6）。潘达南岛沉船上也发现 30～60 件中国青花瓷器（因为有些产品和越南青花器很难区分开，故数目不定）。除潘达南岛沉船发现的青花瓷器有 2 件具备明显的元代青花瓷器特征外，其余则具有明代早期及明代"空白期"青花瓷器特征。这些青花器以盘及撇口碗为主。盘的内底心多为麒麟纹饰，有的飞翔在佛教杂宝图案中，外壁缠枝莲纹饰，还有的为麒麟（或犀牛）望月纹。这种盘在菲律宾的圣安娜遗址中也有出土，是典型的天顺至成化时期器型。②

---

① Roxanna Maude Brown, "The Ming Gap and Shipwreck Ceramics in Southeast Asia," A dissertation submitted in partial satisfaction of the requirements for the degree Doctor of Philosophy in Art History, University of California, p. 17, Plate 37-61.

② 卢泰康：《海外遗留的明初陶瓷与郑和下西洋之关系》，载《郑和下西洋国际学术研讨会论文集》，稻乡出版社，2003，第 223 页。

撇口弧腹碗发现的数量比较多，圈足往往外斜内直。潘达南岛沉船上的碗外壁纹饰分别为结带绣球纹与缠枝莲花纹，碗心书"福""寿"二字（见图4-7），这种碗在日本本州也有发现，日本学者将其认定为15世纪前半期的产品。① 另外一种碗心双圈内绘折枝空心梅花的缠枝莲花碗。这些器物在南京明故宫玉带河也有出土。②"皇家南海号"沉船上发现的撇口弧腹青花碗多为口沿一周回纹带，内底心双圈内饰折枝空心梅花或折枝梅月纹，外壁则饰山水卷云人物纹或缠枝莲纹饰；也见有内底心双圈内饰灵芝纹，外壁饰莲塘纹或缠枝莲托八宝纹饰者。还有几件杯状青花碗，圈足较前面的撇口弧腹碗要高，内底心双圈内饰月华纹，外壁为缠枝花卉或松竹梅三友图。相似装饰风格的内底心福字、外壁饰松竹梅三友图的青花杯也见于潘达南岛沉船（见图4-8）。"西昌岛三号"沉船上也见有福字装饰、缠枝花卉以及人物纹装饰的青花器。这些沉船中出水的青花瓷

图4-4 潘达南岛沉船遗址出水的东南亚陶瓷

资料来源：引自Roxanna Maude Brown, *The Ming Gap and Shipwreck Ceramics in Southeast Asia – Towards a Chronology of Thai Trade Ware* (The Siam Society under Royal Patronage, 2009), pp. 130-131。

---

① 〔日〕小野正敏：《山梨县东八代郡一宫町新卷本村出土的陶瓷》，《贸易陶瓷研究》1981年第1期。

② 梁白泉、张浦生：《朱明遗萃》，香港中文大学文物馆出版，1996，图74~图77。

碗外壁缠枝莲、云气人物，内底心多为双弦纹内画梅花、月华、福、寿字等纹饰，具有典型的明初至"空白期"景德镇民窑特征。①

图 4-5　"皇家南海号"沉船遗址出水的东南亚陶瓷

资料来源：引自 Roxanna Maude Brown, *The Ming Gap and Shipwreck Ceramics in Southeast Asia-Towards a Chronology of Thai Trade Ware* (The Siam Society under Royal Patronage, 2009), p. 126。

---

① 宋良璧：《对几件正统、景泰、天顺青花瓷器的探讨》，《江西文物》1990 年第 2 期；Ouyang Shibin, "A Study of Ceramics Made at Ching-te-chen Commercial Kilns during the 15th Century,"载台湾大学艺术史研究所《美术史研究集刊》（第七期），1996。

图 4-6 "皇家南海号"沉船遗址出水的中国青瓷及青花瓷

资料来源：引自 Roxanna Maude Brown, *The Mming Gap and Shipwreck Ceramics in Southeast Asia—Towards a Chronology of Thai Trade Ware*（The Siam Society under Royal Patronage, 2009), pp. 128-129。

图 4-7 潘达南岛沉船遗址出水的中国陶瓷

资料来源：引自 Roxanna Maude Brown, *The Ming Gap and Shipwreck Ceramics in Southeast Asia-Towards a Chronology of Thai Trade Ware*（The Siam Society under Royal Patronage, 2009), pp. 132-133。

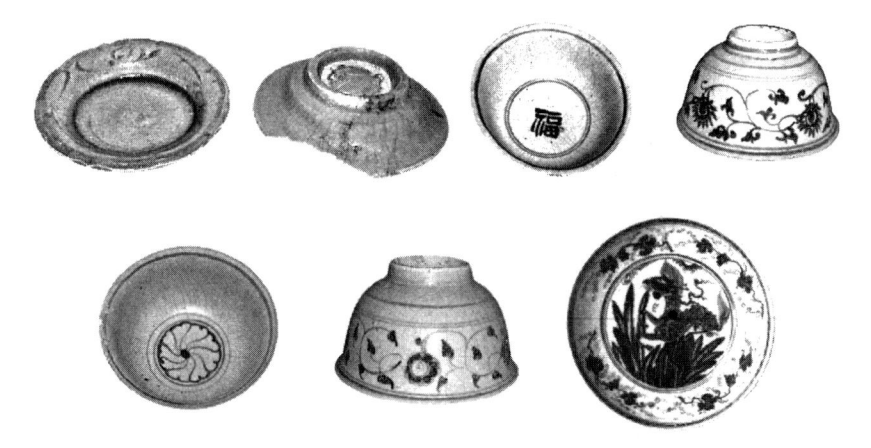

图 4-8 潘达南岛沉船遗址出水的中国青瓷及青花瓷

资料来源：引自 Roxanna Maude Brown, *The Mming Gap and Shipwreck Ceramics in Southeast Asia—Towards a Chronology of Thai Trade Ware* (The Siam Society under Royal Patronage, 2009), pp. 134-138。

二 其他遗址出土考古资料

国外遗址的考古发现，和文献记载及沉船陶瓷的面貌是一致的。台湾学者卢泰康曾对海外发现的14世纪晚期到15世纪前半期，也就是洪武、永乐、宣德、正统、景泰、天顺六朝的陶瓷器进行过统计。[①] 据其研究，东亚的日本、琉球，东南亚的菲律宾、印尼、马来半岛、婆罗洲西部（沙捞越）及北部地区、泰国等地都是出土明代前期中国陶瓷器的重要地点。印度洋地区的印度、马尔代夫，阿拉伯半岛的阿曼苏丹、巴林以及非洲的埃及与苏丹、肯尼亚、坦桑尼亚、马达加斯加等地也有不同程度的发现。所见品种包括龙泉青瓷、明代前期官窑青花瓷及民窑青花瓷，还有少量的酱褐釉瓷器、白瓷器及釉里红瓷器等。

海外发现的明代前期中国陶瓷中，龙泉青瓷器数量最多、最为普遍，特别是在日本和琉球。据日本学者研究，出土14世纪末以

[①] 卢泰康：《海外遗留的明初陶瓷与郑和下西洋之关系》，载《郑和下西洋国际学术研讨会论文集》，稻乡出版社，2003，第223页。

后的明代陶瓷遗址遍及冲绳全岛，而且出土量极大。尤其是青瓷的出土量，多到无法估计。白瓷和青瓷相比，要少得多，同时还包含一定量的褐釉瓷。但属于明代的青花瓷在冲绳则出土很少。① 同时，日本本岛也有较多的青瓷器出土，以碗盘为主。

琉球作为当时中国龙泉青瓷贸易的重要中转地，遗址中发现的青瓷器占绝大多数。特别是琉球古堡文化层里发现的14世纪后半期到15世纪的大量中国陶瓷，正是文献中所载琉球国与中国朝贡贸易的遗留物。根据台湾学者的研究，琉球出土的14世纪以前的中国陶瓷数量与种类并不丰富，但一直有福建窑口的产品。14纪中叶以后，福建等地生产的白瓷、褐釉瓷还在持续输入琉球，而青瓷数量突然大增。同时，从14世纪下半期开始出现了越南与泰国陶瓷，其出土量与种类在15世纪中期以前比较丰富②，这些现象都和东南亚沉船中发现的陶瓷器组合一致，可能代表了当时东南亚陶瓷贸易的基本形态。在14世纪后半期到15世纪前半期琉球古城堡的巅峰时期，每个城堡都有中国陶瓷，显示了这一时期琉球文化的发展，以及当时琉球以中国陶瓷为媒介从事海外贸易的盛况。③ 这些青瓷器以碗盘为主，宽或窄莲瓣纹碗、外壁口沿饰回纹带莲瓣纹碗、素面青瓷碗、花口碟以及折沿盘等都是代表器型。

菲律宾群岛出土的青瓷主要是龙泉窑的花式折沿大盘，盘心与内壁饰有折枝花草纹，与明初官窑青花风格类似。这批器物或许正是人们所说的明代龙泉的处州官窑器。④ 还有器身装饰开光"福""寿"纹印花纹饰的花口环耳瓶，在前述日本出土的明初器物中也有发现。印尼出土的明初青瓷数量不多，有盘心刻折枝花卉的花口

---

① 〔日〕三上次男：《冲绳出土的中世纪中国陶瓷——求证中世纪冲绳与中国贸易陶瓷的接点》，郑国珍译，黄波校，《海交史研究》1988年第2期。
② 彭盈真：《琉球出土中国陶瓷：十五世纪瓷器消费地之个案研究》，硕士学位论文，台湾大学艺术史研究所，2004，第12页。
③ 陈信雄：《从琉球古堡窥探琉球文化与中琉关系》，载陈信雄《宋元海外发展史研究》，甲乙出版社，1993。
④ 叶英挺、华雨农：《发现：大明处州龙泉官窑》，西泠印社出版，2005，第9~10页。

折沿盘，也见"清香美酒"铭青花大罐。沙捞越1967年以后发现的15个考古遗址中出土了很多中国青瓷及其他相关的瓷器品种，包括青花瓷器，磁州窑、泰国宋加洛窑及安南的陶瓷。它们巨大的数量足可以反映13～19世纪沙捞越地区持续进行的陶瓷海洋贸易。[1] 沙捞越博物馆也收藏有一些青瓷大盘和少数瓶、炉类器物。作为15～16世纪东南亚贸易中比较活跃的文莱地区，也发现了大量的明代瓷器，学者们认为这是明代前期朝贡贸易体系的确立，以及中国和文莱贸易发展到新高度的证据。[2] 泰国发现有回纹带莲瓣纹碗、外壁刻变形莲瓣纹碗等明初龙泉器物。阿拉伯半岛的巴林岛上曾发现大量龙泉青瓷，日本学者三上次男认为多数是14世纪后半叶到15世纪初的龙泉青瓷。[3] 埃及的福斯塔特、坦桑尼亚等地也都有明初青瓷的出土。这些青瓷器大部分辗转来自琉球进贡船，是进贡船停泊中国东南沿海港口时就近获得的。明代初年虽设琉球市舶司于泉州，但琉球屡屡停靠宁波、福州、瑞安等地，除了洋流影响之外，人们推测一个很重要的原因可能是为了更接近龙泉窑区。

除了龙泉青瓷，福建、广东窑口的仿龙泉窑产品也参与进了这一时期的海外贸易。窑址资料证明，广东等地在明代前期至明代晚期的崇祯年间曾生产过仿龙泉窑的青瓷产品。这类产品在日本、琉球的遗址中都曾被发现。沿海地区明代仿龙泉窑生产的情况以前未引起足够重视，往往粗略地将其归入龙泉窑系进行探讨。[4] 随着贸

---

[1] S. R. Parke, "Celadon and Other Related Wares Excavated in Sarawak," in Southeast Asian Ceramics Society, eds., *Chinese Celadons and Other Related Wares in Southeast Asia* (Singapore: Arts Orientalis, 1979), pp. 57–64.

[2] Dato P. M. Shariffuddin and Matussin Omar, "Distribution of Chinese and Siamese Ceramics in Brunei," in Southeast Asian Ceramics Society, eds., *Chinese Celadons and Other Related Wares in Southeast Asia* (Singapore: Arts Orientalis, 1979), pp. 65–72.

[3] 〔日〕三上次男：《陶瓷之路》，胡德芬译，天津人民出版社，1983，第83页。

[4] 曾广亿：《广东明代仿龙泉窑青瓷初探》，载Ho Chuimei, ed., *Ancient Ceramic Kiln Technology in Asia* (Centre of Asian Studies, University of Hong Kong, 1990), pp. 30–42；另外笔者在福建闽南地区进行窑址调查时也特别注意到了明代此类仿龙泉窑产品，包括菊瓣纹碗以及口沿外壁饰回纹带饰的青瓷碗等。

易陶瓷研究的不断深入，这必将成为新的课题。

明初官窑青花瓷在海外的出土地点比较零散，数量也不是很多，根据卢泰康的统计，主要分布于印度尼西亚、菲律宾、印度南部、肯尼亚、坦桑尼亚以及埃及的福斯塔特遗址中。① 大量的明初官窑器则见于著名的土耳其托普卡帕宫博物馆以及伊朗阿德比尔博物馆的收藏中。关于明代前期景德镇民窑青花瓷输出的材料也不多，相对于明代中晚期青花瓷器大量涌向海外的情况，明代前期的民窑青花瓷输出非常有限，而且研究者又往往在国外遗址中混入年代较晚的遗物作为明代前期瓷器大量外销的依据，使得长久以来对这一问题的认识都比较模糊。具有前述"空白期"风格的器物见于日本、琉球、菲律宾、印度尼西亚地区的苏拉威西岛、爪哇东部、苏门答腊岛南部以及印尼国家博物馆、雅加达博物馆、马来西亚、埃及的福斯塔特、肯尼亚、坦桑尼亚、马达加斯加等地。②

伴随官窑青花瓷输出的还有釉里红、白瓷、红釉、蓝釉描金等官窑器物，这在日本、琉球、爪哇、印度东南岸等地出土有极少的瓷器碎片。另外民窑的酱釉器在海外遗址中也有一定发现，有的为福建窑口所生产，还有的产地不明。日本博多等地的明代前期地层中还发现有较多的福建闽清义窑、青窑以及邵武四都窑的白瓷、青瓷产品。相同的产品在归仁城、胜连城等琉球古城堡遗址的14世纪后半期至15世纪前半期的地层中也被大量发现。③ 这些闽江流域窑口的产品也应该是通过朝贡贸易或者走私进入琉球的。

---

① 卢泰康：《海外遗留的明初陶瓷与郑和下西洋之关系》，载《郑和下西洋国际学术研讨会论文集》，稻乡出版社，2003，表一。
② 卢泰康：《海外遗留的明初陶瓷与郑和下西洋之关系》，载《郑和下西洋国际学术研讨会论文集》，稻乡出版社，2003，第225页。
③ 彭盈真：《琉球出土中国陶瓷：十五世纪陶瓷消费地之个案研究》，硕士学位论文，台湾大学艺术史研究所，2004，图4-12至图4-17。

第五节　结语

　　由沉船及海外遗址资料可以看出，明代前期输出的中国陶瓷除了明朝廷赏赐以及朝贡贸易中作为礼物向外流出的官窑青花瓷、白瓷、龙泉官窑瓷器外，还有以琉球国为主发展起来的东南亚多边贸易为途径输出海外的龙泉民窑青瓷。明代前期继承元代瓷器外销的传统，保持了龙泉青瓷较大规模输出海外的态势。而景德镇、福建、广东等地的民窑产品也都不同程度地参与进来，并通过朝贡贸易及各种走私途径流入东南亚市场。同时，我们也应看到，明初海禁政策的厉行，对民间海外贸易产生了巨大影响，瓷器贸易受到直接冲击，故明代前期对东南亚的瓷器输出急剧减少。直到明代"隆庆开海"以后，中国陶瓷才再次大规模涌入东南亚市场。

第 五 章

从16~17世纪沉船资料看明代海外贸易的变迁

第一节　16世纪上半期的东亚海域
第二节　16世纪后半期至17世纪初东亚海域沉船资料的
　　　　考古发现
第三节　16世纪后半期至17世纪初期东亚海域的贸易格局
第四节　东亚海域贸易的早期全球化趋势

16 世纪至 17 世纪上半期，是东亚海域激烈动荡的阶段，贸易格局发生了巨大变化。16 世纪前后，西方进入大航海时代，葡萄牙人、西班牙人以及荷兰人先后到达东亚海域，加入到传统的亚洲贸易网络中，并通过长距离的跨洲海洋贸易将其融入全球贸易体系。中国东南沿海、东南亚、南亚及非洲等地已经发现了一批属于这一时期的沉船资料，包括葡萄牙商船、西班牙商船、荷兰东印度公司的商船以及中国东南沿海的私人贸易船，出水的船货以陶瓷为大宗，主要是景德镇生产的青花瓷器以及华南漳州窑产品。以瓷器为主要内涵的沉船文物的出水，揭示了 16 世纪前后以中国东南沿海为中心的传统亚洲贸易网络的继续发展。这一贸易网络在 16 世纪下半期至 17 世纪上半期，随着西人东来，被逐步融入全球世界贸易体系之中。这批沉船资料反映了东方与西方海洋文化的早期接触过程，为我们认识早期全球贸易提供了众多线索。

第一节　16世纪上半期的东亚海域

一　明中期中国私人海外贸易的兴起及东南亚地区的伊斯兰化

16世纪，东方与西方先后进入大航海时代。从东方来看，在中国东南海域传统的贸易中，除东南沿海商人外，琉球、暹罗、占婆岛以及马六甲等地的商人都是南海贸易的重要参与者，甚至在明代前期严格的海禁时期，他们一度取替中国海商成为东南亚地区最活跃的贸易群体。在欧洲人到来之前的明代中后期，随着官方海上贸易的萎缩，中国东南海上私人贸易逐渐兴起，并在弘治、正德时期越发繁荣，"成弘之际，豪门巨室，间有乘巨舰贸易海外者"[1]。

考古资料显示，自明代中期起，中国海商已经基本控制了东南亚海域的市场，甚至与中东及非洲的部分地区保持着密切联系。1997年在菲律宾巴拉望海域西部的利纳（Lena）浅滩发现一艘明代中期（1490年左右）的沉船，从船体结构上看属于中国商船，发掘者推测它可能是从中国东南港口（很可能是广州）出发，沿着中国南部海域，经过安南及暹罗，去往马六甲，再转向霍尔木兹或亚丁。景德镇青花瓷是其最大宗的船货，还有龙泉青瓷及广东窑的

---

[1]　张燮：《东西洋考》卷七《饷税考》，北京：中华书局，2000。

产品、越南及泰国的瓷器。① 沉船出水的青花瓷器数量多,质量高,具有15世纪末16世纪初的特征,很多器物造型及纹饰带有明显的伊斯兰风格(见图5-1),故有学者认为其最终的运销目的地可能是阿拉伯地区。还有一种观点认为它要驶往菲律宾群岛上的穆斯林领地。在菲律宾发现的同时期遗址还有霍洛岛地区的沉船以及三描礼士海岸的圣伊西德罗沉船。② 圣伊西德罗沉船所载货物包括16世纪早期生产的碗、盘等,发掘者推测其为福建南部的产品,绝大部分是日常使用的青花瓷器,纹饰简单,主要供应东南亚市场。从船体结构看,为东南亚地区的船只,属菲律宾本地船,可能用于岛间的转运贸易。有人认为这是一艘16世纪明代中期航行于菲律宾海域的葡萄牙商船。

图5-1 利纳沉船出水的中国青花瓷

资料来源:引自 Franck Franck Goddio, Stacey Pierson, Monique Crick, *Sunken Treasures: Fifteenth Century Chinese Ceramics from the Lena Cargo* (Periplus Publishing London Limited, 2000)。

1999年,文莱海域发现一艘明代沉船,船上所载陶瓷也以景德镇民窑青花瓷为主,还有一些东南亚陶瓷器。据林梅村先生介绍,文莱沉船所出明青花,主要是弘治时期的景德镇民窑青花产品,还

---

① Franck Franck Goddio, Stacey Pierson, Monique Crick, *Sunken Treasures: Fifteenth Century Chinese Ceramics from the Lena Cargo* (Periplus Publishing London Limited, 2000).
② 庄良有:《菲律宾出土的十四至十五世纪中国青花瓷》和卡迪桑、奥里兰尼达:《菲律宾沉船发现的明代青花瓷》,均载游学华《江西元明青花瓷》,香港中文大学出版社,2002。

有一些是景德镇仿龙泉的青釉产品。① 其所出青花瓷器风格及时代与利纳沉船的相似。这两艘沉船器物组合最主要的特征是景德镇民窑青花瓷器的大量出现，并且是最主要的船货，器型上多见大盘、军持、笔盒、执壶、瓶、盖盒等，往往布满缠枝花卉，为典型的伊斯兰风格器物。

中国东南沿海也发现了明代中期的沉船资料，近年在福建平潭老牛礁发现了以青花瓷为主要内涵的沉船遗址，青花瓷（见图5-2）以碗、盘为主，纹饰包括折枝花、缠枝莲、荷花、菊花、蕉叶、花篮、梅鹊、奔马、人物等。此外还有白釉、蓝釉、五彩瓷器等。从器物风格看，应属明代中期（弘治至正德年间）景德镇民窑产品。②

图 5-2 福建平潭老牛礁沉船遗址出水的陶瓷器

资料来源：引自栗建安《闽海钩沉——福建水下考古发现与研究二十年》，中国国家博物馆水下考古研究中心编《水下考古学研究》（第一卷），科学出版社，2012。

---

① 林梅村：《大航海时代东西文明的交流与冲突——15~16世纪景德镇青花瓷外销调查之一》，《文物》2010年第3期。

② 栗建安：《闽海钩沉——福建水下考古发现与研究二十年》，中国国家博物馆水下考古研究中心编《水下考古研究》（第一卷），科学出版社，2012。

2010年发现了"西沙盘石屿1号"沉船遗址，位置在西沙盘石屿礁盘东南方，水深1~3米，遗址面积约10000平方米。发现大量青花瓷碗、盘、白釉瓷器等。① 青花瓷器具有正德、嘉靖时期风格。

香港竹篙湾遗址也发现大量明代中期的景德镇民窑青花瓷器（见图5-3），绝大部分为弘治民窑产品，年代最早的为明成化时期产品，年代最晚的为正德初年产品。学者们经过研究认为，香港竹篙湾遗址正是成弘之际中国东南走私贸易的中心"屯门澳"，它于正德四年（1509年）被指定为满剌加商船的停泊码头，并于1514年随满剌加的灭亡而废弃。② 平潭老牛礁沉船遗址、香港竹篙湾遗址、利纳沉船遗址及菲律宾其他地区出土的瓷器非常相似，具有共同的时代特征。这些遗址出水的青花军持、笔盒、大盘、执壶、瓶、盖盒等器型反映出典型的伊斯兰风格③，这类器物遍布东南亚，在叙利亚地区也有集中发现，伊朗的阿德比尔神庙和土耳其的托普卡帕宫遗址中都可以见到④。明代中期即弘治、正德时期的青花瓷在东非也有大量发现。⑤ 可见明代中期中国青花瓷器的消费地延续传统的范围，主要面向东南亚及中东等地的穆斯林聚居地。考古资料显示，这一阶段发现的以景德镇生产的青花瓷器为主、东南亚陶瓷为辅的沉船器物组合，有别于明代前期朝贡贸易体系下，琉球人主导的东南亚贸易网络中以东南亚陶瓷和青瓷为主的的陶瓷器组合。这一时期的青花瓷器无论造型还是纹饰，都体现浓

---

① 赵嘉斌：《2009~2010年西沙群岛水下考古调查主要收获》，载吴春明主编《海洋遗产与考古》，科学出版社，2012。
② 林梅村：《大航海时代东西方文明的交流与冲突——15~16世纪景德镇青花瓷外销调查之一》，《文物》2010年第3期。
③ 刘淼、吴春明：《明初青花瓷业的伊斯兰文化因素》，《厦门大学学报》（哲学社会科学版）2008年第1期。
④ John Carswell, *Blue & White: Chinese Porcelain Around the World* (London: British Museum Press, 2000), p. 131.
⑤ 林梅村：《大航海时代东西方文明的交流与冲突——15~16世纪景德镇青花瓷外销调查之一》，《文物》2010年第3期。

郁的伊斯兰风格，类似的器物遍布东南亚及中东地区。

图 5-3 香港竹篙湾遗址出土的明中期陶瓷

沉船中器物组合的变化，揭示有新的贸易形势出现。这种变化与 15~16 世纪伊斯兰文化在东南亚的广泛传播息息相关。伊斯兰教经印度南部进入东南亚地区，13 世纪末以苏门答腊岛为基地开始在东南亚的海岛国家中广泛传播。15~16 世纪，东南亚地区先后出现满刺加王国、苏禄苏丹王国、渤泥王国等重要的伊斯兰教国家。[①] 它们同时也是东南亚地区重要的海上贸易集散地。商业利益是东南亚穆斯林商人传播伊斯兰教和当地王公贵族接受伊斯兰教的最主要因素。中国从属于这个南海贸易圈，当时从东南亚到中东广泛存在的伊斯兰势力是这一时期中国青花瓷输出的主要市场，景德镇民窑生产的精美陶瓷（见图 5-4）因此成为当时东非到东南亚统治势力推崇伊斯兰文化的鲜明标志。

---

① 梁志明等主编《东南亚古代史》第三编"东南亚中央集权王国的兴起与更迭（10 世纪前后至 16 世纪初）"，北京大学出版社，2013。

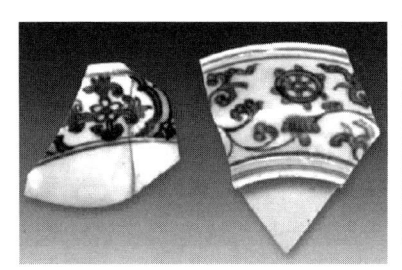

图 5－4　肯尼亚格迪古城遗址出土的明中期青花瓷器

资料来源：引自刘岩、秦大数、齐里亚马·赫曼《肯尼亚滨海省格迪古城遗址出土中国瓷器》，《文化》2012 年第 11 期。

明代中期以后，随着官方海上贸易的萎缩，中国东南海上私商势力逐渐兴起，受当时伊斯兰贸易圈主导的海外市场吸引，东南私人海商的贸易活动的在成化、弘治、正德时期越发活跃。即使是明朝严格的海禁政策，也没能阻挡人们出海贸易的步伐。考古资料显示，自明中期的弘治年间开始，中国瓷器特别是青花瓷又一次大量涌入东南亚市场，这正是东南沿海私商兴起的实证。

二　和西方国家的早期接触

16 世纪地理大发现之后，西方殖民势力相继到达东亚海域，在东南沿海私人贸易基础上开始了与中国的早期接触。

最早到达中国并与中国开始贸易的是葡萄牙人。16 世纪初，葡萄牙人使用武力先后在印度果阿、东南亚马六甲等地建立贸易据点。据葡文文献记载，在葡萄牙人占领马六甲之前，马六甲早已是东南亚地区贸易的重要地点，每年有 8~10 艘中国船只前往贸易。葡萄牙人占领马六甲之后，每年仍旧有中国帆船前来，葡萄牙人也运送印度、锡兰等地的物资到中国换取丝绸、瓷器及其他物产，但他们始终没有与中国建立直接的官方贸易关系，而是维持了近半个世纪的走私贸易。早期葡萄牙在东方进行的走私贸易基本上是在福建和浙江沿海。这一过程中，葡萄牙人和福建商人之间的合作日益加强，逐渐取代了明代前期琉球王国在东南亚地区贸易中的重要地位。① 葡萄牙人陆续在许多中国港口建立了贸易站：双屿、漳州月港和浯屿、南澳、上川及浪白澳等。② 近年上川岛花碗坪遗址发现大量的瓷器堆积，器物年代集中在正德至嘉靖年间，品种主要包括红绿彩瓷、青花红绿彩瓷和青花瓷等（见图5-5），有的器物底部还带有十字架形底款，这种十字架底款作为葡萄牙人的标志广泛出现在当时的葡萄牙钱币以及帆船上。结合文献记载，人们认定，上川岛是澳门正式开埠之前葡萄牙人在华的一处重要贸易据点。③ 说明葡萄牙人在以中国东南沿海为走私贸易据点时期已经开辟了一条

图5-5 广东上川岛花碗坪遗址出土的陶瓷器

资料来源：引自香港城市大学中国文化研究中心陶瓷下西洋研究小组《陶瓷下西洋——早期中葡贸易中的外销瓷》，香港城市大学出版社，2010，彩图7-14。

---

① 〔德〕普塔克：《明正德嘉靖年间的福建人、琉球人与葡萄牙人：生意伙伴还是竞争对手》，赵殿红译，钱江校注，《暨南史学》（第二辑），2003；刘淼：《明代前期海禁政策下的瓷器输出》，《考古》2012年第8期。
② 文德泉：《中葡贸易中的瓷器》，载吴志良主编《东西方文化交流国际学术研讨会论文选》，澳门基金会，1994；金国平：《南澳三考》，《西力东渐——中葡早期接触追昔》，澳门基金会，2000。
③ 黄薇、黄清华：《广东台山上川岛花碗坪遗址出土瓷器及相关问题》，《文物》2007年第5期。

景德镇瓷器的走私通道。里斯本及各地发现的绘有葡萄牙王室及贵族徽章、天球仪、耶稣会字母缩写等纹饰的中国青花瓷，就是最早按照欧洲订单烧制外销瓷的佐证之一。[①] 而上川岛发现的带有十字架底款的瓷器，无疑也是早期葡萄牙人的订制品。

马来西亚刁曼岛北部发现的"宣德号"沉船遗址中发现了170件中国青花瓷和30件泰国釉下彩绘瓷以及两尊葡萄牙风格的青铜炮（见图5-6），其中6件青花瓷器虽写有"宣德"年款，但出水瓷器的整体风格及其他遗物特征显示这应是1540年前后的一艘葡

图5-6 "宣德号"沉船出水的陶瓷器及铜炮

资料来源：引自"The Xuande Site (+/- 1540)," MaritimeAsia, http://www.maritimeasia.ws/exhib01/pages/p016.html。

[①] 林梅村：《澳门开埠以前葡萄牙人的东方贸易——15~16世纪景德镇青花瓷外销调查之二》，《文物》2011年12期；出川哲朗：《远渡西洋的中国和日本瓷器》，载《江户名瓷——伊万里展》，大阪市立东洋陶瓷美术馆，2012。

萄牙商船。[①]"宣德号"沉船的瓷器装饰仍大量继承正德时期瓷器纹饰密集而繁复的风格,只在少数瓷盘上表现出向疏朗过渡的趋势。[②]"宣德号"沉船正是16世纪中期葡萄牙商船在东亚海域从事走私贸易的直接证据。

[①] Roxanna Maude Brown, *The Ming Gap and Shipwreck Ceramics in Southeast Asia – Towards a Chronology of Thai Trade Ware* (The Siam Society under Royal Patronage, 2009), pp. 157 – 158.
[②] 王冠宇:《葡萄牙里斯本桑托斯宫藏中国外销瓷器》,载沈琼华主编《2012'海上丝绸之路——中国古代瓷器输出及文化影响国际学术研讨会论文集》,浙江人民美术出版社,2013。

第二节　16世纪后半期至17世纪初东亚海域沉船资料的考古发现

16世纪后半期至17世纪初期，东亚海域的贸易格局才发生了根本变化。继葡萄牙之后，西班牙、荷兰、英国等殖民者纷纷到来。华丽的丝绸和精美的瓷器吸引西方殖民者来到中国，并先后以澳门、马尼拉、巴达维亚、热兰遮为中心开展大规模的贸易活动。沉船资料所见瓷器，则进一步反映了这一时期的贸易盛况。

一　沉船资料的考古发现

属于这一时期的沉船资料广泛分布在中国东南沿海及东南亚地区海域。中国东南沿海有九梁沉船、南澳沉船、宝陵港沉船以及西沙海域的"北礁三号"沉船等；菲律宾海域分布有"圣迭戈号"（San Diego）沉船、"皇家舰长暗礁二号"（Wreck 2 of the Royal Captain Shoal）沉船等；越南海域有"平顺号"（Binh Thuan）沉船；马来西亚海域则有兴泰（Singtai）沉船、"万历号"（Wanli）沉船、哈彻沉船（Hatcher Junk）等。其中既有葡萄牙商船，也有西班牙帆船，更多的则是广泛分布于东南海域的中国贸易船，它们交织穿梭，构成这一时期中外海商共同主导的多航路多势力的贸易网络。

按时间顺序大致可将沉船资料分为以下四组。

（1）较早时期的沉船资料包括前面提到的福建平潭老牛礁沉

船、西沙海域"盘石屿1号"沉船、菲律宾海域的圣伊西德罗（San Isidro）沉船以及马来西亚海域的"宣德号"（Xuande）沉船和兴泰（Singtai）沉船。

发现于马来西亚海域的兴泰沉船属于中国南海船型，遗址中发现大量泰国陶瓷，和"宣德号"沉船所出非常相似，包括储藏罐和釉下黑彩执壶、盖盒、碗等（见图5-7）。[①] 年代几乎和"宣德号"沉船相同或略晚。

图5-7 兴泰（Singtai）沉船出水的陶瓷器

资料来源："The Singtai Ship（+/- 1550），" MaritimeAsia, http://www.maritimeasia.ws/exhib01/pages/p017.html。

这组沉船包括中国东南沿海船只、东南亚船只以及葡萄牙船只。从器物组合看，沉船中发现的器物以景德镇民窑生产的青花瓷为主，也有一定量的泰国釉下黑彩瓷器。圣伊西德罗沉船中还发现了华南漳州窑早期青花瓷器产品，绘画线条纤细，这种装饰的漳州窑青花瓷器在菲律宾[②]、印尼[③]等地都有发现。明代前期常见的青

---

① Roxanna Maude Brown, *The Ming Gap and Shipwreck Ceramics in Southeast China—Towards a Chronology of Thai Trade Ware* (The Siam Society under Royal Patronage, 2009), pp. 153-154.

② Kamer Aga-oglu, "Ming Porcelain From Sites In The Philippines," *Archives of the Chinese Art Society of America* 17 (1963): 7-19.

③ Sumarah Adhyatman, "Zhangzhou (Swatow) Ceramics: Sixteenth to Seventeenth Centuries Found in Indonesia," *The Ceramic Society of Indonesia* (1999): 42.

釉瓷器基本未见。我们将这一组沉船的时代定在 16 世纪 10~50 年代，即明正德晚期至嘉靖早中期。

（2）第二阶段的沉船资料包括中国广东海域发现的"南澳Ⅰ号"沉船、西沙海域发现的"北礁 3 号"沉船、泰国湾科拉德岛（Ko Kradat）沉船以及菲律宾海域发现的"皇家舰长暗沙二号"（Wreck 2 of the Royal Captain Shoal）沉船。

广东"南澳Ⅰ号"位于广东省汕头市南澳县云澳镇三点金海域，是一艘满载青花瓷器的沉船，广东省文物考古研究所、中国国家博物馆等单位对该沉船点进行过多次调查和发掘。[①] 出水遗物总计 12000 多件，其中绝大多数为瓷器，主要来自福建漳州窑系以及江西景德镇窑系，以青花瓷为主，包括大盘、碗、罐、杯、碟、粉盒、钵、瓶等器型（见图 5 – 8）。还有少量五彩瓷器以及青釉、白釉、青白釉产品。除瓷器外，还发现大量的铜板、铜钱、铁锅等金属器。船体纵向长度约 27 米，最宽的隔舱长 7.5 米。出土的瓷器、金属器等器物反映出明显的船货特征。瓷器又以漳州窑青花瓷为大宗，所以人们推测"南澳Ⅰ号"沉船的始发地极有可能是漳州月港。从沉船瓷器的特征分析，这应是一艘 16 世纪末至 17 世纪初的沉船，发掘者认为其年代为万历时期。[②]

[①] 广东省文物考古研究所、国家水下文化遗产保护中心等：《广东汕头市"南澳Ⅰ号"明代沉船》，《考古》2011 年第 7 期。

[②] 广东省文物考古研究所：《南澳Ⅰ号明代沉船 2007 年调查与试掘》，《文物》2011 年第 5 期。

图 5-8　"南澳 I 号"沉船出水的陶瓷器

资料来源：广东省文物考古研究所《南澳 I 号明代沉船 2007 年调查与试掘》，《文物》2011 年第 5 期。

海南文昌宝陵港海域的沉船遗址发现有成摞的铁锅、铜锣，间隙夹杂有瓷器、铜手镯、银锭、铜钱等，沉船出水的"永历通宝"铜钱说明沉船时代应为明末清初。①

历年的西沙水下考古工作也揭示了几批明末清初的沉船资料。其中"北礁 3 号"沉船遗址有大批青花瓷器出水，以碗、盘为主，还有碟、罐、器盖等（见图 5-9）。② 从产品特征看，既有江西景德镇窑产品，也有福建漳州窑产品。景德镇民窑产品多为青花碗，流行山水楼台、海马火焰、荷塘莲花、祥云飞禽、团螭、兰草等吉祥图案，为典型的嘉靖、万历时期风格。漳州窑的大盘则非常有特

---

① 中国历史博物馆水下考古学研究室：《海南文昌宝陵港沉船遗址》，《福建文博》1997 年第 2 期。
② 中国国家博物馆水下考古研究中心等编《西沙水下考古（1998~1999）》，科学出版社，2006，第 150~185 页。

点，装饰手法流行口沿一周锦地开光带饰，腹部留白，盘心装饰仙山楼台、双凤山水、荷塘芦雁、岁寒三友等图案。结合器底铭文"大明万历年制"及"丙戌年造"，可以推断沉船瓷器的制作年代应当在万历十四年（1586 年）前后。类似风格的器物还见于西沙"石屿 3 号"沉船和"华光礁Ⅳ号"沉船遗址。[①]

图 5-9　西沙"北礁 3 号"遗址出水的陶瓷器

资料来源：中国国家博物馆水下考古研究中心等编《西沙水下考古（1998～1999）》，科学出版社，2006。

1985 年，"环球第一"（World Wide First）探险队在菲律宾巴拉望海域打捞 1773 年沉没的英属东印度公司商船"皇家舰长号"沉船的过程中，意外发现了比它早 200 多年的明代沉船"皇家舰长

---

① 赵嘉斌：《2009～2010 年西沙群岛水下考古调查主要收获》，载吴春明主编《海洋遗产与考古》，科学出版社，2012。

暗沙二号"（Wreck 2 of the Royal Captain Shoal），沉船出水3700多件漳州窑生产的青花瓷及铜锣、铁棒、铜钱等器物（见图5-10），船货特征显示这是一艘万历年间（1573~1620年）的中国商船。[①]沉船出水瓷器和"南澳Ⅰ号"出水器物具有相似特征，如鸟纹杯在两艘沉船中都有发现，两船的时代乃至性质应当相近。

图5-10　"皇家舰长暗沙二号"沉船出水的陶瓷器

资料来源：引自 Franck Goddio, *Discovery and Archaeological Excavation of a 16th Century Trading Vessel in the Philippines* (World Wide First, 1988)。

这几艘明代晚期的沉船有很多共性：多为典型的中国商船，中国青花瓷器是它们的主要船货，包括景德镇较精细的民窑产品，更引人注目的是漳州窑青花瓷器的大量发现。

可与这组沉船资料进行比对的是一艘沉没于南加利福尼亚海岸的马尼拉帆船，结合器物特征及文献记载，人们推测它可能是1576年左右沉没的"圣菲利普号"（San Felipe）。[②]"圣菲利普号"沉船

[①] Franck Goddio, *Discovery and Archaeological Excavation of a 16th Century Trading Vessel in the Philippines* (World Wide First, 1988).

[②] Edward P. Von Der Porten, "Manila Galleon Porcelains on the American West Coast," *TAO-CI* 2 (2001).

出水1500多件器物，包括1183件瓷器，223件陶器以及铅块、蜂蜡等器物。出水瓷器中有一批精致的景德镇精细瓷器，为青花瓷及红绿彩瓷。其中鸟纹杯、螭龙纹碗、双凤纹碗、凤纹折沿盘等在"南澳Ⅰ号"沉船及"皇家舰长暗沙二号"沉船中都有发现，其流行的折枝花鸟、山水宝塔纹、蜂猴、兰草等吉祥纹饰也是"南澳Ⅰ号""北礁3号"沉船瓷器中常见的题材，为典型的嘉靖、万历时期景德镇民窑风格。在"南澳Ⅰ号"沉船、"皇家舰长暗沙二号"沉船上发现的大量重笔浓抹、装饰风格草率的漳州窑青花瓷器及贴花大陶罐在"圣菲利普号"沉船中也有一定发现。可见，这几艘沉船的时代不会相距太远。

这一时期流行一种折沿盘，也就是克拉克瓷分类研究中不带开光装饰的Ⅱ式盘（Maura Rinaldi）。[1] 它强调口沿和内底心的装饰，腹部纹饰往往简洁或留白。这种折沿盘在开埠后的澳门、葡萄牙科英布拉修道院遗址、嘉靖后期至隆庆（16世纪50~70年代）地层、桑托斯宫的收藏、"北礁3号"沉船遗址及稍后的沉船资料中均有发现（见图5-11），可见其流行时间较长。[2] "北礁3号"沉船遗址大量出水这种口沿有锦地开光风格带饰的瓷盘。但后期流行的典型开光装饰的克拉克瓷器还未大规模出现。"圣菲利普号"及"北礁3号"沉船遗址中均发现外壁简单开光装饰的大碗，如菱花口八卦火焰纹深腹碗、瓜棱大碗等，人们称之为初期或原始克拉克瓷器。

对比各种考古资料，我们将这一组沉船的时代定为16世纪60~80年代，即嘉靖晚期至万历前期。

（3）第三组沉船包括菲律宾海域的"圣迭戈号"（San Diego）沉船（1600年）、越南海域的"平顺号"（Binh Thuan）（1608年）

---

[1] Maura Rinaldi, "The History and Classification of Dishes," *Singapore National Museum* 8 (1986).

[2] 王冠宇：《葡萄牙里斯本桑托斯宫藏中国外销瓷器》，载沈琼华主编《2012'海上丝绸之路——中国古代瓷器输出及文化影响国际学术研讨会论文集》，浙江人民美术出版社，2013。

沉船、泰国湾的帕塔亚（Pattaya）沉船和"西昌岛一号"（Ko Sichang I）沉船。

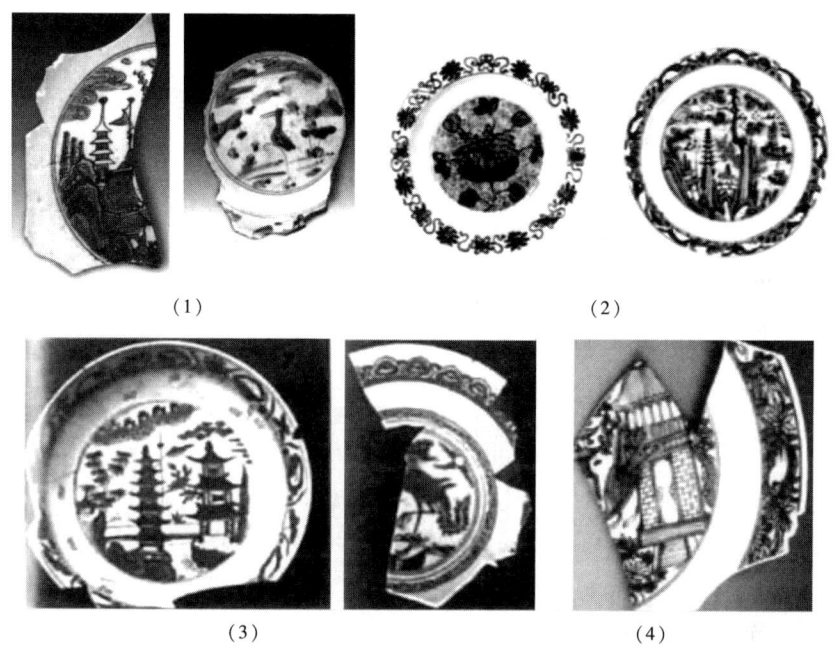

图 5-11 "北礁 3 号"出水的瓷器与比对标本

注：(1) 为"北礁 3 号"出水的瓷器，(2) 为桑托斯宫藏瓷器，(3) 为葡萄牙科英布拉修道院遗址出土的瓷器，(4) 为澳门出土的瓷器。

1992~1994 年，"环球第一"（World Wide First）探险队和菲律宾国家博物馆在吕宋岛西南端好运岛海域打捞了 1600 年沉没的西班牙战舰"圣迭戈号"（San Diego）。发现包括 5600 多件陶瓷器、2400 多件针对东南亚市场的金属制品及西班牙银币等在内的数万件文物。出水陶瓷器中，有 500 多件明代万历时期的青花瓷，器型有碗、碟、瓶、罐、大盘、盒等，还有中国、泰国、菲律宾等地生产的陶器（见图 5-12）。[①] 这批青花瓷中，出现了人们所说的"克拉

[①] Cynthia Ongpin Valdes, Allison I. Diem, *Saga of the San Diego* (AD1600) (National Museum, Inc. Philippines, 1993)；〔日〕森村健一：《菲律宾圣迭哥号沉船中的陶瓷》，《福建文博》1997 年第 2 期；吴春明：《近古欧亚航路网络中的沉船考古》，厦门大学人文学院历史系考古教研室等编《东南考古研究》（第三辑），2003。

克瓷"和"汕头器"品种。其中既有景德镇窑的产品,也有福建沿海的漳州窑产品。①

图 5-12 "圣迭戈号"沉船出水的陶瓷器

越南海域的"平顺号"(Binh Thuan)沉船,于 2001 年初在越南中南部平顺省沿海海域被发现并打捞。船体结构具有中国船只的特征,沉船长约 24 米,阔约 8 米,船舱分为 25 个狭窄的空间。船中装载的货物主要是铁锅和瓷器,铁锅为同一风格尺寸的平底锅。瓷器绝大多数为漳州窑的青花、五彩、素三彩器(见图 5-13),总数达 34000 多件。还有少量的龙泉青瓷、灰白釉的安平壶、蓝釉及酱色釉瓷器等。西方学者通过档案分析认为,"平顺号"可能是在 1608 年中国商人 I Sin Ho 为荷兰运载丝绸及其他中国货物到马来

---

① 福建省博物馆:《漳州窑——福建漳州地区明清窑址调查发掘报告之一》,福建省人民出版社,1997。

西亚柔佛的途中沉没于越南海域的。[1]

图 5-13 "平顺号"沉船出水的漳州窑陶瓷

资料来源：引自"Binh Thuan Wreck Details & Photos," MaritimeAsia, http://www.maritime-explorations.com/binh%20thuan%20art efacts.htm。

泰国湾发现的几艘明清时期沉船中，帕塔亚沉船和"西昌岛一号"沉船均出水有东南亚生产的陶瓷和万历时期的景德镇民窑青花瓷。[2]

这一阶段沉船瓷器组合中最典型的特征是开光装饰的克拉克瓷器被大量发现，同时出水的克拉克瓷风格的器物在漳州窑大量生产，漳州窑红绿彩瓷器也非常盛行。出水类似风格器物的沉船还有西非港口的"毛里求斯号"（Mauritius）（1609年）、非洲东海岸的"白狮号"（Witte Leeuw）（1613年）和印度"班达号"（Banda）

---

[1] Michael Flecker, *The Binh Thuan Shipwreck Archaeological Report* (Christie's Australia, Melbourne, 2004).

[2] Jeremy Green and Vidya Intakosai, "The Pattaya Wreck Site Excavation," Thailand, An Interim Report, *IJNA* 12 (1983): 3-13; Jeremy Green, Rosemary Harper and V. Intakosi, "The Kosichang One Shipwreck Excavation 1983~1985," A Progress Report, *IJNA* 15 (1986).

(1615年)等,多为荷兰东印度公司商船。① 这些沉船中均发现景德镇生产的精美克拉克瓷,多为盘、碟、碗、折沿盆、瓶等,中心装饰为鹿纹、虫草纹、杂宝纹等。除景德镇精细瓷器外,往往还伴有少量漳州窑瓷器。

我们将这一组沉船的时代定在16世纪90年代至17世纪20年代,即明代万历晚期至天启年间。

(4)第四组沉船包括我国福建平潭海域发现的"九梁一号"沉船,马来西亚海域发现的"万历号"(Wanli)沉船和南海海域的哈彻沉船(Hatcher Junk)。

"九梁一号"沉船遗址位于福建平潭屿头乡碗礁海域,于2006年、2008年进行了两次水下调查,发现成堆的白釉罐(安平壶)及青花瓷器,这些青花瓷器多为景德镇生产的克拉克瓷(见图5-14)。由于没有进行正式发掘,所以只打捞了部分标本。白釉器除一件碗外,其余均为白釉罐(安平壶),还有蓝釉高足杯及圈足杯,青花釉里红圈足小碗,青花杯、葫芦瓶、盘、将军罐、军持、笔筒、碗等。部分青花瓷碗底有"成化""永乐""嘉靖""万历""片玉"等年款或铭文。除了开光装饰的青花大碗、大盘,还大量出现山水、人物等文人风格浓厚的过渡期风格瓷器,有的青花碗上书"赤壁赋"文字,还见青花釉里红绘折枝花卉小盏等。② 器物具有明末崇祯时期风格。《安海志》卷十一《物类·上货》载:"瓷器,自饶州来。福州乡人由福州贩而之安海,或福州转入月港,由月港而入安海。近年月港窑仿饶州而为之,稍相似而不及其雅。"福建平潭"九梁一号"沉船瓷器的出水也证明江西瓷器沿闽江水系经福州集散出海的传统路线,由宋元时期一直延续到明清时期。

---

① 范梦园:《克拉克瓷研究》,博士学位论文,香港中文大学,第21~27页。
② 福建沿海水下考古调查队:《福建平潭九梁一号沉船遗址水下考古调查简报》,《福建文博》2010年第1期。

图 5-14 福建平潭"九梁一号"沉船遗址出水的陶瓷器

资料来源：引自栗建安《闽海钩沉——福建水下考古发现与研究二十年》，中国国家博物馆水下考古研究中心编《水下考古学研究》（第一卷），科学出版社，2012。

马来西亚海域打捞的"万历号"沉船船身很小，长度在 18 米左右，结构属于欧洲设计，但使用的是菲律宾和印度所产木材。打捞出水 10 吨破碎瓷器，完好的瓷器有几千件，绝大多数为景德镇生产的克拉克瓷，最常见的器型为盘，此外还有碗、葫芦形瓶、罐、瓶形器、军持、盖盒及盖罐等（见图 5-15）。沉船中还出水了雕刻有天主教十字架的象牙和两个葡萄牙家族徽章的方瓷瓶碎片，考古学家据此推测"万历号"可能是一艘葡萄牙帆船，因遭到荷兰船只袭击、劫掠而沉没。"万历号"由于发现了带有天启年间（1621~1627 年）过渡期风格的器物，推测其沉船时期为天启年间。[①] 当时葡萄牙人经常使用这种小型船只从事贸易。"万历号"

[①] 刘越：《曾经沉睡海底的瓷珍——"万历号"和它的"克拉克瓷"》，《紫禁城》2007 年第 4 期。

是迄今为止发现克拉克瓷数量最多的沉船遗址。与其相似的器物在非洲东海岸的荷兰东印度公司"白狮号"沉船（1613年）、印度毛里求斯岛海域的班达"沉船号"（1615年）中都有发现。"万历号"是这一时期中国瓷器对外贸易的又一证明。

图 5-15 "万历号"沉船出水的青花瓷器

资料来源：引自 Nanhai Marine Archaeology Sdn. Bhd., http://www.ming-wrecks.com/Photopage.html。

20世纪80年代，荷兰商人哈彻（Michael Hatcher）在南海海域距印尼槟坦岛（Bintan）12海里处发现一艘中国平底帆船，打捞出水约25000件中国瓷器，其中景德镇青花瓷占绝大多数，包括2600件明末万历、天启时期的克拉克瓷器和大量过渡期或转变期的青花瓷，少量德化白釉瓷和品质较差的浙江青瓷，少量漳州窑瓷器及单色釉瓷器（见图5-16）。此外，还发现荷兰的锡罐及芥末瓶等其他少量欧洲器物，以及猫形灯、盘口军持等罕见器物，一些瓷器器型具有康熙时期的风格。根据船上出水器物风格及瓷器上的"癸未"年款,可以推测沉船时间为 1643~1646 年,可能为一艘在本地贸易的船只,或是荷兰东印度公司授权航行的中国帆船。① 从沉船出水的瓷器品种判断,其最终目的地当是欧洲。

---

① Colin Sheaf & Richard Kilburn, *The Hatcher Porcelain Cargoes* (Phaidon·Christie's, Oxford, 1988).

图 5-16 哈彻沉船出水陶瓷器

资料来源：引自 Colin Sheaf & Richard Kilburn, *The Hatcher Porcelain Cargoes* (Phaidon·Christie's, Oxford, 1988)。

这组沉船出水的瓷器仍以青花瓷器为主。但从装饰风格看，明显包含两种。一种是前期已经非常流行的有开光装饰的克拉克瓷器，依旧盛行且比重不小。特别是"万历号"沉船出水的克拉克瓷器，被认为是目前发现数量最多的一批。另一种是文人风格的装饰瓷器，即人们所称的"过渡期"或"转变期"（the transitional period）风格器物，越向后发展，其所占比重越大。我们将这组沉船的时代定在17世纪30~50年代。

二 沉船资料分析

第一组沉船资料（16世纪20~50年代）包括中国东南沿海船只、东南亚船只以及葡萄牙船只。沉船出水瓷器仍以景德镇民窑生产的青花瓷器为主，还包含一定数量的泰国生产的釉下黑彩瓷器，明前期常见的青釉瓷器基本消失。青花瓷器的装饰风格出现了由密集繁复向简洁疏朗过渡的趋势。

这一阶段是西方人到达东亚海域的初期。16世纪初，葡萄牙人使用武力先后在印度果阿、东南亚马六甲等地建立贸易据点，参与到亚洲的贸易中。精美的丝织品和瓷器进一步将欧洲人吸引到中国，但在早期特别是正德时期以前，他们并没能和中国官方建立起直接的贸易联系，而是在浙江双屿、漳州的月港和梧屿、广东南澳、上川及浪白澳等港口建立贸易站，同中国东南海商进行了长达近半个世纪的走私贸易。[1] 近年广东上川岛花碗坪遗址发现了大量青花瓷和红绿彩瓷堆积，瓷器年代集中在正德至嘉靖时期，结合文献记载人们认定上川岛是澳门正式开埠之前，葡萄牙人在华的一处重要贸易据点。[2] 而"宣德号"沉船则是澳门开埠之前葡萄牙商船

---

[1] 文德泉：《中葡贸易中的瓷器》，载吴志良主编《东西方文化交流国际学术研讨会论文选》，澳门基金会，1994；金国平：《南澳三考》，《西力东渐——中葡早期接触追昔》，澳门基金会，2000。

[2] 黄薇、黄清华：《广东台山上川岛花碗坪遗址出土瓷器及相关问题》，《文物》2007年第5期。

在东亚海域从事走私贸易的直接证据。走私贸易过程中,葡萄牙人和中国东南海商特别是福建商人的合作日益加强①,逐渐取代了明代前期琉球、满剌加等在东南亚地区贸易中的重要地位,原有的南海贸易格局逐渐被打破。"每年三、四月东南风汛时,葡萄牙商船自海外趋闽,抛泊于旧浯屿,然后前往月港发货,或引诱'漳泉之贾人前往贸易焉'。"②漳州窑早期青花瓷器的出现及其在东南亚地区的销售或许就体现了这种变化过程。

第二组沉船资料(16世纪60~80年代)出水的船货中,仍以青花瓷器比例最高,且数量庞大。其中包含一定数量的景德镇产精细瓷器,流行吉祥动物(龙、凤、鹿、猴、云鹤、水禽等)、文字配以山石松木、花果背景,或描绘山水楼阁、植物花卉等中国传统纹饰,逐渐代替之前中东市场喜爱的缠枝花卉纹样,说明适应新的欧洲市场的瓷器风格开始出现。但后期广泛运销欧洲市场的绘有典型开光装饰的克拉克瓷器还未大规模出现。这一时期更为突出的特征是漳州窑瓷器的大量生产及运销。"南澳Ⅰ号"沉船以及"皇家舰长暗礁二号"沉船出水的船货主要是漳州窑产品,并且采用粗犷的重笔浓墨的绘画风格,结合窑址考古资料可知此类产品主要来自漳州二垅窑。③ 这种风格的漳州窑产品在菲律宾、印度尼西亚等东南亚地区有广泛出土。

此阶段是1557年葡萄牙人获准以澳门作为贸易据点进行大规模全球贸易的开始。澳门成为远东最大的商品集散地,东非的象牙、犀角,印度的棉织品、东南亚的胡椒等都被运到澳门,用以在广州的交易会上换取丝绸和瓷器。葡萄牙人于1543年到达日本,成为中日贸易的主要中介人并大力发展中日贸易。当时葡萄牙人从

---

① 〔德〕普塔克:《明正德嘉靖年间的福建人、琉球人与葡萄牙人:生意伙伴还是竞争对手》,赵殿红译,钱江校注,《暨南史学》(第二辑),2003。
② 廖大珂:《朱纨事件与东亚海上贸易体系的形成》,《文史哲》2009年第2期。
③ 福建省博物馆:《漳州窑》,福建人民出版社,1997,第69~91页。

事贸易所需的资金主要是通过亚洲间贸易获得的，利用对日贸易中赚取的白银在广州购买更多丝绸和瓷器运到澳门，再销往东南亚和欧洲。当时东亚地区的商品中，丝绸"主要运往印度、中东和欧洲市场"，瓷器则"主要在占婆、暹罗、文华和印度尼西亚等东南亚港口进行交易。更精细的瓷器则经霍尔木兹海峡运到印度和波斯，还有一部分运到了东非，但最好的是运往里斯本市场"。[①] 体现了分层贸易策略和在亚洲进行转口贸易的情况。

这一时期，西班牙横渡大西洋占领墨西哥后，又横跨太平洋到达菲律宾，建立殖民统治，并于1571年占领马尼拉。因为菲律宾自身并没有多少可供贸易的物资，西班牙的货物主要依赖中国商人供应，他们很快与中国商人建立起贸易往来。西班牙统治者曾积极鼓励中国商船到马尼拉贸易。1574年拉未沙礼士写信给西班牙国王说："由于我们的热情接待，中国人每年不断地增加他们的贸易，带来许多货物供应我们，如糖、大小麦粉、坚果、葡萄干、梨和桔子、丝、上等瓷器和铁，以及我们在此缺乏的其他小物品。"[②] 跨太平洋的马尼拉帆船贸易逐渐形成。这一阶段是西班牙帆船贸易的初期。通过葡萄牙、西班牙贸易销往欧洲的瓷器以景德镇所产优质瓷器为主，做工较粗糙的漳州窑产品则主要用于葡萄牙的亚洲转口贸易。

丰富的沉船资料及成批船货的发现也揭示了中国东南海商势力的进一步发展及其在海上贸易中的活跃。隆庆元年（1567年）月港的开放，使得闽南海商有了合法出洋贸易的机会。及至澳门开埠，闽粤商人更是"趋之若鹜"。[③] 受西方商人贸易的刺激，嘉靖、万历时期中国东南地区的私人海外贸易更为发达，几乎遍及闽浙沿

[①] 文德泉：《中葡贸易中的瓷器》，载吴志良主编《东西方文化交流国际学术研讨会论文选》，澳门基金会1994，第211~212页。
[②] 转引自李金明《明代海外贸易史》"西班牙殖民者在马尼拉的大帆船贸易"，中国社会科学出版社，1990，第189页。
[③] 樊树志：《晚明史》（上卷），复旦大学出版社，2003，第14页。

海，甚至出现了以林凤、李旦、郑芝龙等巨头为首的武装集团，他们往往拥有庞大的资产、船队与武装力量，活跃在北到日本、南到东南亚的海域上。他们作为环中国海域的主人，在早期西方人的转口贸易中占有举足轻重的作用。月港兴起及东南海商贸易的活跃进一步带动了中国沿海一批农副产品及手工业的生产，漳州窑的兴起即是其中的一个代表。

第三阶段沉船资料（16世纪90年代至17世纪20年代）最显著的特征是绘有典型开光装饰的克拉克瓷器的盛行。考古资料显示这种具有典型意义的克拉克瓷器在16~17世纪的过渡时期大量出现，并在17世纪前半期迅速流行，成为外销欧洲的主要产品。这与克拉克瓷器成为17世纪早期荷兰静物画常见题材的现象相吻合。

此阶段的沉船资料显示了葡萄牙主导下亚洲贸易的持续繁荣。从16世纪中期一直到17世纪早期，葡萄牙人基本上垄断了东亚的贸易航线。目前，在澳门的城市建设遗址中发现大量明末清初的外销瓷标本，其中绝大多数为典型的克拉克瓷器。[1] 在果阿等港口考古遗址及沿岸葡萄牙沉船中均发现景德镇青花瓷器。[2] 葡萄牙人占领东非以后，摧毁了当地几百年来形成的贸易城邦，建立起自己的贸易体系。东非肯尼亚的格迪古城遗址出土的中国瓷器也代表了16~17世纪葡萄牙人在东非贸易的情况。[3] 位于里斯本的桑托斯宫的葡萄牙王室的藏品及博物馆的传世品中均保存有大量证据。1604年满载胡椒、丝绸和上等瓷器从东方返回欧洲的途中沉没于里斯本的葡萄牙胡椒贸易船"Nossa Senhora dos Martires"号真实再现了这

---

[1] 刘朝晖、郑培凯：《澳门出土的克拉克瓷器及相关问题探讨》，载《逐波泛海——十六至十七世纪中国陶瓷外销与物质文明扩散国际学术研讨会论文集》，香港城市大学中国文化中心，2012。

[2] Sila Tripati, "Study of Chinese Porcelain Sherds of Old Goa, India: Indicators of Trade Contacts," *Man Environ* 36 (2011): 107-116.

[3] 刘岩等：《肯尼亚滨海省格迪古城遗址出土中国瓷器》，《文物》2011年第11期。

一过程。①

马尼拉帆船贸易也进一步繁荣起来，除了前面提到的"圣迭戈号"沉船，在旧金山以北的德雷克斯海湾（Drake's Bay）附近的印第安人贝冢中发掘出和"圣迭戈号"沉船出水瓷器一样的克拉克瓷器及漳州窑产品。② 近些年在墨西哥、秘鲁、利马等拉美地区考古遗址中也不断有中国明清陶瓷片出土。从16世纪后期开始，中国瓷器随着马尼拉帆船大量销往拉美，最早在巴西的上层殖民者家庭中广泛使用，后来逐步扩大到墨西哥和南美的广大地区，使用人群也从上流社会普及到一般民众。③ 输入到拉丁美洲的明清陶瓷除一部分为景德镇所产优质克拉克瓷外，还有很大一部分是华南窑口的产品。

这一时期，另一个有力的竞争者荷兰东印度公司到达东亚海域。明代晚期，凭借更强大的坚船利炮，荷兰与西班牙、葡萄牙等国开展了激烈的斗争，争夺海上霸权。16世纪末至17世纪初，荷兰东印度公司先后在万丹、日本平户、北大年及印度沿岸的许多港口建立了一系列商馆，并以这些商馆为基础逐步建立起完善的贸易体系。④ 印度洋航线上荷兰沉船的大量发现也揭示了荷兰贸易势力在亚洲崛起的过程。但这一阶段的荷兰人在亚洲的贸易并不稳定，多为被动等待华商远道而来运送中国货物，或是以武力劫夺西、葡

---

① Filipe Castro, "The Pepper Wreck: Nossa Senhora dos Martires, Lisbon, Portugal," in George F. Bass, ed., *Beneath The Seven Seas: Adventures With the Institute of Nautical Archaeology* (London: Thames & Hudson Ltd, 2005), pp. 148 – 151.

② Clarance Shangraw and Edward P. Von der Porten, *The Drake and Cermeno Expeditions' Chinese Porcelains at Drake's Bay, California 1579 and 1595* (Santo Rosa Junior college, Drake Navigator Guild, California, 1981).

③ George Kuwayama, "Chinese Ceramics in Colonial Latin America," A Dissertation Submitted in Partial Fulfillment of the Requirement for the Degree of Doctor of Philosophy (History of Art) in The University of Michigan, 2002.

④ 林琳：《17 – 18世纪荷兰东印度公司瓷器贸易研究》，硕士学位论文，浙江师范大学，2007，第9页。

船只以获得中国陶瓷等货物。①

月港开放使闽南商人在合法贸易中占得先机，尤其是对马尼拉的贸易，最有利可图，几乎为闽南海商独据。从马尼拉回国的中国帆船，除银元外几乎别无他物，因此，朝廷对前往吕宋贸易的商船返航时征150两银"加增饷"②。大量西班牙银元输入闽南、粤东地区并在民间广泛流通，对中国东南沿海一带的社会经济发展起到了很大的促进作用。崇祯时期，给事中傅元初曾说海外之夷"大西洋则暹罗、柬埔诸国，其国产苏木、胡椒、犀角、象牙诸货物，是皆中国所需。而东洋则吕宋，其夷佛郎机也，其国有银山，夷人铸做银钱独盛。中国人若往贩大西洋，则以其产物相抵；若贩吕宋，则单得其银钱。是两夷者，皆好中国绫缎杂缯……而江西磁器、福建糖品、果品诸物皆所嗜好"。③

海外贸易的兴盛进一步促进了漳州窑瓷器的生产。越南海域的"平顺号"沉船就是满载漳州窑产品的中国商船。漳州窑产品在"圣迭戈号"沉船中与景德镇窑产品共存。在印度洋航线上属于这一时期的荷兰沉船中，除了有景德镇生产的克拉克瓷，也发现少量的漳州窑产品，说明漳州窑产品也销售到欧美地区。但漳州窑瓷器主要还是在日本和菲律宾、印尼、越南等东南亚地区广泛出土，表明亚洲是其主要的消费市场。明末景德镇制瓷业因原料危机及政治动荡处于减产时期，沿海的漳州窑成为替代景德镇瓷器的生产基地。④

第四组沉船资料（17世纪30～50年代）出水青花瓷器中克拉克瓷器仍占据着较大的比重。特别是"万历号"沉船出水瓷器，被

---

① 卢泰康：《从台湾与海外出土的贸易瓷看明末清初中国陶瓷的外销》，载《逐波泛海——十六至十七世纪中国陶瓷外销与物质文明扩散国际学术研讨会论文集》，香港城市大学中国文化中心，2012，第242页。

② （明）张燮：《东西洋考》卷七"饷税考"，北京：中华书局，2000，第132页。

③ 《清一统志台湾府》（台湾文献丛刊第六八种）附录"崇祯十二年三月给事中付元初请开洋禁疏"，第五四页。

④ 甘淑美：《荷兰的漳州窑贸易》，《福建文博》2012年第1期。

认为是目前发现数量最大的一批克拉克瓷器,从发现的地点看,应是运往欧洲的。巴达维亚的荷兰东印度执行官在于1639年春写给荷兰商人的信中提道"我们想从你们那里得到器型完美、装饰精美的克拉克瓷器"①,可见当时绘有开光装饰的克拉克瓷仍是欧洲人非常喜爱的瓷器品种。

但在"万历号"沉船、福建平潭"九梁一号"沉船及哈彻沉船中都发现了另一类装饰有中国传统题材的瓷器,如诗词文字、人物故事、山水画、小说戏曲的版画插图等内容。同时还发现了适应欧洲人日常饮食习惯的器具。据文献记载,17世纪30年代荷兰东印度公司开始订购各种欧洲日常用器,包括盐台、冷却器、壶、马克杯、芥末瓶以及大盘等,订制这些物品的木质模型是在台湾制作的,造型多仿锡制品或银制品、玻璃器皿,大部分绘有各种中国人物。与此同时,欧洲人也沉醉于中国风格的装饰,荷兰东印度公司曾坚持要求订制"中国风格及中国风俗装饰"的瓷器,并且进一步提出"荷兰绘画、花卉及叶形装饰等要完全摒弃,因为它们并不是异域风格且奇特的"。② 荷兰东印度公司1636年的记录中就出现了"新品种瓷器"和"旧品种瓷器"的记载,台湾学者卢泰康认为所谓的"新品种瓷器"指的就是这类景德镇民窑创新生产的"转变期瓷器",区别于之前盛行的克拉克瓷。③

这一时期主要是荷兰东印度公司主导的亚洲贸易,葡萄牙人被一步步逐出了亚洲市场。这一阶段也是中国陶瓷大规模输出的重要时期。自西方人到来,精细的景德镇瓷器开始流向欧洲市场,但主要作为奢侈品在上层社会流行。直到16世纪初期,欧洲航线上的

---

① 莫拉·瑞纳尔迪(Maura Rinaldi):《克拉克瓷器的历史与分期》,曹建文等译,《南方文物》2005年第3期。
② Clare Le Corbeiller and Alice Cooney Frelinghuysen, "Chinese Export Porcelain," *The Metropolitan Museum of Art Bulletin* 60 (2003): 8 – 11.
③ 卢泰康:《从台湾与海外出土的贸易瓷看明末清初中国陶瓷的外销》,载《逐波泛海——十六至十七世纪中国陶瓷外销与物质文明扩散国际学术研讨会论文集》,香港城市大学中国文化中心,2012,第245页。

沉船瓷器数量都不多，甚至不是船货的主体，而且早期荷兰东印度公司商船的货物清单也显示并非所有返荷的商船都会带回大量陶瓷器。瓷器真正大规模运销当是17世纪30年代荷兰人在台湾的贸易稳定之后。荷兰东印度公司采用针对不同市场行销的策略，往往依照特定地区的品位订制中国瓷器。在台湾甚至出现了专业的瓷货代理商，荷兰人同这些瓷货代理商直接接触，并以特定样品订单订制符合欧洲、波斯、印度等市场需要的瓷器，以精美的景德镇瓷器为主。同时还将"粗制瓷器"漳州窑产品运销东南亚各岛之间从事"岛间贸易"或是在亚洲境内各港埠间进行"港脚贸易"。[1] 福州、厦门、安海都是这一时期向台湾运送陶瓷的主要港口。

1657年被认为是以欧洲为市场的精美明代景德镇瓷器航运的终结。因为明末郑成功的驱荷战争、明清政权的交替及清初海禁政策的实施，荷兰东印度公司的贸易转向了日本，意味着其在亚洲第一个贸易时期的结束。

---

[1] 卢泰康：《从台湾与海外出土的贸易瓷看明末清初中国陶瓷的外销》，载《逐波泛海——十六至十七世纪中国陶瓷外销与物质文明扩散国际学术研讨会论文集》，香港城市大学中国文化中心，2012，第246页。

第三节 16世纪后半期至17世纪初期东亚海域的贸易格局

一 葡萄牙人经营的以澳门为中心的贸易

1557年葡萄牙人获准把澳门作为贸易据点，集中于广州的贸易合法化，于是开始了大规模的环球贸易。16世纪中期至17世纪早期，葡萄牙人基本上垄断了远东的贸易航线，他们以澳门为基地、以中国为中心，在东亚海域进行着三角贸易。当时葡萄牙人从事贸易所需要的资金主要是通过亚洲内部的贸易获得的，特别是利用中国和日本白银的差价，从事对日贸易。卖往日本的商品主要是生丝，还有各式各样的空瓷瓶、麝香、药品及质地较粗糙的瓷盘等。[1] 葡萄牙人利用对日贸易中赚取的白银在广州购买更多的丝绸和瓷器运到澳门，再销往东南亚和欧洲。当时远东地区的商品中，丝绸"主要运往印度、中东、欧洲市场"，瓷器主要在东南亚港口进行贸易，"更精细的则通过霍尔木兹海峡运到印度和波斯，还有一部分运到了东非，但最上好的则是运往里斯本市场"。[2] 澳门成为东亚地

---

[1] 文德泉：《中葡贸易中的瓷器》，载吴志良主编《东西方文化交流国际学术研讨会论文选》，澳门基金会，1994。

[2] 文德泉：《中葡贸易中的瓷器》，载吴志良主编《东西方文化交流国际学术研讨会论文选》，澳门基金会，1994。

区最大的商品集散地，东非的象牙、犀角，印度的棉织品，东南亚的胡椒等都被带到这里，以便在广州的交易会上换取丝绸和瓷器。

澳门的考古发掘工作已经陆续出土了一批明代晚期以来的外销瓷器。大三巴（圣保禄教堂）遗址发现了大量的陶瓷遗物。圣奥斯丁教堂古井中也出土了一部分明代晚期的外销瓷碎片，其中包括万历时期典型的克拉克瓷器（见图5-17）。[1] 在澳门的城市建设中也不断有明末清初的瓷器出土，据澳门艺术馆馆长卢大成先生考证，这些瓷器大部分来自以前澳门的北湾地区，也就是澳门的葡萄牙人聚居和北上广州交易的港口。[2] 果阿作为澳门到欧洲的中转站，曾经起到重要作用，"在果阿的皇家医院里使用的所有陶瓷制品都是中国瓷器"。[3] 东非的肯尼亚格迪古城遗址出土的中国瓷器也反映了16世纪葡萄牙人的贸易情况。葡萄牙人占领东非以后，摧毁了当地的一些贸易城邦，建立起自己的贸易体系。肯尼亚格迪古城遗址发现的明代晚期中国瓷器主要是景德镇生产的青花瓷（见图5-18），包括长命富贵铭青花碗及以鹿、鸟、松、石为主题的克拉克瓷盘等，时代多为嘉靖晚期至万历时期。[4] 位于葡萄牙里斯本的桑托斯宫一个房间的屋顶上装饰有260件中国瓷盘，其中最早的为正德年间的4个瓷盘，还有嘉靖、万历以及清代康熙时期的制品。除了少量清代早期的瓷器为后来购入外，绝大多数是1613年以前葡萄牙王室的收藏，其中不乏嘉靖年间所制。这些制品与澳门发现的同时期瓷器有很多相似的款式，从一个侧面印证了从澳门到里斯本的瓷器贸易路线。

---

[1] 张柏主编《中国出土瓷器全集》（10），科学出版社，2008，图231～图234。
[2] 范梦园：《克拉克瓷研究》，博士学位论文，香港中文大学，2010，第31页；刘朝晖：《澳门发现的克拉克瓷》，载香港城市大学中国文化研究中心陶瓷下西洋研究小组《陶瓷下西洋——早期中葡贸易中的外销瓷》，香港城市大学出版社，2010。
[3] 万明：《明代青花瓷西传的历程：以澳门贸易为中心》，《海交史研究》2010年第2期。
[4] 刘岩等：《肯尼亚滨海省格迪古城遗址出土中国瓷器》，《文物》2011年第11期。

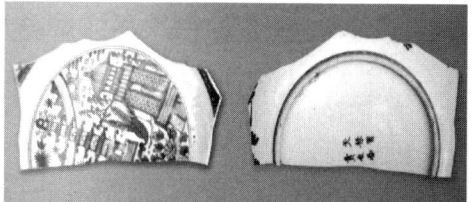

图 5-17　澳门城市遗址出土的中国陶瓷

资料来源：引自香港城市大学中国文化研究中心陶瓷下西洋研究小组《陶瓷下西洋——早期中葡贸易中的外销瓷》，香港城市大学出版社，2010，彩图。

图 5-18　东非肯尼亚格迪古城遗址发现的明晚期瓷器

资料来源：引自刘岩等《肯尼亚滨海省格迪古城遗址出土中国瓷器》，《文物》2011年第11期。

17世纪初葡萄牙逐渐丧失其在东方属地的主控权，大部分贸易落入荷兰人之手，但是，葡萄牙人在澳门的地位却始终相当稳固。马来西亚海域的"万历号"沉船中，发现了迄今为止数量最多的克拉克瓷，再次证明了17世纪葡萄牙经营的澳门贸易中瓷器贸易之盛。

二 西班牙经营的跨太平洋的马尼拉帆船贸易

西班牙是从本土向西，横渡大西洋占领美洲殖民地后，从墨西哥的阿卡普尔科向西航行，横跨太平洋到达菲律宾地区的，并逐步开辟了以马尼拉为基地、向中国东南沿海地区扩张的贸易航线，构筑起从福建海澄县的月港至马尼拉的线路。在这条由西班牙人控制的航线上开展的贸易活动被称为"马尼拉帆船贸易"。西班牙人在菲律宾建立殖民统治后，因为菲律宾本地并没有多少可供贸易的物资，货物主要依赖中国商人供应，所以这一贸易又被称为中国的帆船贸易。西班牙学者在这一时期中国商人携往马尼拉的货物清单中发现，当时的贸易就是以丝绸、各式精美瓷器等商品为主的。[1] 在菲律宾的马尼拉港口附近、美洲的一些港口以及相关的太平洋航线上不断有沉船瓷器出水。"圣迭戈号"沉船代表了这一时期马尼拉大帆船贸易的盛况。

三 荷兰东印度公司以巴达维亚和台湾为中心的贸易圈

这一时期，到达东亚海域的另一个强有力的竞争者就是荷兰东印度公司。荷兰东印度公司建立于16～17世纪的欧洲大航海时代，荷兰国家议会授权荷兰东印度公司贸易垄断权，从国家层面支持其海外贸易。明代晚期，荷兰与西班牙、葡萄牙、英国、法国等开展了争夺海上霸权的激烈斗争，最终夺得了西太平洋的海上霸主地位。

1602年荷兰东印度公司成立，并于1602年、1603年先后截获两艘葡萄牙商船，所获大量瓷器在欧洲拍卖，引起轰动，促使荷兰东印度公司开始大规模经营亚洲到欧洲的瓷器贸易。16世纪末至17世纪初，荷兰东印度公司先后在万丹、平户、北大年及印度沿岸的许多港口建立一系列商馆，并以这些商馆为基础逐步建立并完善

---

[1] 张世钧：《中国瓷器在拉美殖民地时期的传播》，《黔东南民族师专学报》（哲社版）1995年第1期。

其瓷器贸易体系。① 荷兰人于1619年占领巴达维亚作为基地开展与中国的贸易，1624年又抢占台湾建立热兰遮城，开辟赤嵌港（Zeelandla），并以台湾为据点，进行大规模的瓷器贩运（台湾荷兰旧城出土的瓷器见图5-19）。与此同时，荷兰也成为葡萄牙在东方贸易中的劲敌，并一步步将葡萄牙逐出亚洲市场。17世纪20年代后期开始，葡萄牙与日本的贸易日益萎缩，荷兰对日贸易日益频繁，并于1639年垄断了欧洲的对日贸易，结束了葡萄牙控制长达一个世纪的澳门至长崎的贸易。之后荷兰还封锁果阿、夺取马六甲。1641年马六甲的陷落，标志着葡萄牙在亚洲势力的衰微。②

图5-19 台湾风柜尾荷兰旧城（1622~1624年）出土的中国陶瓷
资料来源：引自卢泰康《17世纪台湾的外来陶瓷——透过陶瓷探讨台湾历史》，花木兰文化出版社，2013。

关于荷兰东印度公司运载瓷器的具体情况，其档案材料中都保存有贸易记录，荷兰学者佛尔克的《瓷器与荷兰东印度》一书曾对荷兰东印度公司的档案进行过系统的整理。该书对于各港口起航的船只数量、运载的瓷器量及品种都有详细记载。经过统计分析，17世纪上半叶荷兰东印度公司的瓷器贸易可分为两个阶段：1604~1620年，以巴达维亚为贸易总部进行瓷器交易，获取瓷器的方式主要是通过中国船只将瓷器运往巴达维亚，这一时期欧洲市场对中国

---

① 林琳：《17-18世纪荷兰东印度公司瓷器贸易研究》，硕士学位论文，浙江师范大学，2007，第9页。
② 林琳：《17-18世纪荷兰东印度公司瓷器贸易研究》，硕士学位论文，浙江师范大学，2007，第8页。

瓷器的需求仍处于初始阶段,大部分中国瓷器仅供给少数皇室贵族日常使用;1622~1654年,荷兰人以台湾为基地进行瓷器贸易,凭借地理优势和对欧洲市场潜力的大力挖掘,荷兰进口中国瓷器达到高峰期,每年有大量船只往返于台湾、巴达维亚和荷兰,每艘船每次返航时都会运输数万件瓷器,而荷兰每年运往欧洲和亚洲各地的瓷器总数量都在几十万件以上。[①]

这一时期的沉船资料反映了荷兰东印度公司的贸易情况。

1613年沉没于大西洋圣赫勒拿岛附近的"白狮号"(Witte Leeuw)沉船为荷兰东印度公司的商船,它从印尼的万丹返回荷兰途中与两艘葡萄牙商船在南大西洋相遇,在战斗中发生爆炸而沉没。船上陶瓷(见图5-20)的数量颇为可观,包括290件完整器物和重达200~300公斤的碎瓷片。"白狮号"上的陶瓷货物主要是克拉克瓷,包括大小盘、碟、折沿盆、碗、酒壶、带盖盒等。除景德镇精细瓷器外,还有漳州窑瓷器出水。[②]

图5-20 "白狮号"沉船出水的陶瓷器

---

① 陈玉芳:《16至18世纪中西贸易中的外销瓷》,硕士学位论文,东北师范大学,2010,第33~38页。
② 范梦园:《克拉克瓷研究》,博士学位论文,香港中文大学,2010,第25页。

同时代的荷兰东印度公司沉船在印度及非洲沿岸也曾被发现。在印度毛里求斯岛附近发现了"班达号"（Banda）沉船，为荷兰东印度公司商船，从属于由万丹驶往荷兰港口的船队，于1615年3月沉没。1980年的打捞作业中发现超过40件完好的克拉克瓷碟和两种尺寸的折沿盆，还有小酒杯、梨形瓶以及壶盖等。与"白狮号"上发现的瓷器相类似，大部分的碟以草虫纹作为中心装饰，还见杂宝纹或兔纹（见图5-21）。也有与"白狮号"上瓷器相同的漳州窑瓷碎片出水。1609年沉没的"毛里求斯号"（Mauritius）也是荷兰东印度公司商船，在西非港口的洛佩斯沙洲（几内亚湾的南部海岸）解体，目的地是阿姆斯特丹，但瓷器并不是船货主体，仅有几箱，包括165件克拉克瓷，为碗、盘、碟及折沿盆，中心装饰以鹿纹为主，也有一些类似于"班达号"沉船和"白狮号"沉船中发现的以鱼和芦苇为主题的高足杯。

图5-21 "班达号"沉船出水的陶瓷器

17世纪早期的这几艘沉船所载瓷器数量都不是很大，甚至不是船货的主体。而且这一时期荷兰东印度公司商船的货物清单显示，并不是所有返荷的商船都带回大量陶瓷器。所以这一时期克拉克瓷输入荷兰的数量也许并没有我们想象得那么多。瓷器大规模运销欧洲还当在17世纪20年代之后。

哈彻沉船的时间在1643~1646年，它被认为是一艘在本地交易的船只或是荷属东印度公司授权航行的中国帆船。但从船上瓷器品种来看，这些瓷器的最终目的地当是欧洲。

日本平户的荷兰商馆于1609年设立，1641年迁至出岛，并在德川幕府锁国时代获得特权，荷兰由此成为西方国家在日本的唯一贸易站。日本平户的荷兰商馆遗址作为一处有确切纪年的文化遗址，日本方面曾对之进行过三次大规模的考古调查和发掘工作，获得了大量明代瓷器标本（见图5-22）。[①] 出土的文物中，绝大部分为中国瓷器，江西景德镇生产的克拉克瓷数量最多，其中有不少器物与1613年葬身于非洲西部圣赫勒拿岛海域的"白狮号"沉船打捞的瓷器相似。这些克拉克瓷器主要是景德镇观音阁等窑址的产品。还有少量福建漳州窑系的碗，数量不多，以及更少量的日本及韩国瓷器。森村健一先生结合日本各地的遗址资料与相关沉船资料

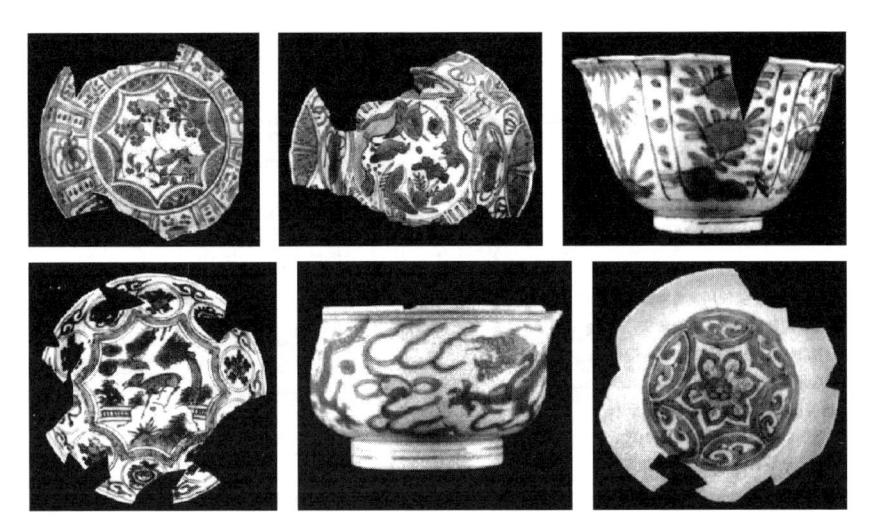

图5-22 日本平户荷兰商馆遗址（1609~1641年）出土的中国陶瓷

资料来源：引自张仲淳《日本平户荷兰商馆遗址出土瓷器》，载中国古陶瓷学会编《中国古陶瓷研究》（第14辑），紫禁城出版社，2008。

---

① 张仲淳：《日本平户荷兰商馆遗址出土瓷器》，载中国古陶瓷学会编《中国古陶瓷研究》（第14辑），紫禁城出版社，2008。

进行研究后，明确指出：17世纪初至中叶，即中国的明代晚期至清代初期，相当于日本德川幕府前半期，曾大量倾销日本的漳州窑系制品逐渐被景德镇制品所取代，景德镇窑系的青花瓷器成为当时外销瓷中的主流产品。[1] 这与平户荷兰商馆遗址大量出土明代景德镇青花瓷器的情况吻合，代表了17世纪上半叶荷兰东印度公司参与中国瓷器贸易的情况。

四 以东南沿海为中心的中国商船的贸易

属于这一时期的中国平底帆船遍布我国东南沿海及东南亚海域，包括福建平潭"九梁一号"沉船、广东"南澳I号"沉船、海南文昌宝陵港海域沉船、"北礁3号"沉船、越南海域"平顺号"沉船、菲律宾"皇家舰长暗沙二号"沉船等。打捞到的船货以瓷器为主，除景德镇生产的克拉克瓷外，还有大量漳州窑瓷器。

宣德时期以后，随着明朝官方的朝贡贸易从海洋贸易中退出，沿海民间贸易逐渐兴起。特别是到明代中后期，以闽南海商为主的民间贸易力量越来越活跃，除通过琉球王国与南海诸国进行间接贸易外，还寻求开通与东南亚各国的直接贸易，逐步恢复传统的海洋社会经济圈。到16世纪末，中国的平底帆船航行在东南亚，其目的地主要是马六甲、越南、暹罗、马尼拉、万丹和巨港。[2] 受西方商人贸易的刺激，嘉靖时期以后，中国东南沿海的私商贸易更为兴盛，几乎遍及闽浙沿海，甚至出现了以像林凤、李旦、郑芝龙这样

---

[1] 〔日〕森村健一：《漳州窑系制品（汕头瓷）的年代与意义》，载《明末清初福建沿海贸易陶瓷的研究——漳州窑出土青花、赤绘瓷与日本出土中国外SWATOW》，福建省博物馆、福建省考古博物馆学会、西田纪念基金，1994。转引自张仲淳《日本平户荷兰商馆遗址出土瓷器》，载中国古陶瓷学会编《中国古陶瓷研究》（第14辑），紫禁城出版社，2008。

[2] 黄时鉴：《从海底射出的中国瓷器之光——哈契尔的两次沉船打捞业绩》，载《东海西海——东西文化交流史（大航海时代以来）》（黄时鉴文集III），中西书局，2011，第113页。

的巨头为首的海上武装集团。他们往往掌控有庞大的资产、船队与武装力量,活跃在北达日本、南到东南亚的海域上。他们作为环中国海域的主人,在早期西方人的转口贸易中起着举足轻重的作用。当时西方殖民者在东方的贸易形式主要是在中国商人常去的地方建立基地,把中国商人运到那里的货物转运到世界各地以赢利。因此,他们往往采取各种积极措施吸引中国商人前去贸易。葡萄牙人早期的走私贸易,就是以浙江双屿、福建的浯屿与月港、广东上川、浪白澳等为据点与东南沿海武装私人集团进行的,在这一过程中,葡萄牙人和福建商人的合作日益加强,逐渐取代了明代前期以来琉球王国在东南亚地区贸易中的地位。[①] 菲律宾自身并没有多少可供贸易的物资,西班牙人在菲律宾建立殖民统治后,其货物主要依赖中国商人供应,他们很快与中国商人建立了贸易关系,西班牙统治者积极鼓励中国商船到马尼拉贸易。1580年后,每年到菲律宾的商船有40~50艘。[②] 月港开放后的几十年,贸易活动仍是以中国民间海商为主导展开的。学者们认为,围绕着月港开放所形成的海外贸易具有三大特点:一是民间的海外贸易,二是以中国商人赴海外贸易为主,三是以出口中国手工业品为主。[③] 福建商船将大量的丝绸和瓷器运到菲律宾马尼拉,奠定了大帆船贸易的真正基础。荷兰东印度公司的贸易也离不开中国商人的参与。1619年巴达维亚建立后,荷方曾采取许多税收上的优惠措施吸引中国商船前往贸易,中国商船运来的货物"特别是瓷器,更为公司所急需,因为其中一部分瓷器转运到荷兰本国出售,可谋取暴利"。[④] 在相当长的时间里,中国的平底帆船来往于中国东南海域与巴达维亚、万丹,为荷

---

① 〔德〕普塔克:《明正德嘉靖年间的福建人、琉球人与葡萄牙人:生意伙伴还是竞争对手》,赵殿红译,钱江校注,《暨南史学》(第二辑),2003;刘淼:《明代前期海禁政策下的瓷器输出》,《考古》2012年第8期。
② 江道源:《大帆船贸易与华侨华人》,《八桂侨史》1996年第1期。
③ 陈微:《月港开放与世界贸易网络的形成》,硕士学位论文,福建师范大学,2006。
④ 温广义、蔡仁龙等:《印度尼西亚华侨史》,海洋出版社,1985,第85~86页。

兰商人运送中国产品，在当时的中荷贸易中起着一种特殊的重要作用。[①] 前面提到的哈彻沉船即属此列。

由此可见，16世纪末至17世纪初，东亚海域的贸易形势发生了巨大变化。中国东南沿海私商主导的传统海洋经济圈逐渐恢复，并随着西方商人的到来，进一步发展起来。西方商人到来后以澳门、马尼拉、巴达维亚、台湾等地为中心进行的转口贸易，把中国市场进一步卷入全球贸易网络之中，贯通大西洋与太平洋的全球贸易形势在东亚海域已基本形成，中国的丝织品和瓷器、东南亚的香料、印度的纺织品、墨西哥的银元及日本白银等都成为这一时期全球贸易中重要的物资及媒介。丝绸等有机物多已腐烂，我们只能从文献记载中去寻找线索。而沉船及遗址中的瓷器、银币等实物资料，为我们认识这一时期的环球贸易提供了重要的物证。

---

① 黄时鉴：《从海底射出的中国瓷器之光——哈契尔的两次沉船打捞业绩》，载《东海西海——东西文化交流史（大航海时代以来）》（黄时鉴文集Ⅲ），中西书局，2011。

第四节　东亚海域贸易的早期全球化趋势

16世纪末至17世纪初,西方商人到达东方,并以澳门、马尼拉、巴达维亚、台湾等为中心进行的转口贸易,使中国市场被纳入全球贸易网络之中。借此,贯通大西洋与太平洋的全球贸易形势在东亚海域基本形成,世界各地的商品和物资如中国的丝织品和瓷器、东南亚的香料、印度的纺织品、墨西哥的银元及日本白银等沟通并连接起了这一时期的全球贸易。

一　以瓷器为代表的中国货物的全球运输

虽然中国瓷器在明代嘉靖时期已经由葡萄牙人输入欧洲,但在之后的很长一段时间内,瓷器对于欧洲人来说还是非常昂贵的奢侈品,甚至"比黄金和白银更有价值",因而它在王室贵族中取代了餐桌上的银器成为时尚。[1] 为了在远程贸易中获取最高利润,葡萄牙人往往选择价格较高的精细瓷器运往欧洲,而这些昂贵的瓷器只是在王室贵族和少数富裕阶层中流动,受到葡萄牙船队的船长们、贵族及教会的中上阶层的喜爱。葡萄牙的功绩只是"让中国商品在西欧有了一种缓慢的传播",他们的主要精力还是放在了亚洲的瓷

---

[1] 文德泉:《中葡贸易中的瓷器》,载吴志良主编《东西方文化交流国际学术研讨会论文选》,澳门基金会,1994。

器市场，除了躲避荷兰人的劫掠之外，更主要的原因是在贸易过程中葡萄牙人发现"将瓷器从中国运出并且销往亚洲所得的利润和将瓷器从中国、北大年或巴达姆运往葡萄牙所得到的利润一样大"①。真正使瓷器大量进入欧洲市场的是17世纪的荷兰人，欧洲瓷器贸易的中心也从里斯本转移到阿姆斯特丹。② 葡萄牙圣克拉克修道院出土的瓷器被认为是1677年宗教团体迁移时丢弃的，直接反映了16～17世纪葡萄牙进口中国瓷器的规模和特征。发掘者判定"近80％的器物都生产于嘉靖、隆庆时期的后20年，最常见的装饰题材为凤纹与鹤纹，与嘉靖时期的道教文化相关，只有一小部分属于晚些时候万历年间生产的克拉克瓷"③。这或许也从一个侧面印证了我们的观点。目前东亚海域发现的16～17世纪装载有大量瓷器的沉船时代多属于17世纪以后。

沉船资料显示，这一时期荷兰东印度公司运销欧洲的主要是克拉克瓷，即景德镇生产的以销往中东及欧洲市场为主的精细瓷器产品，它是明末清初生产的一种中心饰花卉、禽鸟及动物等主题纹饰，四周饰开光边饰的专供国外市场的青花瓷器，无论主题纹饰还是内外壁饰都用各种开光装饰分隔体现。④ 克拉克瓷的器型主要有盘、碗、瓶、军持等，以盘最多且最具代表性，器物一般薄体轻胎。明末景德镇民窑曾大量烧制克拉克瓷，在景德镇的观音阁窑址（其出土的青花瓷见图5-23）、莲花岭窑址、新华瓷厂窑址、人民瓷厂窑址、东风瓷厂窑址、电瓷厂窑址、刘家下弄窑址等地均有发现克拉克瓷。⑤ 特别是近年对观音阁窑址的发掘显示，"白狮号"沉船、"万历号"沉船以及日本平户的荷兰商馆遗址出土的克拉克

---

① T. Volker, *Porcelain and the Dutch East India Cormpany* (Leiden, Holland: E. J. Brill), p.7.
② 林琳：《17-18世纪荷兰东印度公司瓷器贸易研究》，硕士学位论文，浙江师范大学，2007，第6页。
③ 范梦园：《克拉克瓷研究》，博士学位论文，香港中文大学，2010。
④ 熊寰：《克拉克瓷研究》，《故宫博物院院刊》2006年第3期。
⑤ 曹建文：《克拉克瓷在景德镇窑址的发现》，载《中国当代文博论著精编》，文物出版社，2006。

瓷器，和观音阁明代遗址发现的万历晚期至崇祯时期的瓷器特征一致。① 16世纪后半叶到17世纪前半叶，克拉克瓷一直是欧洲最受欢迎的瓷器样式。17世纪的荷兰流行静物画，这些静物画中常绘有海鲜、葡萄酒杯、奶酪以及盛满水果的克拉克瓷的画面。② 在日本、中国台湾等地的荷兰商馆遗址以及当时的国际性港口越南会安的遗址③中也都有发现。在中国境内的发现主要是窑址内的瓷片和少量墓葬中陪葬的克拉克瓷器。另外，在前文提到的澳门很多遗址中也有发现，澳门甚至发现了废弃的堆放克拉克瓷的仓库。④

图5-23 景德镇观音阁窑址发掘出土的青花瓷

资料来源：引自北京大学考古文博学院等《江西景德镇观音阁明代窑址发掘简报》，《文物》2009年第12期。

明晚期至清乾隆时期（16~18世纪）是景德镇窑业发展的重要时期，也是景德镇外销瓷生产的黄金时代。⑤ 自嘉靖以后，景德

---

① 北京大学考古文博学院等：《江西景德镇观音阁明代窑址发掘简报》，《文物》2009年第12期。
② 〔日〕出川哲朗：《远渡西洋的中国和日本瓷器》，载《江户名瓷——伊万里展》，大阪市立东洋陶瓷美术馆，2012。
③ 〔日〕菊池诚一：《越南中部会安出土的陶瓷器》，《福建文博》1999年增刊。
④ 宋良璧、邓炳权：《澳门是中国外销瓷的集散地》，载中国古陶瓷学会编《中国古陶瓷研究》（第5辑），紫禁城出版社，1999。
⑤ 白焜：《晚明至清乾隆时期景德镇外销瓷研究》，华夏瓷器网论文库。

镇地区的制瓷业集中到了今天的景德镇市内。明代中后期私人海商势力的兴起推动了海外贸易的活跃，明末隆庆开海以及西人东来，这些都对景德镇的制瓷业产生了重要影响。到了明代嘉靖、万历时期，随着我国古代官窑制度的衰落，官窑制瓷技术逐渐向民间转移。"官搭民烧"制度的实行，在一定程度上促进了民窑的发展。①但从万历十一年开始，景德镇制瓷原料匮乏，特别是在官窑的压迫下，民窑的发展受到制约。万历晚期，景德镇民窑不仅摆脱了原料危机，而且还逐步获得了任意开采和使用优质高岭土的权利，特别是随着御器场的停烧，大批优秀工匠流向民间，景德镇制瓷业获得飞速发展，为当时的海外市场生产了大量优质的高档瓷器。在西方势力对海上霸权的争夺中，荷兰人逐渐抢占了葡萄牙在大西洋的霸权地位，成为景德镇瓷器最大的买主。在 1635 年之前，出口到荷兰的瓷器几乎都是中国器型、中国纹饰的。荷兰人对万历时期这种青花瓷一直十分地留恋和忠诚，在 1671 年甚至要求日本人"按中国风格"制作瓷器。②

还有一类所谓的"汕头器"，即"SWATOW"，源于西方人对这批瓷器的称呼，最初被认为来自于广东的汕头地区，制作比较粗糙，器底黏有大量沙砾。考古发现证明，这是以福建漳州平和、南胜、广东饶平、香港大埔等华南窑口为中心生产的漳州窑类型瓷器。对于漳州窑的始烧时间，现在普遍认为是嘉靖时期。漳州窑在嘉靖年间始烧应该与葡萄牙在嘉靖时期以漳州月港、浯屿为贸易据点开展对华走私贸易有关。③ 特别是隆庆开海之后，月港的发展促成了月港附近以平和、南靖、广东饶平为生产中心的漳州窑的兴起。荷兰东印度公司档案中经常提到的粗瓷产品中应包含此类。前面提到的"北礁 3 号"沉船遗址、菲律宾海域打捞的西班牙战舰

---

① 刘毅：《明清陶瓷官窑制度比异》，《南方文物》1992 年第 4 期。
② 陈玉芳：《16 至 18 世纪中西贸易中的外销瓷》，硕士学位论文，东北师范大学，2010。
③ 肖发标：《中葡早期贸易与漳州窑的兴起》，《福建文博》1999 年增刊。

"圣迭戈号"（1600年沉没）、大西洋圣赫勒拿岛附近的"白狮号"沉船（1613年沉没）、越南海域的"平顺号"沉船（西方学者推断它是1618年为荷兰运送瓷器的中国船只）、南海海域的哈彻沉船（1643年左右）等均装载有漳州窑的青花瓷器。沉船出水的漳州窑产品均可以在平和南胜田坑窑址、五寨乡洞口窑址、花仔楼窑址和大垅、二垅窑址以及华安东溪窑址等处找到对应的标本。[1] 漳州窑瓷器在亚洲地区大量且普遍存在，如日本关西地区的大阪、长崎、堺市、平户等地城市遗址的16世纪后半期至17世纪前半期的地层中大量出土了漳州窑的青花瓷和五彩瓷器，印度尼西亚、菲律宾、埃及以及土耳其等地都有发现。[2] 在对17世纪的代表性国际贸易港口会安遗址的发掘中，发现了大量16世纪末到17世纪前半叶的中国陶瓷器，且福建、广东窑系的制品多于景德镇窑系制品。从品质上看，漳州窑类型产品属于一种粗瓷产品，是专门用以外销的，在万历年间景德镇民窑因原料匮乏出现危机时作为景德镇外销瓷器的补充替代品大量烧造。从考古发现的情况看，漳州窑类型瓷器的销售范围主要是东亚、东南亚等地的亚洲市场，并作为一般民众使用的产品进入了非洲、美洲等欧洲殖民地市场。日本学者根据对大量遗址资料和沉船资料的研究，认为漳州窑瓷器大量出现和存在的时间是在16世纪末至17世纪初（1585~1615年，明万历十三年到四十三年），到17世纪初至中叶，即明代晚期至清代初期，逐渐被景德镇窑系制品所取代。[3] 有学者认为较晚时期哈彻沉船上发现的漳

---

[1] 栗建安：《福建古瓷窑考古概述》，福建省博物馆：《福建历史文化与博物馆学研究》，福建教育出版社，1993；福建省博物馆：《漳州窑》，福建人民出版社，1997。
[2] 栗建安：《从考古发现看福建古代青花瓷的生产与流通》，载中国古陶瓷学会编《中国古陶瓷研究》（第13辑），紫禁城出版社，2007。
[3] 〔日〕森村健一：《漳州窑系制品（汕头瓷）的年代与意义》，载《明末清初福建沿海贸易陶瓷的研究——漳州窑出土青花、赤绘瓷与日本出土中国外SWATOW》，福建省博物馆、福建省考古博物馆学会、西田纪念基金，1994。转引自张仲淳《日本平户荷兰商馆遗址出土瓷器》，载中国古陶瓷学会编《中国古陶瓷研究》（第14辑），紫禁城出版社，2008。

州窑瓷器无论在产品质量还是装饰的复杂性上和漳州窑盛烧期的产品都无法相提并论，或许就代表了这种衰落。

西方殖民者进行的全球化贸易，客观上将中国的经济直接和世界经济联系在一起，中国瓷器作为这一时期在世界范围内广泛销售的重要商品，在市场规模、外销范围、销售网络、器型装饰等方面都体现了这种全球贸易的特性。

二 白银源源不断流入中国

明代晚期，白银货币化过程完成，银本位货币体系确立，使整个社会产生了巨大的白银需求，从而推动中国走向世界。中国凭借其大量生产的丝织品和瓷器，把欧洲殖民者在内的全球贸易商都吸引到了亚洲。新航路开辟后的16~18世纪，葡萄牙、西班牙、荷兰、英国等西方殖民势力陆续到达东亚海域，并以澳门、台湾、马尼拉、巴达维亚等为中心进行跨洋转口贸易，使中国市场被纳入早期全球贸易网络之中。中国的丝织品和瓷器、东南亚的香料、印度的纺织品、墨西哥等地为代表的西属银元及日本白银等都成为这一时期全球贸易中重要的物资及媒介。自哥伦布发现新大陆后，欧洲殖民者积极开采南美洲的银矿，获得了大量白银。早期殖民势力和中国进行贸易的过程中，由于没有什么商品能打开中国市场，只好用从南美运来的白银与中国进行交易。西属美洲的白银因此大量输入中国东南沿海地区，并最终在民间广泛流通和使用，对中国的经济和货币体系产生了深远影响。20世纪70年代以后，我国东南沿海地区陆续发现了16~18世纪的早期西班牙所属殖民地银币（简称"西班牙银币"）的窖藏，就是这段重要的海洋交通贸易史的见证。

16~18世纪的西属殖民地银币在中国福建、广东、浙江、上海等地均有发现，又以闽南的漳州、泉州、厦门地区最为集中。这些银币多出自古宅、古厝内的陶瓷罐窖藏中，极少数出自清代地层，或是因遗址周围被破坏而情况不明。银币包括手工打制银币、机制双柱双地球银币、机制双柱人像银币三类。

20世纪70年代在福建泉州地区的南安、晋江、惠安等县先后出土了五批外国银币[1]，现存于福建博物院[2]和泉州海外交通史博物馆[3]等单位。其中晋江安海、南安官桥和诗山、泉州市郊浮桥街出土的四批外币，绝大多数为手工打制的不规则圆形银币，且多有使用过的磨损痕迹。福建漳州地区[4]、福建东山县[5]、泉州法石[6]、广东澄海[7]等地都有类似发现。这些手工打制银币呈不规则的圆形，少数被截成多边形，并略有卷曲，币面高低不平，厚薄不匀，分大中小几种不同尺寸和重量。币面纹饰模糊不清，从纹饰及币面铭文看主要包含两类，一类是十字双狮双城盾形币，还有一类是双柱水波纹币（见图5-24）。十字双狮双城盾形币上常见"OMP""OMD""OML""OMG"等铭文，南安官桥、福建东山等地还发现十字架四端略有差异的"PT""PFR"铭文银币。波多西铸币厂在1652年以后制作了一种双柱水波纹币（the pillars-and-waves type），其正面仍是十字架图案，对角四格内铸有狮子和城堡。与盾形币不同的是，十字架的四端出现了四个长条，被称为"耶路撒冷十字架"。背面则是立于水波中的双柱和三行文字，最上面一行是铸造厂记、币值和验金师姓名缩写，最下面一行是验金师姓名缩写、铸造年份和铸造厂记，中间则是著名的卡洛斯五世的座右铭"PLVS VLTRA"（海外有新世界）。法石等地发现的双柱水波纹币多带有"PV""PVR"等代表铸造地及验金师标记的铭文，以及

---

[1] 泉州市文物管理委员会、泉州市海外交通史博物馆：《福建泉州地区出土的五批外国银币》，《考古》1975年第6期。
[2] 毛秀珊：《闽地沿海出土西班牙银币探源》，《学会》1994年第2期。
[3] 庄为玑：《福建南安出土外国银币的几个问题》，《考古》1975年第6期。
[4] 方章雄：《福建云霄出土明代流入的"番银"》，《收藏》2011年第7期。
[5] 张仲淳：《福建东山出土的外国银币》，《中国钱币》1988年第3期。
[6] 陈鹏、石西：《略论泉州法石出土的西班牙银币》，《海交史研究》1981年第3期。
[7] 陈跃子：《海澄出土西班牙银币和清代纹银》，载《海上丝路寻踪》，北京华文出版社，2001，第217页，原载于《广东钱币通讯》1989年第11期。

(16) 80—(16) 99 纪年性质的铭文,"P"代表其主要为波托西铸币厂制造。还有一枚铭文为"LP99（8）"的银币,应为秘鲁铸币厂铸造。

（1）

（2）

（3）

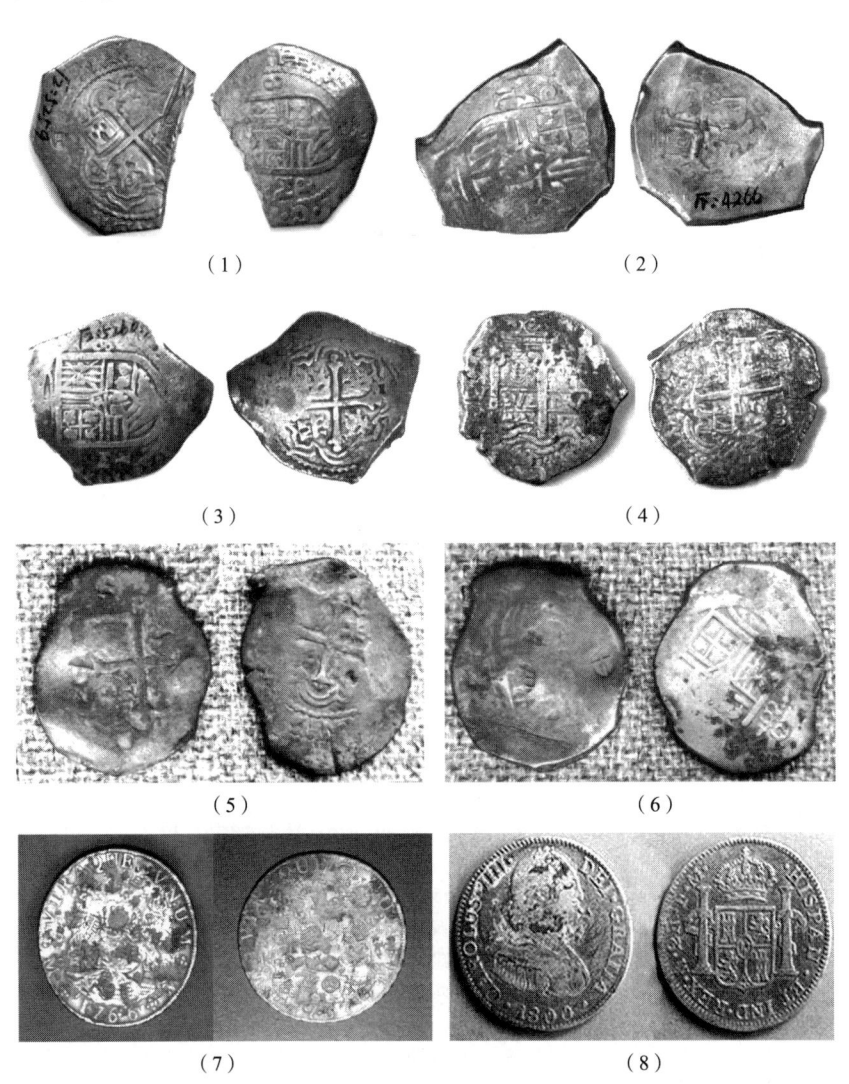

（4）

（5）

（6）

（7）

（8）

图 5-24　闽粤沿海出土的西班牙殖民地银币

注：(1)~(3)、(5)~(6)为盾形币,(4)为双柱海水纹银币,(7)为双柱地球纹银币,(8)为双柱人像纹银币；(1)~(2)于福建南安诗山出土；(3)~(4)于福建博物院藏闽南出土,(5)~(6)于厦门市博物馆藏闽南出土,(7)于广东湛江赤坎出土；(8)于福建漳州芗城出土。

总体来看，早期出土的这些手工打制的不规则银币主要分布在闽南、粤东地区，且每批窖藏银币的制作时代相对集中。从大的时间段上来看，主要集中在两个时期：第一组根据晋江安海、南安官桥、泉州新门外浮桥街、东山县城关镇码头的资料，其出土银币的时代多集中在17世纪60年代以前，以墨西哥城制作的手工打制盾形银币为主，又以"OMP"铭文最为常见，还有一定量波多西生产的盾形银币。另外一组以南安诗山、泉州法石发现的资料为依据，钱币的时代集中在17世纪末至18世纪初，除了墨西哥生产的盾形银币外，还发现较多波托西制作的双柱水波纹打制银币。

机制双柱双地球银币多发现于闽、粤地区，泉州惠安[1]、广东湛江市赤坎[2]都有出土。其正面图案为双狮双城，背面为双柱双地球皇冠，币面有代表铸造地的"M̦"等铭文、纪年铭文，以及代表验金师姓名的"MF"等铭文。机制双柱人像银币的发现则从闽南、粤东一直延伸到福建的内陆、浙江、江苏甚至安徽等地，在泉州法石[3]、漳州芗城[4]、闽北浦城[5]、浙江洞头[6]、浙江普陀山[7]、浙江宁波渔山"小白礁一号"沉船[8]、上海黄浦[9]、江苏昆山[10]、安徽九华

---

[1] 泉州市文物管理委员会等：《福建泉州地区出土的五批外国银币》，《考古》1975年第6期。
[2] 阮应祺：《湛江市赤坎出土西班牙银币》，《广东省博物馆馆刊》（第1集），1988。
[3] 陈鹏、石西：《略论泉州法石出土的西班牙银币》，《海交史研究》1981年第3期。
[4] 阮永好：《鑫荣花苑二期工地银元窖藏清理简报》，《福建文博》2010年第3期。
[5] 浦城县博物馆：《浦城县濠村乡窖藏西班牙银币清理简报》，《福建文博》2013年第2期。
[6] 中国史学会《中国历史学年鉴》编辑部编《中国历史学年鉴（1989）》，人民出版社，1900，第341页。
[7] 盛观熙：《浙江普陀山出土西班牙银币》，《中国钱币》1996年第4期。
[8] 中国国家博物馆水下考古研究中心、宁波市文物考古研究所：《浙江宁波渔山小白礁一号沉船遗址调查与试掘》，《中国国家博物馆馆刊》2011年第11期。
[9] 曹建兵：《西属殖民地银元对中国货币的影响》，《亚洲钱币》2000年第2期。
[10] 陈兆弘：《昆山花桥出土清代银锭和西班牙银币》，《苏州文物资料选编》，苏州博物馆，1980。

山[1]、望江[2]等地都有发现。

明代后期月港开放，使得闽南商人在合法贸易中占得先机。他们把大量的丝绸、瓷器及其他国内商品运到马尼拉、澳门、巴达维亚等地换取日本白银和欧洲人输入的美洲白银，这是明代后期白银输入的最主要途径。史料记载"漳、泉商船，装载生丝和丝织品的，每年开进马尼拉，至少三四十只"。[3] 1565～1815年在菲律宾与墨西哥之间出现的大帆船贸易，实际上是中国商品与西班牙银币的贸易。从马尼拉回国的中国帆船，除银元外几乎别无他物。崇祯时期，给事中傅元初曾说海外之夷"大西洋则暹罗、柬埔诸国，其国产苏木、胡椒、犀角、象牙诸货物，是皆中国所需。而东洋则吕宋，其夷佛郎机也，其国有银山，夷人铸作银钱独盛。中国人若往贩大西洋，则以其物产相抵；若贩吕宋，则单得其银钱。是两夷者，皆好中国绫缎杂缯……而江西瓷器、福建糖品、果品诸物皆所嗜好"。[4] 也正因此，朝廷对前往吕宋贸易的商船在返航时征150两称为"加增饷"的税银[5]。1600年沉没于菲律宾海域的西班牙帆船"圣迭戈号"中就发现有428枚银币，均为不规则圆形，包括8R、4R和2R几种，分别属于秘鲁首都利马铸造的菲利普二世（1556～1598年）时期和墨西哥城铸造的菲利普三世（1598～1621年）时期银币。[6] 明末清初，吕宋自身的经济状况有了很大的改善，与台湾、福建等地的贸易往来比明朝时更加频繁，尤其是在郑成功集团的经营下，流通货币就是西班牙银币。明谢肇淛《五杂俎》中认为

---

[1] 林介梅：《安徽九华山出土外国银币》，《中国钱币》1993年第3期。
[2] 宋康年：《试析西班牙"双柱人像"银币》，《〈内蒙古金融研究〉钱币文集》2003年第S4期。
[3] 傅衣凌：《明清商人及商业资本：明代江南市民经济试探》，北京：中华书局，2007，第116页。
[4] 《清一统志台湾府》（台湾文献丛刊第六八种）附录"崇祯十二年三月给事中付元初请开洋禁疏"，第五四页。
[5] （明）张燮：《东西洋考》卷七《饷税考》，北京：中华书局，2000，第132页。
[6] Valdes C O, Allison I. Diem, *Saga of the San Diego* (AD 1600) (National Museum, Inc. Philippines, 1993), pp. 50-51.

万历年间的闽、粤地区，民间流通已不用铜钱，完全用银。[1] 月港之后，厦门港崛起。道光年间的《厦门志》记载："乾隆四十六年（1781年）二月，二艘西班牙商船从吕宋到厦门进行贸易，载来货物燕窝、苏木，各带番银十四万余元，购回布匹、瓷器、桂皮、石条等物。"[2] 据王士鹤先生的估算，清初顺治、康熙、雍正、乾隆四朝，每年从菲律宾输入中国的白银常在100万比索以上。[3]

马尼拉贸易并不是西属银币输入中国的唯一途径。随着中西贸易的广泛开展，葡萄牙、荷兰、英国都纷纷输入大量银币到东方购回所需物资。据庄国土先生研究，以澳门和日本贸易的繁荣时期（1569~1636年）为限，葡萄牙人从欧洲输入中国3350万西班牙银币。[4] 荷兰东印度公司介入东亚贸易时，虽然自己发行货币，但常在贸易中采用已经在亚洲流通甚久的西班牙银币作为支付手段。"福建、广东近海之地，又多使洋钱……凡荷兰、西班牙诸国商船所载每以千万元计。"[5] 英国东印度公司到东亚贸易所使用的也是西班牙银币。崇祯十年（1637年），英国人第一次来到中国时，没有卖出一件东西，只是抛出了8万枚西班牙银元。英国东印度公司在万历二十九年至天启四年（1601~1624年）的23年间共向东方输入现金753336镑，康熙四十九年至乾隆二十四年（1710~1759年）的50年内又输入26833614镑，主要都是西班牙本洋。[6]

早期手工打制银币及机制双柱双地球银币多发现于闽粤地区，且出土银币的制作年代相对集中，可能为同船运来的贸易货币。机制双柱人像银币的发现从闽南、粤东进一步延伸到福建的内陆、浙江、江苏甚至安徽等地。漳州、厦门、宁波、广州都是输入这些银

---

[1] 福建省钱币学会编著《福建货币史略》，北京：中华书局，2002，第162页。
[2] 转引自陈鹏《从泉州发现的西班牙银币谈起》，《福建钱币》1994年第3、4期合刊。
[3] 王士鹤：《明代后期中国—马尼拉—墨西哥贸易的发展》，《地理集刊》（第七号），南京大学地理学会，1964。
[4] 庄国土：《16—18世纪白银流入中国数量估算》，《中国钱币》1995年第3期。
[5] 《皇朝文献通考》钱币考四，乾隆十年。
[6] 曹建兵：《西属殖民地银元对中国货币的影响》，《亚洲钱币》2000年第2期。

币的重要港口。正如文献所载:"康熙二十四年(1685年)……外洋各国来闽广通商,其时只知用银。乾隆初,始闻有洋钱通用。至四十年后,洋钱用至苏、杭。"[1] 这既是早期全球贸易进一步深入发展的结果,也是银币大量流入中国并对沿海经济、货币体制造成深远影响的体现。

除了完整的银元,在南安诗山、漳州云霄、广东澄海等地窖藏中还发现了被切割的银币,这从另一方面证明了西属银币在我国闽南、粤东民间市场上作为交易通货流通的过程。中国发现的这些银币上还出现了很多戳印现象。据美国传教士何天爵(Holclmbe Chester)在1895年出版的《真正的中国佬》一书的记载,银币传入中国后在沿海城市形成了风俗:当地的钱庄和银号要把经手的所有银元打上自己商号的印记,以作为负责定额兑换的信用标志。[2] 威廉亨德的《广州番鬼录》记载:"自外国输入的银元,每经过一次,便称一次,加上一次戳,不久便成了加戳洋元。首先是钱商所加之戳印,以保证其成色,这种戳印之洋元后来戳印太多而失去其原来面貌,只能以两来称算数量。"[3] 我国的窖藏银币中最早发现戳印现象的是南安诗山窖藏,发现有汉字戳印的"元""王""士""正"等,其时代为17世纪末至18世纪初,而属于17世纪中期以前的窖藏中均未发现戳印现象。手工打制的银币及早期机制双柱双地球银币上发现的戳印往往较小且少。还有一些窖藏,如泉州法石机制银币窖藏、浦城濠村窖藏、广东湛江赤坎窖藏、漳州市荣鑫建筑工地窖藏、浙江普陀山窖藏等,出土的银币上布满大而密集的戳印,有的已看不清银币的纹饰,而且往往同晚期墨西哥鹰元等同出。台湾学者曾泽禄认为这种粗大而深且密布的戳印,都是19世

---

[1] 中国人民银行总行参事室金融史料组:《中国近代货币史资料》,北京:中华书局,1964,第40页。
[2] 转自戴建兵、王晓岚《中外货币文化交流研究》,中国农业出版社,2003,第128页。
[3] 曾泽禄:《从外国银元之戳印来推论漳州军饷之断代问题》,《宣和币钞》2000年第1期。

纪以后晚清社会动荡时期的产物。大量戳印的出现，也反映了这类银币在后期民间使用日益广泛的事实。早在鸦片战争以前，外国银币已在广东、福建及东南沿海地带广泛流通，还一度成为长江流域的主要流通货币，特别是在闽、粤和浙江宁、绍、杭、嘉、湖一带及上海、苏南、皖南、赣北这些丝、茶、瓷器等物产的主要产地广泛流通。

番银的大量涌入及其在东南沿海省份的流通，对当地的社会经济及民众生活产生了深远影响。明代晚期至清代实行的是银铜平行本位制度，只有纹银（银两）和制钱是法定货币，二者同时流通。① 实际上从清代康熙时期至民国初期，闽南、台湾、广东、浙江等地的民间交易、商业记账等经济活动，大多以"番银"作为结算币。所以在当时的银票、地契以及文书中货币名称大量出现"番银""佛银""佛头银"字样。② 广东澄海、上海黄浦区、江苏昆山等窖藏中西属银币与清代纹银同出正说明了民间两种货币体系并行不悖的事实。本洋银元的重量和成色统一，以枚计值，制作精良，携带使用方便，便于流通，很快成为主要的流通货币。外来银币的广泛使用和流通进一步影响了清政府货的币体系，清政府于光绪十五年以后也自铸银元，即人们所熟知的"龙银"或"龙洋"。

正如学者所指出的，我们要用全球化的视野来看待晚明时期的中国③，一方面，当时的中国参与到了早期经济全球化的进程之中，中国的茶叶、丝绸、瓷器销往世界各地；另一方面，当时以作为全球贸易流通货币的西属银币为代表的世界财富也源源不断地流入中国。

---

① 彭信威：《中国货币史》，上海人民出版社，1958，第521页。
② 林南中：《明清时期闽南的"番银"见证商贸繁华》，《闽台文化交流》2009年第4期；伍员：《明清两代外国银元流入浙江以其对浙江经济金融的影响》（续编），《浙江金融研究》1984年第2期；陈春声：《清代广东的银元流通》，《中国钱币》1985年第1期。
③ 樊树志：《晚明史·导论》（上卷），复旦大学出版社，2003。

第 六 章

明清交替之际东亚海域的贸易格局与陶瓷贸易

第一节　明清交替之际东亚海域贸易格局的变化
第二节　明郑统治时期的瓷器贸易
第三节　结语

第一节 明清交替之际东亚海域贸易格局的变化

明清交替之际，东亚海域的贸易格局发生改变。1644年，明朝灭亡，清朝建立，国内战乱殃及江西景德镇，景德镇瓷器产量下降，东印度公司购买景德镇瓷器日显艰难。同时，为了打击福建、广东、浙江沿海地区的抗清势力，清朝在顺治十二年（1655年）实施海禁政策，并一直延续到康熙二十二年（1683年）。明末清初，东洋贸易的重心已由吕宋（马尼拉）转到日本。在西洋贸易方面，随着荷兰殖民者于1619年在巴达维亚建立基地，巴达维亚逐渐成为中国商船参与贸易的中心。① 中国帆船和荷兰东印度公司商船成为这一时期东亚海域贸易活动的主要参与者，二者既是贸易合作对象，又是贸易竞争对手。②

这一时期，郑氏海商集团获得迅速发展，逐步成为东亚海域的主导力量。郑芝龙海商集团是明朝末年我国东南海域最活跃的海商势力，它继承了李旦、颜思齐两大海商集团的资产，兼并其他海商集团，逐渐成为东南沿海最重要的海商集团。崇祯元年（1628年），郑芝龙接受明朝廷招抚，从官方所谓的"海寇"转变为正式

---

① 聂德宁：《明末清初的民间海外贸易结构》，《南洋问题研究》1991年第1期。
② 聂德宁：《明末清初中国帆船与荷兰东印度公司的贸易关系》，《南洋问题研究》1994年第3期。

的"民办海军",借被政府招抚之机迅速发展海外贸易,确立了自身在东南沿海对外贸易中的霸主地位。[1] 顺治三年(1646年),郑成功起兵抗清。郑成功以厦门港为中心继续发展海外贸易,1650～1662年每年大约派出四十六至五十艘商船,前往日本、东南亚等地进行贸易活动。[2] 此时,荷兰人与郑成功之间的贸易竞争十分激烈。郑成功从事的贸易中,出口货物以丝织品和陶瓷器为大宗。其内地收购与出洋贩售业务,多由所属商业组织"五商"免责。五商分山、海两路,其中海五商为仁、义、礼、智、信五常,设于福建厦门,以利洋船往返;山五商则为金、木、水、火、土五行,设在浙江杭州,因为丝绸历来多以杭州为集散地,且产于江西的瓷器,亦便于在杭州收购。[3] 清廷为了打击郑氏的海上贸易活动,在顺治十二年(1655年)实施海禁,并于顺治十八年(1661年)又发布迁界令,尽迁浙江、江苏、福建、广东、山东濒海之民,企图断绝沿海地区人民对郑氏的一切接济。郑成功反借迁海政策独自掌控了东南沿海的海外贸易。郑成功之子郑经,于1662年嗣立藩主后,继续反清复明,但在1664年全面撤出中国沿海,退归台湾。退到台湾之后,为筹措军费,郑氏海商集团继续开展海外贸易,"上通日本,下贩暹罗、交趾、东京各处以富国"。[4] 郑经在福建各地设立贸易据点,同时与广东潮汕的海商集团建立贸易关系,并欢迎荷兰以外的世界各国到台湾进行贸易。对日贸易是郑氏海商集团海外贸易的重要组成部分,台湾则成为郑氏统治后期重要的转口贸易港。

荷兰东印度公司在东亚海域与葡萄牙、西班牙、英国的海上势力开展了激烈争夺,逐步取得了霸主地位。1619年,荷兰东印度公

---

[1] 荆晓燕:《明清之际中日贸易研究》,博士学位论文,山东大学,2008,第116～121页。
[2] 杨彦杰:《1650年～1662年郑成功海外贸易的贸易额和利润估算》,《福建论坛》1982年第4期。
[3] 张菼:《郑成功的五商》,《台湾文献》1988年第36卷第2期,第20～21页。
[4] (清)江日昇《台湾外纪》卷之六,南投:台湾省文献会,1995,第237页。

司将其东方殖民地的总部设在巴达维亚,并采取利诱等各种手段积极吸引中国帆船前来贸易。明末清初,荷兰人掌握了绝大多数中国商船输入西方的商品,特别是于1624年占领台湾南部以后,在台湾以热兰遮城为据点把中国瓷器运往荷兰和日本,并开始了中国陶瓷大规模运销欧洲的历程。中国政局的动荡,加上清朝立国之后海禁政策的实施,使得荷兰东印度公司以台湾为基地的东方贸易大受影响。1662年,随着郑成功在台湾建立了一个反清政权(这个政权延续到1683年),并将荷兰东印度公司驱逐出台湾,荷兰东印度公司所控制的以台湾为中心的转口贸易被郑氏海商集团所夺取。中国东南沿海的帆船贸易基本上都被郑氏海商集团控制。在失去台湾作为贸易据点后,荷兰东印度公司无法再与中国进行直接的贸易往来,只能依赖每年航行到巴达维亚的帆船。①

在郑氏统治晚期,具体为郑成功将荷兰人驱逐出台湾之后的1670年,英国东印度公司万丹分部派遣商船驶达台湾,开始了郑英贸易。英国东印度公司于1671年在台湾设立商馆,希望以台湾为中继站,与日本、马尼拉及中国(大陆)通商,能够从马尼拉购买黄金、白银及铜,从日本购买木箱和柜子,从中国(大陆)购买丝织品、名贵瓷器及真麝香等商品。② 英国东印度公司还随着郑经对福建地区的攻占于1676年到达厦门,建立厦门商馆。后来,厦门商馆又随着郑经退回台湾于1681年关闭。但正如林仁川先生所称,郑英贸易无论在商品方面还是在市场方面都非常有限,其在台湾郑氏海商集团的对外贸易中并不占主要地位。

对日贸易是明末清初东洋贸易的重心。日本于1616年、1634年、1635年、1636年、1639年连续发布五次锁国令。1616年,日本幕府第一次颁发锁国令:禁止外国船只(明朝船除外)在平户、

---

① 甘淑美:《荷兰的漳州窑贸易》,《福建文博》2012年第1期。
② 林仁川:《清初台湾郑氏政权与英国东印度公司的贸易》,《中国社会经济史研究》1998年第1期。

长崎两港以外靠岸；禁止日本人搭乘外国船只出海；禁止西班牙人来日本经商。其第五次锁国令规定禁止葡萄牙船前来贸易，其他商船也只准在长崎一地贸易。1641年，日本幕府又把荷兰商馆搬到出岛。① 通过闭关锁国政策，日本虽然驱逐了葡萄牙人和西班牙人，但对荷兰贸易者仍持较为宽松的态度。日本同时也是郑氏海商集团海外贸易的主要对象，后者在郑芝龙时期即已加强对日贸易，郑成功及后来的郑经每年都会派船赴日贸易。福建海商多从事对日贸易，"通倭之人，皆闽人也。合福、兴、泉、漳共数万计"。② 在郑氏海商集团崛起之后，对日本的贸易是其大力拓展的业务。日本有着丰富的银矿资源，对日贸易中，有大量的白银输入中国。③ 与此同时，中国从菲律宾马尼拉辗转获得的美洲白银相对减少下来，郑成功还因为西班牙当局对中国商民的欺压对其采取了贸易制裁措施。台湾与日本的贸易在荷据时代已经十分繁荣，荷兰人被驱逐出台湾后，郑氏海商集团以台湾为基地完全垄断了对日贸易。④ 日本受锁国体制影响，结束了朱印船贸易，于是中国船和荷兰船承担起了东亚贸易的运输业务。

越南的阮氏政权也是这一时期东亚海外贸易的重要参与者。17世纪初~18世纪中后期，越南中南部的阮氏政权为了生存和发展，充分利用其在东亚贸易网络中的优越地位，积极发展海外贸易，把自身的海外贸易推向前所未有的兴盛局面。在此过程中，作为当时东亚海上贸易的主导者，华商集团以操作者、推动者和管理者的身份参与阮氏政权海外贸易发展的全过程，为其发展和兴盛做出了重

---

① 荆晓燕：《明清之际中日贸易研究》，博士学位论文，山东大学，2008，第92页；何宇：《清前期中日贸易研究》，博士学位论文，山东大学，2010。
② 《明神宗实录》卷四九八，万历四十年八月丁卯。转引自满霞、荆晓燕《论明末清初福建对日走私贸易》，《山东教育学院学报》2009年第3期。
③ 聂德宁：《明末清初的民间海外贸易结构》，《南洋问题研究》1991年第1期。
④ 林仁川：《清初台湾郑氏政权与英国东印度公司的贸易》，《中国社会经济史研究》1998年第1期。

要贡献。① 1647～1720年，从阮氏政权辖区开往日本的中国商船数达203艘，远远超过东京（指越南北河，63艘）、柬埔寨（109艘）、暹罗（138艘）、雅加达（90艘）。②

明郑③对外贸易的物资主要包括生丝及丝织品、蔗糖、铜、陶瓷器等。就陶瓷器而言，其来源地及转运方式都发生了明显变化。17世纪后半期，中国在沿海地区实行海禁、迁海政策以及当地频繁的战乱，严重影响了中国贸易瓷对海外的输出。据台时期的明郑海商集团，为了突破经济封锁，除了积极在沿海进行中国陶瓷的走私贸易外，还转向日本等地寻求新的瓷器货源，并通过其东亚海上航运网络，将瓷器转口销售到东南亚各地。

---

① 蒋国学：《17世纪初至18世纪中后期越南南河海外贸易中的华商》，《南洋问题研究》2008年第2期。
② 李塔娜：《越南阮氏王朝社会经济史》，文津出版社，2000，第63页。
③ 明郑，指1661～1683年，郑氏在台湾建立的政权。

第二节　明郑统治时期的瓷器贸易

荷兰人是17世纪西方与中国之间瓷器贸易的最大商家。1624年，荷兰人在台湾以热兰遮城为据点把中国瓷器运往荷兰和日本，开始了大规模的瓷器贸易。经荷兰东印度公司之手，"1604至1657年，运往欧洲市场的中国（高级）瓷器超过三百万件"。[1] 但是在17世纪中期以后，中国陶瓷的外销受到沿海战乱的影响，输出数量大为减少。据荷兰东印度公司1647年1月15日的档案记载，在一船总量为123337件的瓷器从巴达维亚出发运往荷兰后，瓷器的供应迅速萎缩，甚至热兰遮城居民自己的需求都不能得到满足。[2] 同时，随着郑氏海商集团逐渐垄断台湾对大陆及海外的贸易，以台湾作为贸易据点的荷兰东印度公司的贸易活动变得很难进行。荷兰人与郑成功之间的贸易竞争非常激烈，福建沿海输入台湾的商品越来越少，以致在荷兰人统治台湾的后期，中荷陶瓷贸易量逐渐萎缩。[3] 种种原因最终导致1657年中荷瓷器贸易的暂时中断。

---

[1] T. Volker, *Porcelain and the Dutch East India Company* (Leiden, Holland: E. J. Brill, 1971), p. 131.

[2] 维亚勒：《东印度公司1634~1661中国与日本瓷器贸易档案》，《亚洲艺术》1922年第3期，第6~34页。转引自上海博物馆编《海帆留踪——荷兰倪汉克捐赠明清贸易瓷》，上海书画出版社，2009，第38页。

[3] 卢泰康：《17世纪台湾的外来陶瓷——透过陶瓷探讨台湾历史》，花木兰文化出版社，2013，第234页。

明末清初的景德镇，战乱不断，清军与南明及三藩之乱时期清军与吴三桂等势力的拉锯战均在此进行。由于数次遭受战争摧残，景德镇窑业萧条。康熙十三年至康熙十五年（1674~1676年）是景德镇窑业的黑暗时期。康熙十三年五月，江西景德镇等地遭吴三桂、耿精忠等洗劫，大量民间窑场被焚毁，造成景德镇瓷业凋敝。数次遭受重创使得这一时期景德镇瓷器的大规模烧造和外销局面无法维持。据清初文献记载："崇祯初时，窑无美器……顺治初，江右甫平，兵燹未息，磁器之丑较甚于旧而价逾十倍……至康熙初，窑器忽然清美……自十三年甲寅之变，江右盗贼蜂起，磁器复贵，较之昔年，价逾五倍，美者又不可得……自二十七年戊午，豫章底定，窑器复美，价亦渐平，几如初年矣。"[①] 清初的海禁政策也限制了瓷器的海外贸易。康熙时期迁海政策的施行，导致景德镇瓷器在东南沿海的外销路线中断，这种情况一直持续到1684年清朝开海。然而即使在海禁时期，广东沿海地区仍存在着走私活动，中国瓷器得以小规模地销往东南亚的巴达维亚、马六甲等地。[②]

在中国外销瓷器逐步退出西方市场的同时，日本九州地区的肥前窑业乘势兴起，其所产瓷器占据了部分中国贸易瓷在海外的原有市场。初期伊万里瓷器是以17世纪20年代景德镇民窑出口至日本的瓷器为样本，由来自朝鲜半岛的陶工烧制而成的。这些瓷器在以有田为中心的地区烧成，由伊万里港运出，故被称作"伊万里瓷"。17世纪40年代后期~50年代初期，有田瓷业在引进中国制瓷技术的基础上又进行了技术革新，再加上荷兰东印度公司严格的质量监督，其生产技术有了很大提高，能够烧制出可与景德镇瓷器相媲美的高品质产品，有田因此拿到了蜂拥而至的大量订单。日本瓷器的出口是依赖中国和荷兰船只进行的，江户幕府仅特许中国和荷兰船

[①] （清）叶梦珠：《阅世编·卷七》。
[②] 熊寰：《中日古瓷国际竞市研究——以景德镇和肥前瓷器为例》，《中山大学学报》（社会科学版）2012年第1期。

只在长崎出入。随着中国瓷器外销的缩减和中断，荷兰东印度公司开始转向日本，让日本窑场以中国瓷器为原型进行仿制，作为替代品，填补贸易活动中中国瓷器的缺失。[1]

1652 年，荷兰东印度公司开始从有田购买瓷器。出口荷兰的古伊万里瓷最初主要是西方人喜爱的仿中国青花瓷的"芙蓉手"，后来是仿烧的中国转变期风格的青花瓷和五彩瓷。伊万里之所以能够制作五彩瓷，是因为中国内战造成景德镇制瓷工匠外流，有田吸纳了这些技术人员，并进行了技术革新。荷兰订购的伊万里瓷都是以荷兰人带入的中国瓷器和荷兰陶器为样本烧制的。

据记载，有田瓷器外销最早是在 1647 年，由中国船只装载 174 件粗制瓷器经由厦门运往柬埔寨。日本当时处于闭关锁国时代，对外贸易仅限于荷兰和中国商船在长崎进行。1650 年，有田瓷器开始由中国和荷兰的船只向越南北部地区出口。1659 年，按荷兰订单烧制的 5748 件伊万里瓷于长崎港被装上荷兰船只，运往巴达维亚，其中 5548 件商品加 108 件样品共计 5656 件瓷器被转运至荷兰，于 1660 年抵达。这批首次出口荷兰的 5656 件伊万里瓷为人像、茶杯、盘、瓶、芥末罐、黄油容器等五彩、青花瓷器。同年，另有 5 艘荷兰船只装载有 33910 件伊万里瓷器前往台湾、巴达维亚、荷兰、阿拉伯的穆哈、印度等地。此后长崎对荷兰的瓷器出口贸易愈加畅通，有田瓷器外销市场繁荣。直到 1684 年，清政府解除海禁，中国瓷器出口量剧增，有田瓷器在东南亚市场的占有量大幅减少。[2] 伊万里瓷器虽在欧洲风靡一时，但售价偏高，康熙中后期景德镇瓷器产量大增并被大量投放市场，夺回了被伊万里瓷占据的西方市场。

华商集团在肥前瓷器的生产和外销上，扮演了积极而重要的角

---

[1] T. Volker, *Porcelain and the Dutch East India Company* (Leiden, Holland: E. J. Brill, 1971), pp. 127 – 131, p. 145.

[2] 参见《江户名瓷——伊万里展》，大阪市立东洋陶瓷美术馆，2012。

色，特别是长期来往日本，经营东亚贸易的郑氏海商集团。在中国货源短缺的情况下，它们当然会将日本肥前的伊万里瓷器视为重要的贸易物资。据日本学者统计，1650～1682年，约有400万件肥前陶瓷被输出，其中约有198万件是由荷兰船只所运送的，华商（唐船）的输出量则在203万件左右。[1] 关于中国商船从事陶瓷贸易的状况，在荷兰、日本、英国、西班牙的史料中都有记载，已有学者进行过统计。[2] 从统计数据中可知，这些中国戎克船在1661年之后，从日本大量运载瓷器至巴达维亚、万丹、广南、台湾、暹罗、菲律宾等地，其中驶往巴达维亚的船只数量最多，其次是万丹；瓷器中既有粗瓷，又有精细瓷器，其中1669年之后的瓷器运载信息中还明确地记载有彩绘瓷器。同时，这些中国商船还为有田窑业运送了大量青料。根据荷兰学者T. Volker的统计，1650年（清顺治七年）至1665年（康熙四年）有大量的中国青料通过来自福州、安海、漳州、沙埕、舟山以及安南的商船输入日本。[3] 在日本有田数处窑址发掘的陶瓷遗物中也发现了写有"三官""五官""郑某"等和华人有关的铭文瓷片，所以学者们多认为郑成功所属的华商集团是当时驻留日本的华商中最具势力的，在肥前瓷器的生产和外销上扮演了积极而重要的角色。[4] 前面提到的荷兰和日本的记录中就有关于台湾的东宁船从日本装载瓷器运至台湾、厦门以及暹罗等东南亚地区的内容。通过明郑转口的日本瓷器，也可能通过英国东印度公司输出至印度甚至英国伦敦。而根据菲律宾的西班牙海关记录，1664～1684年，不断有台湾船只抵达菲律宾的马尼拉港，转口包括日本肥

---

[1] 转引自卢泰康《17世纪台湾的外来陶瓷——透过陶瓷探讨台湾历史》，花木兰文化出版社，2013，第241页。

[2] 卢泰康：《17世纪台湾的外来陶瓷——透过陶瓷探讨台湾历史》，花木兰文化出版社，2013，第244～246页，表5-1、表5-2、表5-3。

[3] 陆明华：《从景德镇到伊万里——瓷器风格的转变》，载中国古陶瓷学会编《外销瓷器与颜色釉瓷器研究》，故宫出版社，2012。

[4] 卢泰康：《17世纪台湾的外来陶瓷——透过陶瓷探讨台湾历史》，花木兰文化出版社，2013，第241页。

田窑产品在内的各式瓷器，而这些瓷器随着马尼拉帆船销售到西班牙在美洲的殖民地，这一点在马尼拉及美洲西属殖民地遗址的考古发掘中已被证实［见图6-1（1）~图6-1（3）和图6-1（6）］。[①]

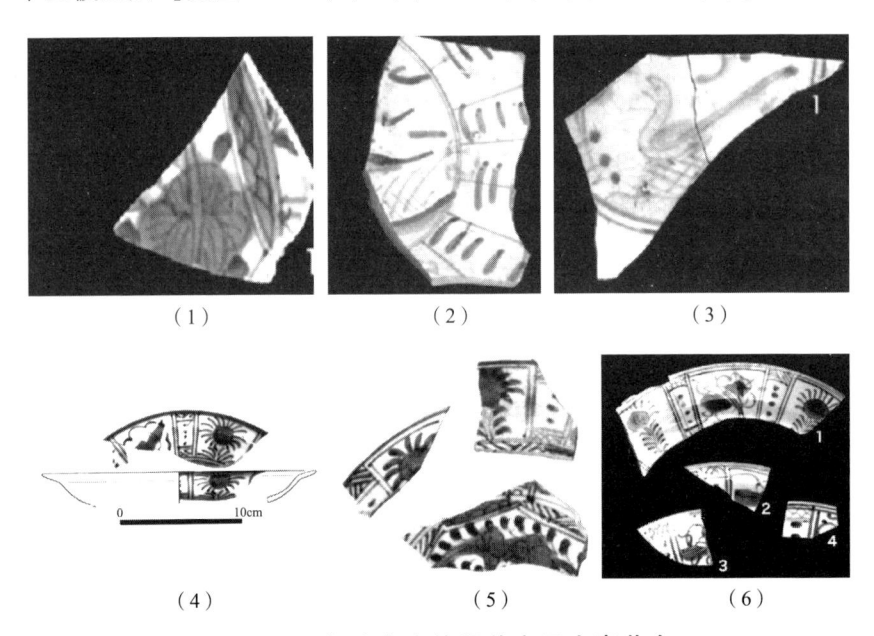

图6-1　各地出土的肥前窑开光青花盘

注：（1）~（3）于西班牙殖民时期马尼拉Intramuos城的考古遗址出土，（4）于台南县新市乡社内遗址出土，（5）于安提拉古遗址出土；（6）于墨西哥城出土。

除了上述地区外，东南亚其他地区也有肥前瓷器出土。在印度尼西亚爪哇岛的万丹及巴达维亚遗址、越南会安、泰国［见图6-2（1）］、柬埔寨等遗址及中国东南沿海的沉船［见图6-2（2）］中，均发现有这一时期的肥前瓷器。台湾作为当时重要的贸易转口中心，肥前瓷器的发现比较普遍。在台湾高雄市左营旗凤山旧城遗址[②]、台南县社内遗址［见图6-1（4）和图6-2（3）］、台南市区及安平热兰遮城遗址均有出土肥前瓷器，主要包括折沿开光青花

[①] Takenori Nagomi, "On Hizen Porcelain and the Manila-Acapulco Galleon Trade," *Indo-Pacifica Prehistory Association Bulletin* 26 (2007): 124 – 130.

[②] 臧振华、高有德、刘益昌：《左营清代凤山县旧城聚落的试掘》，《"中央"研究院历史语言研究所集刊》第六十四本第三分，1993。

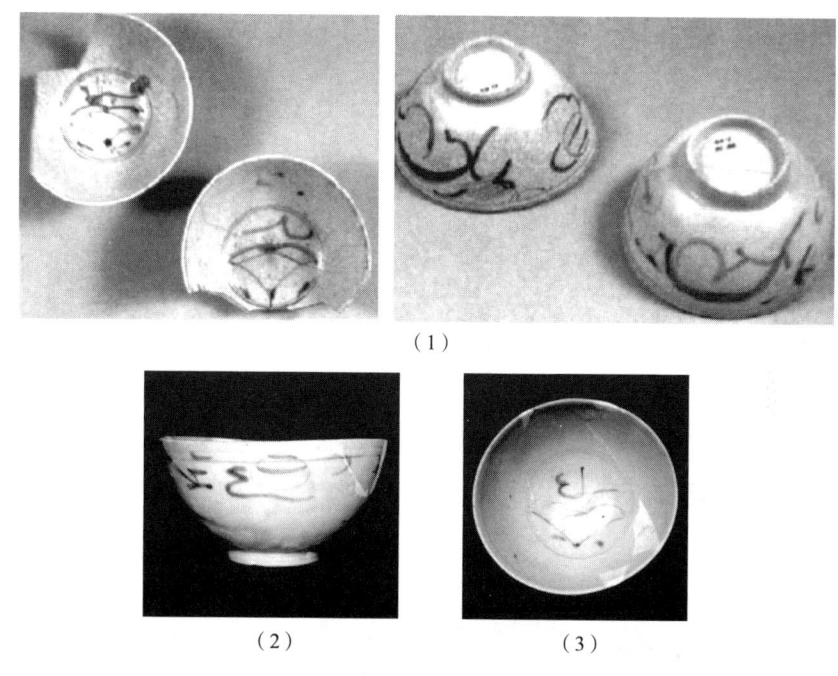

图 6-2 出土的肥前窑青花云龙纹碗

注：(1) 于泰国大城府遗址出土，(2) 于福建东山冬古沉船出水，(3) 于台南县新市乡社内遗址出土。

资料来源：引自卢泰康《17世纪台湾的外来陶瓷——透过陶瓷探讨台湾历史》，花木兰文化出版社，2013。

盘、云龙纹青花碗、竹枝纹青花小杯、山水纹青花瓶以及唐津二彩陶器等。① 其中折沿开光青花盘主要是仿明代万历年间（1573～1620年）景德镇民窑烧造的克拉克瓷器风格，在日本又被称为"芙蓉手"。自1659年开始，伊万里开始大量烧造"芙蓉手"风格器物，用于代替明末清初转变期风格的景德镇克拉克瓷。它们往往根据荷兰订单烧制，并由荷兰东印度公司批量外销。这种盘和中国瓷器盘非常相似，只不过外底往往留有装烧过程中防止盘底塌陷的支烧痕。类似开光青花盘在台南、爪哇岛的万丹遗址、马尼拉西班

---

① 卢泰康：《17世纪台湾的外来陶瓷——透过陶瓷探讨台湾历史》，花木兰文化出版社，2013，第236～239页。

牙时期Intramuos城址以及墨西哥城、安提瓜古遗址中均有发现（见图6-1），揭示了其外销的航线。肥前窑云龙纹青花碗（见图6-2）也是各地发现较普遍的器物，这种装饰在日本又被称为荒矶纹，在日本肥前地区的窑址中有出土，还见于越南中部的会安遗址、泰国大城府遗址以及福建东山冬古沉船中，其中冬古沉船被认为是和郑氏海商集团密切相关的战船遗址。① 此外还有青花花卉纹碗、杯、瓶等（见图6-3），也广泛分布于东南亚地区。出土的这些肥前窑瓷器中既有订制的精细瓷器，又包含了文献中所谓的粗瓷产品。

（1）　　　　　　　　　　　　（2）

（3）　　　　　（4）

图6-3　各地出土的肥前窑青花碗、杯、瓶

注：(1) 于澳门出土，(2) 于台南县新市乡社内遗址出土，(3) 于南明永历三十六年洪氏墓出土，(4) 于泰国Thao Khot寺出土。

资料来源：引自卢泰康《17世纪台湾的外来陶瓷——透过陶瓷探讨台湾历史》，花木兰文化出版社，2013。

① 陈立群：《东山岛冬古沉船遗址初探》，《福建文博》2001年第1期。

这一时期，挤占中国陶瓷海外市场的还有部分越南、泰国等东南亚的产品。据荷兰东印度公司档案记载，华商和荷兰东印度公司的船只曾大量从越南北部的东京（越南北河）运送陶瓷到巴达维亚等东南亚地区。据 T. Volker 统计，1663~1682 年至少有 145 万件越南瓷器被输至亚洲市场。[①] 实物资料包括中国台湾、日本出土的釉下褐彩碗，以及中国台湾、日本、越南和中国东南沿海沉船中常见的陶制平口小底瓶（见图 6-4）。

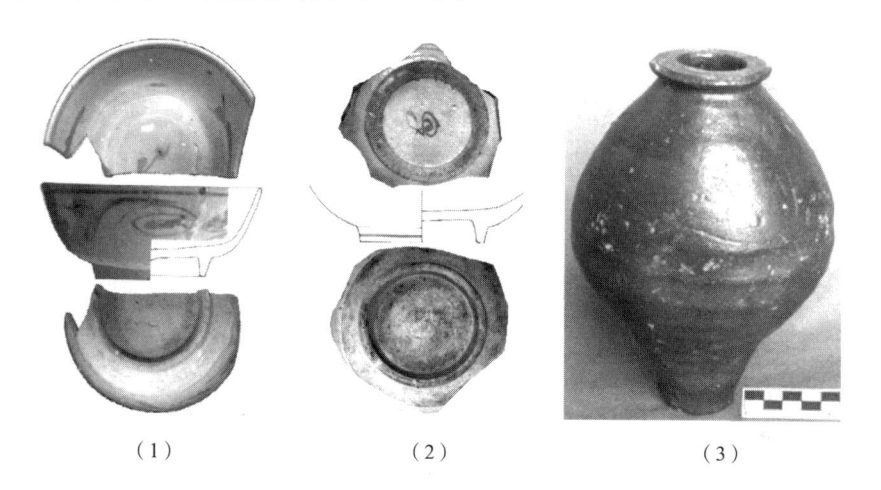

图 6-4 各地遗址出土的越南陶瓷

注：（1）~（2）为于台南县新市乡社内遗址出土的越南釉下褐彩碗，（3）为台南市文化局收藏的越南平口小底瓶。

资料来源：引自卢泰康《17 世纪台湾的外来陶瓷——透过陶瓷探讨台湾历史》，花木兰文化出版社，1993。

厦门港也是明郑统治时期的重要转口贸易港，荷、英、西等的文献档案中也多有船只从厦门港运载粗瓷至万丹等东南亚地区的记载，这些粗瓷可能是从长崎转运而来的日本肥前窑产品，也可能是福建、广东等东南沿海地区所产的粗制陶瓷。这一时期发现的中国陶瓷器中，景德镇产品的数量非常少，只在东山冬古沉船及台湾的

---

① T. Volker, *Porcelain and the Dutch East India Company* (Leiden, Holland: E. J. Brill, 1971), p. 131.

遗址中有少量发现，数量更多的为福建民窑瓷器。其中最具代表性的就是青花秋叶纹盘（见图6-5）。这种秋叶纹是明清交替之际，具有鲜明时代特征的装饰图案，在景德镇及南方地区的窑场中都有广泛使用，常常是一片树叶或单一多孔洞石的纹饰，树叶旁常题"一叶佳式""梧桐一叶落、天下尽皆秋""一叶清风"等铭文，多见于顺治、康熙时期。中国东南沿海地区以及东南亚等地的遗址和沉船中普遍发现的青花秋叶纹碗、盘多为典型的17世纪后半期中国南方生产的仿景德镇产品。在福建东山冬古沉船中发现的陶瓷器中，这种秋叶纹盘非常多，而且风格一致，盘的口径为14.3~14.6厘米，主要包括两大类：一类是题有"一叶清风"的铭盘，这类盘总体制作较粗糙，釉色多白中泛青，内外口沿及圈足饰青花弦纹，内底饰一片秋叶纹，旁题诗文"一叶清风"，青花呈色较灰暗；另一类为酱口秋叶纹盘，制作较精细，口沿施酱釉一周，秋叶纹旁题字"玉堂佳器，一叶清风""合兴佳器、玉叶为记"等。此外，还见有较精美的玉兰花叶盘，青花呈色较艳丽，绘画精致，旁题"一叶知秋意，新春再芳菲"。冬古沉船中发现的秋叶纹盘多内外满釉，足端刮釉，器底黏有沙粒。这种秋叶纹盘在台湾地区发现的数量也很多，大多是康熙时期产品。类似的秋叶纹盘在年代较晚的越南"头顿号"沉船中（人们推断当为1690年左右）也有发现。"头顿号"沉船中的出水瓷器均为康熙时期风格瓷器，打捞物品中有"庚午年"款墨块，所以人们推测其绝对年代为康熙二十九年（1690年）之后。[1] 和沉船中瓷器风格一致的青花秋叶纹盘，在漳州地区的诏安朱厝窑址、秀篆窑址有大量出土。[2] 此二窑址出土的秋叶纹盘，釉色青灰，口沿一周酱釉，盘心以青花绘秋叶并书"太平年兴"和"禄"字方款，其胎釉特征和冬古沉船出水一致。平和县

---

[1] 中国广西壮族自治区博物馆、中国广西文物考古研究所、越南国家历史博物馆：《海上丝绸之路遗珍——越南出水陶瓷》，科学出版社，2009，第XⅢ页。
[2] 福建省博物馆：《漳州窑》，福建人民出版社，1997，图版四十三。

洞口窑址也见"一叶传芳"秋叶纹盘。在华安县高安下虾形窑址采集的青花兰花纹残片，白釉，釉面莹润，胎体致密，盘内底残留玉兰花枝，书写诗句"……得秋气新春……飞"，题"东溪"印章款，与冬古沉船的玉兰花叶秋叶盘也非常相似。①

（1） （2） （3）

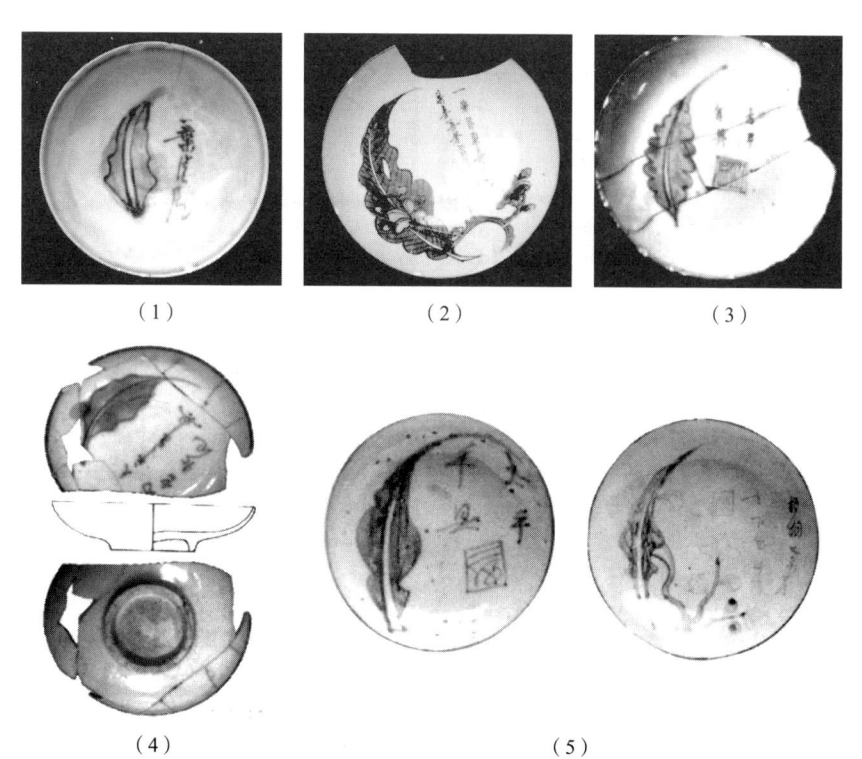

（4） （5）

图6-5 各地出土的青花秋叶纹盘

注：（1）~（2）于冬古沉船出水，（3）于高雄县左营区凤山旧城遗址出土，（4）于台南出土，（5）于"头顿号"沉船出水。

与秋叶纹盘同期出土，且发现数量很多的还有一种文字纹青花碗（见图6-6），这也是17世纪后半期常见的福建青花瓷。冬古沉船中曾集中出土一批，器物口沿外撇，斜弧腹，内平底，外壁饰多个等距离分布的草体"寿"字纹，内底心为青花单字"雅"

---

① 叶文程主编《华安窑：中国福建古陶瓷标本的人系》，福建美术出版社，2005，第132页。

"玉""佳""寿""吉"等，单字外绕一周青花短线带饰。总体来看，这类碗胎釉均较粗糙，釉色多呈灰白色，有的青花呈色灰黑，器物内外施釉，外底不施釉，器底黏有装烧时所用的沙粒。这类青花文字碗在台南、高雄等地的遗址中也曾大量发现。

(1)

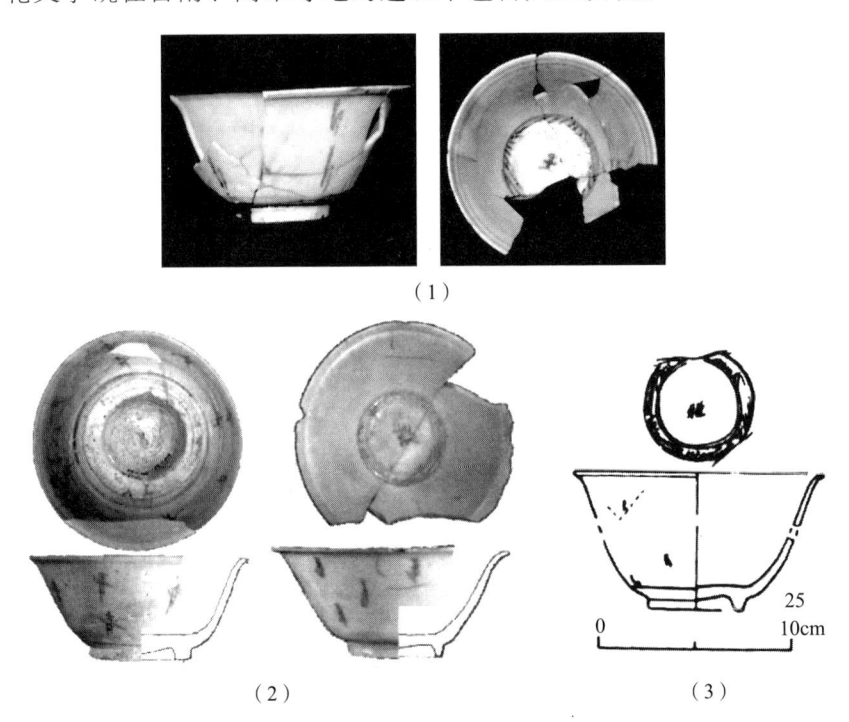

(2) (3)

图 6-6 各地出土青花文字纹碗

注：(1) 于冬古沉船出水，(2) 于台南、高雄等地发现，(3) 于日本鹿儿岛 17 世纪 60 年代沉船出水。

曾在云霄县火田窑址采集到这种变体"寿"字纹青花碗，碗内底心书"雅""寿"等字。这种内底心"雅"字及外壁变体"寿"字纹饰，在平和县碗窑山窑址、漳浦县坪水窑址出土的瓷器中都有发现。这类青花瓷碗同样也是诏安县朱厝窑址、秀篆窑址常见的器型。[①] 这些窑址采集的标本无论是在胎釉特征，还是在造型、装饰上，均与台南、高雄等地遗址及冬古沉船、越南"头顿号"等沉船出水的

---

① 福建省博物馆：《漳州窑》，福建人民出版社，1997，第 13、19、21~25 页。

标本一致。明清时期，福建地区墓葬非常流行用青花瓷碗结合三合土做封土，用青花瓷器构筑墓室在明代中晚期至清代康乾时期的漳浦地区形成风气，有的墓穴中会埋葬数千件青花瓷。① 这种文字纹青花碗在闽南及台湾地区明末清初的三合土封土的墓葬中多有发现。漳浦南山农场和坑村黄性震墓、石榴后埔清墓中就大量出土有此类瓷器，黄性震卒于康熙四十年（1701年），榴后埔清墓出土瓷器与黄性震墓出土瓷器风格相似，时代也应该一致，墓葬资料可帮我们进一步推定这类瓷器流行的年代。

此外，明郑统治时期的贸易瓷中还发现较多团菊纹青花碗、赤壁赋乘船人物纹碗、简笔山水纹碗及小杯等。除了青花产品，还见有白釉、酱釉、米黄釉开片瓷器等。一些白瓷壶、罐类，胎体致密，釉色光润透亮，同种胎釉特征的白瓷在华安县高安东坑庵、松柏下窑址都有生产，也见于南靖窑址。还有一类白釉产品，以杯为主，也见少量的碗，胎体洁白细腻，釉色莹润纯净，装烧方式为支钉叠烧，明显地具有德化窑的特征，为德化地区的白瓷产品。米黄釉开片瓷器，正是漳州地区明末清初的另一重要瓷器品种，在南靖窑、华安窑、平和洞口窑都有发现，主要有碗、瓶、罐、壶等器型。这些陶瓷产品的主要产地为闽南的漳州、德化等地，产品品质并不是特别高，作为粗瓷产品主要是为满足当时亚洲市场的需要，因而在东南沿海地区居民中被广泛使用。

---

① 王文径：《福建漳浦明墓出土的青花瓷器》，《江西文物》1990年第4期；王文径：《漳浦出土的明清瓷器》，《福建文博》2001年第1期。

第三节　结语

　　明末清初，政权动荡、交替，耗时长久的拉锯战对景德镇地区的制瓷业造成巨大破坏，加上清政府为打击郑氏海商集团这一反清复明势力所采取的海禁及迁海政策，使东南沿海地区传统的海外贸易遭受极大冲击。在混乱的形势中，郑氏海商集团乘机控制了以厦门和台湾为基地的北上日本、南下东南亚地区的东亚贸易网络，成为荷兰东印度公司海上贸易的有力竞争者，甚至对荷兰人的贸易造成打击。万历以来兴盛的景德镇瓷器外销欧洲的途径被迫中止，中国大规模的瓷器外销中断。日本有田窑业借势兴起，填补了欧洲瓷器市场的空缺。荷兰东印度公司转向日本有田窑购置瓷器，开启了伊万里瓷外销欧洲的繁荣时代，巴达维亚代替台湾成为重要的瓷器仓储地和中转站。中国东南沿海的走私活动仍在继续，除了荷兰东印度公司，以郑氏海商集团为代表的华商群体是这一时期东亚海域贸易中的重要势力。福建、广东等地的华南粗瓷产品还在延续生产并通过当时的贸易网络销售到亚洲市场，成为这一时期遗址中常见的遗存。

第 七 章

鸦片战争以前清代外销瓷贸易的繁盛

第一节 17~18世纪盛行欧洲的中国风
第二节 从沉船资料看清代前期的瓷器贸易
第三节 18世纪广州一口通商下的瓷器贸易

第一节　17~18世纪盛行欧洲的中国风

康熙二十三年（1684年），明郑归降清朝，中国政局逐步稳定，清政府随即解除海禁，开海贸易。康熙二十四年（1685年），江（松江上海）、浙、闽（福州和厦门）、粤（广州）四海关成立。康熙时期，清政府设立的闽海关分别在福州和厦门设有海关监督衙门，即"南台和厦门衙署"。[①] 到了雍正时期，为杜绝人口大量移居海外，浙闽总督高其倬等规定了海外贸易船的出口之处，"闽省者总归厦门一处出口，粤省者总归虎门一处出口，其别处口岸一概严禁，如有违禁在别处放船者，即行查拿，照私越之例治罪"。[②] 甚至在厦门、广州等地设有"番馆"，专门接待来华贸易的外商。1717年以前，清代对外贸易的原则以"西洋来市、东洋往市、南洋互市"为主[③]，使得中国东南沿海的对外贸易全面开放，外国船只可以自由出入广州或厦门港进行贸易，而运载货物前往东南亚地区的中国船只的数量更是惊人。与此同时，随着政局的稳定，景德镇窑业逐步恢复。康熙十九年（1680年），朝廷派官员到景德镇负责督管烧造宫廷用器的御窑。康熙时期，官府废除了匠籍制，充分

[①] 陈希育：《清代前期的厦门海关与海外贸易》，《厦门大学学报》1991年第3期。
[②] 转引自冯立军《试论清朝前期厦门海外贸易管理》，《南洋问题研究》2001年第4期。
[③] 陈国栋：《东亚海域一千年：历史上的海洋中国与对外贸易》，山东画报出版社，2006，第204~206页。

激发了工匠的生产积极性。嘉靖以来御窑生产的"官搭民烧"制度,在康熙时期固定下来。这些措施和制度极大地促进了民窑的发展。康熙中期的瓷器质量达到了我国制瓷史上的又一个高峰,产品胎体洁白、坚硬,青花呈色浓艳,纹饰精美,受到海外市场的广泛欢迎。外销瓷的品种既包括鲜艳精致的青花瓷,又有以五彩为主的彩瓷。康熙青花色调丰富,色彩鲜蓝青翠,备受推崇。从康熙后期开始,景德镇生产的与转变期瓷器风格完全不同的以红、绿为基调的五彩瓷器在欧洲备受青睐,同时还仿烧古伊万里的金襕手(也称"中式伊万里")。加上这一时期因为荷兰人的努力经营,海外瓷器市场日益扩大,因此海禁一开,瓷器便大规模输出,中国外销瓷的生产和输出进入一个新高峰。

  1683年以后,中国陶瓷器再次大量输入欧洲。17世纪晚期,随着通商口岸的开放,大量中国商船装载货物驶往巴达维亚,完全能够满足欧洲市场对中国商品的需求。明郑以来输入欧洲的日本瓷器品质不如中国瓷器,价格却是原来中国瓷器的2～3倍,而且供应不稳定,所以在中国贸易再次开通后,荷兰东印度公司马上停止从日本方面购买瓷器,重新从中国进口。由于大量陶瓷由中国商船运到巴达维亚,荷兰东印度公司在1689年决定放弃与中国直接进行贸易的政策。根据海牙博物馆保存的荷兰东印度公司的档案记录,该公司在1683～1729年、1734～1757年购买的中国货都是在巴达维亚从中国商人手里购得,再由荷兰东印度公司的船只运回欧洲的。[①]一直到18世纪中期,还有少量日本瓷器通过荷兰东印度公司和中国商人运销亚洲各地,或辗转运至欧洲荷兰、英国、法国等地。日本伊万里瓷作为17世纪中期以来外销欧洲的高档瓷器很受欢迎,无论是"柿右卫门样式",还是后来的"金襕手样式",都符合欧洲人的审美情趣。"金襕手样式"模仿景德镇明代嘉靖、万

---

① 〔越南〕阮庭战:《越南海域沉船出水的中国古陶瓷》,载中国古陶瓷学会编《中国古陶瓷研究》(第14辑),紫禁城出版社,2008。

历时期的红绿彩瓷器,青花瓷烧成后再在釉上绘金彩、红彩,欧洲订烧这类大瓶、大壶装饰宫殿和宅邸,其装饰风格与当时欧洲流行的洛可可风格一致,所以该类瓷器在欧洲很受欢迎。大量17世纪晚期及18世纪的日本瓷器被辗转运到欧洲,在这个过程中,很多私商参与了日本瓷器的贸易,他们将瓷器从日本运出,然后从巴达维亚通过荷兰东印度公司或其他国家东印度公司的船只运销欧洲。同时,法国和英国还在欧洲市场抢购瓷器。

随着对华贸易的繁荣发展,大量东方物品输入欧洲,对欧洲人的品位及审美产生了很大影响。17~18世纪,欧洲盛行中国风,中国的文化、建筑、艺术都在欧洲大为流行,受到欧洲人的热捧。用中国丝绸做衣服,用中国的瓷质餐具和茶具吃饭、饮茶在当时的欧洲都成为时尚。对于当时的欧洲来说,陶瓷器不仅仅是器皿,更是社会知识、财富、权力的象征。很多瓷器的装饰作用大于其实用性。收藏这些异国瓷器并在室内展示,成为当时的潮流。碗、盘、碟、瓶被用来装饰壁架和橱柜,或在夏天用来装饰壁炉。后来,在欧洲的贵族家庭中,出现了很多私人收藏的展柜和陈列室、瓷器室(见图7-1)。[1] 特别是随着茶、咖啡、可可等热饮在欧洲的兴起和流行,对瓷器的需求量进一步增长。自18世纪开始,英、法商船每年都到厦门及广州购买茶叶、生丝、丝绸、瓷器。当时荷兰东印度公司通过到达巴达维亚的中国货船获取瓷器,而非直接前往中国进行贸易。中国商船运送大量陶瓷器到巴达维亚,走私贸易也异常活跃,巴达维亚总督在无利可图的情况下,于1694年下令暂时终止公司从东方购入瓷器,转而专注于亚洲间的瓷器贸易,结果英国商人运销的瓷器充斥阿姆斯特丹市场。[2]

---

[1] 夏鼐:《瑞典所藏的中国瓷器》,《文物》1981年第5期。
[2] 荷兰国立艺术收藏院筹划,香港市政局与荷兰驻港总领事馆联合主办:《中国陶瓷与荷兰德尔福特陶瓷》展览图录,香港艺术馆,1984年1月6日至2月15日,第33页。

图 7 - 1 用于摆放中国外销瓷的胡桃木橱柜（上海博物馆藏）

资料来源：引自上海博物馆编《海帆留踪——荷兰倪汉克捐赠明清贸易瓷展》，第 40 页插图 4。

第二节　从沉船资料看清代前期的瓷器贸易

17世纪末及18世纪早期的中国商船遗迹在中国东南沿海及越南海域均有发现。

2005年6月，中国国家博物馆水下考古研究中心根据渔民提供的线索，组织全国水下考古力量成立碗礁一号水下考古队，对东海平潭"碗礁一号"沉船进行了抢救性发掘。"碗礁一号"沉船遗址被发现于福建省平潭县屿头岛附近海域，埋藏在水深约14米的海底，船体大部分保存下来，残长13.5米，保存有16个隔舱，是一艘清代木船。在船体被发现时，一部分瓷器散落在船体表面及周围，大部分仍整齐排列在船舱内，保持着原始装载状态，共计打捞出水17000余件瓷器。陶瓷种类以青花为主，还有少量青花釉里红器物、单色釉瓷器、五彩器等。器型主要包括将军罐、花觚、樽、香炉、罐、杯、大盘、中盘、小盘、碗、浅腹碗、粉盒、笔筒、小瓶、小盏、洗等，非常丰富，器物制作规整、造型优美。除了陶瓷器，还发现几件石砚、铜钱、铜锁等。[①] "碗礁一号"沉船出水的青花瓷器（见图7-2）胎体致密、坚硬，胎色纯白或粉白，胎体较轻薄，釉色莹润、施釉均匀，青花色泽浓艳，色度丰富，层次感强。青花瓷器的装饰题材多样，包括中国瓷器上的大部分传统装饰

---

① 碗礁一号水下考古队编《东海平潭碗礁一号出水瓷器》，科学出版社，2006。

纹样，有山水楼台（远山、近水、江景、楼阁、水榭、湖石等）、草木花卉（松、竹、梅、菊等）、珍禽瑞兽（凤、鹤、雉、鸟、龙、狮等）、博古杂宝、人物故事、吉祥文字等。青花釉里红器物仅见

图7-2 "碗礁一号"沉船出水的陶瓷器

资料来源：碗礁一号水下考古队编《东海平潭碗礁一号出水瓷器》，科学出版社，2006。

于少量中盘，一般是在一些青花瓷器的纹样、图案的局部添加釉里红作为点缀。青花色釉器主要有青花青釉器和青花酱釉器。青花青釉器仅见于葫芦瓶，青花酱釉器则有葫芦瓶和盏。单色釉器为仿哥釉洗。五彩器有盖罐、盘、杯等。

"碗礁一号"沉船出水的瓷器，以青花瓷为主。从器物特征和装饰风格来看，基本上都是清代康熙中期的景德镇民窑产品，因此可初步推断"碗礁一号"沉船的沉没年代在清康熙中期，约为17世纪末。[①]

属于这一时期的沉船还包括沉没在越南海域的"头顿号"沉船（Vung Tau wreck）和金瓯沉船，这两艘沉船上打捞出来的船货绝大部分为康熙、雍正年间生产的中国瓷器，考古发掘证明它们均为中国船只。[②]

"头顿号"沉船因靠近头顿省槟榔岛，又被称为"槟榔沉船"。出水的货物主要是陶瓷器，共有6万件（套），以青花瓷为主，包括有八棱托杯、高足杯、盖杯、六方壶、咖啡壶、单柄盖罐、单柄大口罐、小盖罐、瘦长将军盖罐、军持、花觚、各种造型的瓶等，纹饰包括折枝花卉、山水人物、番莲纹、折枝藤纹、蔓叶朵花纹、山水小景、双雀闹梅、博古图、西洋宫苑亭阁、婴戏莲、侍女等题材。这些青花瓷器胎质坚硬致密，烧结程度高，胎体洁白、纯净，轻薄，釉色透明莹润，青花色泽明艳，呈色浓淡有别，包含深浅不一的多种色阶，所绘山水人物有远有近、疏密得当、层次感强，具有典型的康熙青花特征，当为康熙时期景德镇民窑高档产品。这批青花瓷器上虽然也出现我国传统的装饰题材，但是无论造型还是装饰风格，更多地呈现异域特色，体现了其外销的特性（见图7-3）。

[①] 碗礁一号水下考古队编《东海平潭碗礁一号出水瓷器》，科学出版社，2006，第20页。

[②] 中国广西壮族自治区博物馆、中国广西文物考古研究所、越南国家历史博物馆：《海上丝绸之路遗珍——越南出水瓷器》，科学出版社，2009。

如竹节高足杯，杯身深且高，还有铃铛形及筒形杯、单柄盖罐、大口单柄罐、灯笼瓶、收腹盖瓶、瓜形腹高颈瓶、洗口瓶、筒身花觚等，绝大多数器物的造型均不属于我国传统器型，为具有欧洲风格的用具。还有一些纹饰，如卷枝番莲纹、折枝藤纹、蔓叶朵花纹、横杆结网纹、不知名折枝花卉、西洋宫苑景等题材明显来自西方。青花多使用开光技法，且往往采用不规则开光、多边形开光、曲线开光、扭瓜棱开光等方式。这些特征，体现了我国外销瓷生产中来样订货的模式。外销瓷上的装饰绘画，大部分以西方顾客所提供的铜版画、印花为蓝本，或是将西方画家绘制的画稿和设计图样复制到瓷器上而成，正所谓"式多奇巧，岁无定式"。①

图7-3 "头顿号"沉船出水的景德镇民窑青花瓷

资料来源：中国广西壮族自治区博物馆、中国广西文物考古研究所、越南国家历史博物馆《海上丝绸之路遗珍——越南出水瓷器》，科学出版社，2009。

除了大量的景德镇青花外销产品外，"头顿号"沉船上还有一些福建窑口的器物（见图7-4），包括酱口青白釉大碗、青花秋叶纹盘、青白釉安平壶以及德化的白釉孖盒、白釉印花圆粉盒等。其中，酱口青白釉大碗及青花秋叶纹盘均也见于东山冬古沉船，漳州诏安朱厝、秀篆窑址以及华安窑址中也都有发现，属于典型的清代早期漳州地区的民窑产品。还有少量的褐釉人物雕塑（见图7-4），窑口暂未明确。因"头顿号"出水的陶瓷器多具有康熙时期风格，

---

① 胡光华：《从西方的"中国热"到中国外销艺术的西化》，《美术观察》1999年第2期。

且出水物品中发现1件"庚午年"款墨块,故沉船调查报告的作者推断其时代为1690～1700年。沉船上还发现有西班牙制造的太阳钟和大炮,人们推测它应是一艘荷兰东印度公司时期来自中国,前往巴达维亚以便将货物转运欧洲的商船,途经越南海域时沉没。又因沉船出水的一批器物,如托杯、花觚等,与我国东南闽江口以南发现的"碗礁一号"沉船出水陶瓷器风格一致,所以它很可能与"碗礁一号"沉船的航线一致,即载运景德镇陶瓷器自赣东南进入闽江水系,顺江而下从福州出闽江口南下(还有可能途经厦门),而后经南海海域到达东南亚地区。这条路线也是宋元以来,景德镇陶瓷外销的传统路线。①

图7-4 "头顿号"沉船出水的华南陶瓷器
资料来源:中国广西壮族自治区博物馆、中国广西文物考古研究所、越南国家历史博物馆《海上丝绸之路遗珍——越南出水瓷器》,科学出版社,2009。

金瓯沉船位于越南金瓯省沿海,其出水陶瓷器(见图7-5)绝大多数为景德镇青花瓷,还有少量的广东民窑产品。器物造型包括碗、杯、敞口大盘、折沿盘、六方花形盘、菱口花形盘、单把杯、奶杯、马克杯、托盏、瓜棱盖罐、大罐、盖盅、八棱壶、执壶、梨形壶、奶壶、鼻烟壶、水盂、圆形盖盒以及人物、动物雕塑。从这些器型来看,既有具有中国传统风格的器物,也有很多专门适应欧洲人生活方式的日用器具。从瓷器品种看,以青花为主,

---

① 栗建安:《东海平潭碗礁一号出水瓷器概述》,载碗礁一号水下考古队编《东海平潭碗礁一号出水瓷器》,科学出版社,2006,第21页。

还有青花红彩、素三彩、紫红及绿釉刻划填彩器、白釉器、酱釉白花器、紫金釉器及三彩雕塑等。青花的装饰题材多为中国传统事物，特别是人物故事，包括麻姑献寿、红绡女、《西厢记》场景、牧马图、爱梅图、折桂图、牧牛图、直上青云等含有美好寓意的人物场景图。这些器物的造型及装饰风格延续了康熙时期的特征，只是在纹饰及青花呈色上更为清新、淡雅。也见开光"克拉克瓷"大盘，还有折枝花卉、山水人物、禽鸟及"福""禄""寿"纹装饰。少数瓷器上则绘有荷兰水坝等西洋风景图。

图7-5 金瓯沉船出水的陶瓷器

资料来源：中国广西壮族自治区博物馆、中国广西文物考古研究所、越南国家历史博物馆《海上丝绸之路遗珍——越南出水瓷器》，科学出版社，2009。

还有一种七瓣团花纹碗，敞口，深弧壁，青料彩绘倒"山"字以及三角、圆圈、莲瓣、蝉纹等，应该是潮州等广东地区窑口产品[①]，

---

① 参见广东省博物馆编《南国瓷珍——潮州窑瓷器精粹》，岭南美术出版社，2011，第110页。

据说这类大碗是东南亚地区在广东订烧的器物。

沉船出水瓷器中发现有书"大清雍正年制"款及"若琛珍藏"铭杯，结合瓷器的胎釉特征，可知沉船年代当为清代雍正时期（1723~1735年）。从打捞出水的船员用品及船型结构判断，该船来自中国。而沉船上广州地区陶瓷器的发现，说明其出发港口很可能是广州。

同时期发现于肯尼亚的蒙巴萨沉船（Mombasa Wreck）则为一艘葡萄牙军舰。蒙巴萨沉船发现于肯尼亚蒙巴萨老港口水下18米处，是一艘有42门炮的护卫舰，1680~1681年建造于庞培附近，康熙三十六年（1697年）年沉没于蒙巴萨耶稣堡前的港湾中。蒙巴萨沉船出水各类瓷片238片，代表69件瓷器个体。其中，景德镇青花瓷37件，占总数的53.6%，青花瓷器中，较粗的青花梧桐叶纹盘就占了1/3；五彩瓷器9件，占总数的13.0%。蒙巴萨沉船出水的陶瓷器以日用瓷为主，可明显地分为精、粗两类。其中的精细青花瓷可见于荷兰东印度公司沉船中，为这一时期典型的外销瓷。粗制类青花则包含景德镇康熙民窑的低档产品和华南地区窑口的产品。蒙巴萨沉船上发现的瓷器在总体面貌上和品质上都略逊于前面提到的为荷兰东印度公司运送的瓷器，说明荷兰东印度公司控制了这一时期景德镇高端瓷器的货源，葡萄牙人已丧失其在印度洋上贸易的主导权。[①]

[①] 秦大树、徐华锋等：《肯尼亚蒙巴萨塔纳号沉船出水的中国瓷器》，《故宫博物院院刊》2014年第2期。

第三节　18世纪广州一口通商下的瓷器贸易

康熙五十九年（1720年），在广东官府的支持下，16家行商成立了具有垄断性质的"公行"，并规定行商承揽茶叶、生丝、大黄等大宗货品的出口贸易，而扇、瓷、牙雕等8种手工艺品允许行外散商、铺商在行商加保的条件下与外商交易，这就是所谓的"十三行制度"。① 十三行是17世纪后期至19世纪中叶中国对外贸易的特殊组织，是替清政府行使贸易特权的机构。十三行的行商都是清政府批准、应允的，属于半官半商性质的组织。一口通商之后，广州成为各国商人云集的贸易基地。18世纪，荷兰在东南亚海域的势力逐渐减弱，英国继之而起，逐渐超越荷兰和法国，成为东印度海域的霸主。康熙时期，英国人在广州逐渐有了立足之地。康熙五十四年（1715年），英国东印度公司被允许在广州设立商馆。1716年以后，英国商船运载了大量中国瓷器到欧洲。18世纪30年代以后，广州港附近停泊的外国商船中，英国商船数量最多，中英瓷器贸易也进入黄金时期。18世纪中叶，在欧洲经营中国瓷器贸易的国家中，英国占据首要地位。② 这一时期，随着政局的稳定，清政府对海外贸易逐渐采取更为开放的态度，西方国家相继到达中国东南沿

---

① 翁舒韵：《明清广东瓷器外销研究（1511～1842）》，硕士学位论文，暨南大学，2002。
② 万钧：《东印度公司与明清瓷器外销》，《故宫博物院院刊》2009年第4期。

海地区开展贸易，纷纷在广州设立商馆。① 雍正七年（1729年），荷兰东印度公司决定从荷兰直接派船到广州进行贸易，不再经过巴达维亚转口，之后中荷瓷器贸易也重新繁荣起来。法国、奥地利、瑞典等国陆续参与到瓷器的运销中。当时广州的瓷器贸易是非常兴盛的。普通瓷器向来由公行以外的所谓闲散商人自由贸易，但须向公行缴纳交易税，该交易税有时高达货价的20%。② 运销到欧洲的瓷器目前有很多被保存在欧洲各大博物馆、古董店及私人收藏家手中。③

到18世纪时，经过一个多世纪的运销，中国陶瓷器已经大量涌入欧洲市场，加上大规模的瓷器走私，使得瓷器价格大幅下降，利润缩减，逐渐沦为压舱货。但是，随着当时早期全球贸易的广泛进行，一些新的饮品如中南美洲的巧克力、中东地区的咖啡、中国的茶叶陆续传入欧洲，并在欧洲民众中逐渐普及。这些具有异域风情的热饮在欧洲的盛行，带动了对瓷器的需求，各种瓷质饮具应运而生，中国瓷器得以在欧洲的日常生活中普及开来。新型饮料的流行，使瓷器的消费更趋向生活化和平民化，瓷器开始真正走进普通民众的生活，瓷器贸易从而能够维持可观利润，18世纪欧洲的瓷器市场因此出现了新的高潮。

中国茶叶在17世纪早期由荷兰人引入欧洲，17世纪60年代传入英国并迅速在英国贵族阶层中流行。到18世纪中叶，饮茶风尚遍及英国上下。在长达一个多世纪的时间里，东印度公司从事的茶叶贸易成为推动英国经济发展的主要动力。茶叶已超越丝绸和瓷器，成为最主要的贸易品。茶叶贸易也成为18世纪初至19世纪40

---

① 冷东、肖楚熊：《十三行与瓷器加工制造业的发展》，《广州大学学报》（社会科学版）2011年第10期。
② 冷东、肖楚熊：《十三行与瓷器加工制造业的发展》，《广州大学学报》（社会科学版）2011年第10期。
③ 冯小琦：《欧洲收藏的中国瓷器》，载中国古陶瓷学会编《中国古陶瓷研究》（第14辑），紫禁城出版社，2008。

年代的一百多年里，中欧贸易的生命线。①18 世纪 60 年代以前，茶叶贸易主要是由荷兰人经营的。他们最初通过巴达维亚转运，后来直接派船到广州购买。整个 18 世纪，茶叶占荷兰东印度公司购入的中国商品的最大份额，其份额最高时超过 85%。因为茶叶和丝绸都很轻，装满茶叶或丝绸后，船只的吃水浅，很容易倾覆，所以欧洲商人把瓷器当作压舱货。随着饮茶习惯在欧洲特别是在英国的流行，中国瓷器也成为英国东印度公司及私商进口的大宗商品。②

属于 18 世纪中期的沉船的资料也很丰富，最具代表性的是 1745 年 9 月沉没的瑞典东印度公司商船"哥德堡号"、1752 年沉没的荷兰东印度公司商船"哥德马尔森号"（Geldermalsen，又名"南京号"）以及 1761 年沉没的英国东印度公司商船"格里芬号"。

瑞典"哥德堡号"商船于 1745 年在从广州返航的途中不幸在哥德堡附近触礁沉没，船上共装载有包括六七十万件中国瓷器在内的 700 吨货物。自沉没起，经历了数次打捞。1986 年，哥德堡海洋考古学会主持了新一轮发掘，共获得 2.5 吨瓷片，完整瓷器数百件，并出版了专刊《"哥德堡号"装载的瓷器》。考古发掘工作成果显示，"哥德堡号"沉船出水的陶瓷器（见图 7 - 6）绝大部分是青花瓷以及外酱釉、内青花的巴达维亚瓷器，是批量化的产品。还有 10.5% 的器物为中国仿日本瓷器产的中式伊万里瓷。出水陶瓷器以日常餐饮用具为主，主要包括盘、碟、碗、茶壶、茶杯等中国传统器物，也有少量的带把杯子、水罐、牛奶壶等西方器型。从装饰风格看，主要有山水风景图案、以莲塘天鹅为主的动物纹饰、庭院花木、折枝或缠枝花卉等，以中国风格为主。③

---

① 刘勇：《中国茶叶与近代荷兰饮茶习俗》，《历史研究》2013 年第 1 期。
② 陈玉芳：《16 至 18 世纪中西贸易中的外销瓷》，硕士学位论文，东北师范大学，2010。
③ Berit Wastfelt, Bo Gyllensvard, and Jorgen Weibull, *Porcelain from the East Indiaman Gothboorg*（Bo Gyllensvard, Claes Jasson and Forlags AB Wiken, 1990）.

图 7-6　"哥德堡号"沉船出水的陶瓷器

资料来源：引自 Berit Wastfelt, Bo Gyllensvard, and Jorgen Weibull, *Porcelain from the East Indiaman Gothboorg* (Bo Gyllensvard, Claes Jasson and Forlags AB Wiken, 1990)。

荷兰东印度公司商船"哥德马尔森号"于1752年在从广州返回荷兰途中触礁沉没于南海海域。1984年曾打捞上来15万件瓷器，主要包括青花瓷、内青花外酱釉的巴达维亚瓷器、中式伊万里瓷（见图7-7），器型有中国传统式样的茶杯、茶壶、碗、盘，欧洲式样的牛奶罐、牛奶碗、黄油碟、啤酒杯、唾壶，以及成套的餐具。成套的餐具为相同图案、不同器型的瓷器，包括青花和中式伊万里风格的瓷器。"哥德马尔森号"沉船打捞出水的瓷器数量庞大，但图案种类有限，主要是山水风景、庭院花木、折枝花卉几类，另外还常见一种鱼纹装饰的盘。总体上看，其出水瓷器的绘画比较精致，同一图案装饰大量出现。沉船中也发现有一些瓷塑（见图7-8），其中人物造型都是中国风格的。除精细的景德镇瓷器外，"哥德马尔森号"沉船中还发现有近千件中国华南窑口所产的粗瓷产品（见图7-9），人们认为这些粗瓷是要运往荷兰人在南非好望角的据点的。①

图 7-7　"哥德马尔森号"出水的景德镇陶瓷

资料来源：C. J. A. Jorg, *The Geldermalsen History and Porcelain* (Kemper Publishers Groningen, 1986)。

英国东印度公司商船"格里芬号"于 1761 年在从广州返回伦敦途中沉没于菲律宾南部和乐岛附近。1985 年，菲律宾国家博物馆和法国环球第一打捞公司合作对"格里芬号"进行了打捞，共出水瓷器 7000 余件，运载时装瓷器的箱子和特制的木桶保存了下来。

---

① C. J. A. Jorg, *The Geldermalsen History and Porcelain* (Kemper Publishers Groningen, 1986).

图 7-8　"哥德马尔森号"出水的瓷塑

资料来源：C. J. A. Jorg, *The Geldermalsen History and Porcelain* (Kemper Publishers Groningen, 1986)。

图 7-9　"哥德马尔森号"出水的华南窑口粗瓷产品

资料来源：引自 C. J. A. Jorg, *The Geldermalsen History and Porcelain* (Kemper Publishers Groningen, 1986)。

出水的瓷器还是以青花瓷为主，也有中式伊万里瓷，粉彩及墨彩瓷器开始出现。器型包括各式碗、茶壶、咖啡壶、牛奶壶、各式杯子、茶叶罐等。装饰风格是中式的，包括山水风景、飞鸟动物（螃蟹纹大量出现）、植物花卉等，粉彩装饰中开始较多地出现人物装饰。还发现有中国风格的人物和动物瓷塑。[①]

这三艘沉船资料具有很强的一致性。当时瓷器贸易的主体还是批量化生产的青花日用瓷，纹饰以传统中国风格的山水风景、动植

---

① 王平：《试论 18 世纪中期的中国外销瓷——以三艘沉船为例》，载中国古陶瓷学会编《外销瓷器与颜色釉瓷器研究》，故宫出版社，2012。

物花卉、人物纹饰为主，但这些装饰又不见于中国国内市场，且远比国内民窑瓷器单调，应是中国式风格经过固定搭配后，形成的符合欧洲人审美的图案，属于他们概念里代表中国风格的瓷器装饰，是欧洲市场有意识选择的结果。[1] 典型的欧洲风格图案在这一时期的大宗贸易陶瓷上并没有出现。输出瓷器的器型一类是中国传统样式的碗、盘、茶碗、茶壶等，还有一类是适应欧洲人生活习惯的器型如汤盆、奶油碟、啤酒杯、奶壶、盐罐、调料瓶等，且是批量化产品。沉船中还发现有装饰纹饰一致的成套餐具。人们认为这种奢华的成套餐具首先是在欧洲中国风盛行的中心——法国成为时尚，进而很快影响到荷兰、英国等地并开始流行的。成套餐具是指造型与纹饰都协调一致的各种餐桌器具的组合，通常每套都在100件以上，包括当时西方社会餐桌上所用的碗、盘、碟、瓶、壶等器具。[2]此外，这一时期沉船上往往还发现有一定比例的中式伊万里瓷。随着中国瓷器于17世纪90年代以后大量出口，明清交替之际被日本瓷器占据的欧洲瓷器市场被夺回。大约从1710年开始，景德镇开始仿烧日本的伊万里瓷器。中国的仿伊万里瓷是按东印度公司订单要求生产的，因为日本的伊万里瓷器价格过高，东印度公司转而向中国订制。几艘沉船上发现的中式伊万里瓷正体现了康熙后期，景德镇制瓷业复苏，并开始争夺有田瓷业欧洲市场的过程。这一时期也是日本伊万里瓷器向欧洲出口逐渐衰落的阶段。[3]

  沉船出水瓷器的发现表明，这一阶段瓷器的外销已进入按订单加工出口的时代。欧洲在中国最早的订制瓷生产可以追溯到16世纪早期，当时的葡萄牙王室、贵族和到达东方的航海商人根据自己的需求订制过少量青花瓷产品。17世纪30年代，随着荷兰东印度

---

[1] 王平：《试论18世纪中期的中国外销瓷——以三艘沉船为例》，载中国古陶瓷学会编《外销瓷器与颜色釉瓷器研究》，故宫出版社，2012。
[2] 陈昆：《十七至十八世纪荷兰德尔福特陶器中的中国风格》，硕士学位论文，湖北美术学院，2007。
[3] 《江户名瓷——伊万里展》，大阪市立东洋陶瓷美术馆，2012。

公司大规模向欧洲运销瓷器，中国瓷器逐渐成为普通人的日常用具。于是荷兰人把欧洲人日常所用的器皿做成木器模型运到中国，订制瓷器，也有以锡器、欧洲陶器等作为原型来中国进行订烧的。18世纪30年代，荷兰东印度公司为了压倒其他国家的商行并与巴达维亚的商人竞争，绘制了一些图样和造型特别的瓷器设计稿（见图7-10）到广州订购精致的瓷器，让陶瓷工匠按照图纸中的样子设计和制作相应的产品。1736年以后，荷兰买家将瓷器订单交给工厂，下一年交货，成为常规做法。① 目前，在海牙博物馆保存的东印度公司的记录里有一份画样原件，共7页，描述了33件瓷器的图样。在18世纪后期，在广州的中国商人为了更好地帮助外商选择和指定瓷器的边框式样，专门制作了样品瓷盘（见图7-11），样盘的四边绘有四种不同的图案，以便外商选择。

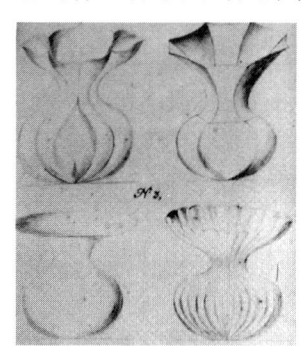

图7-10 荷兰东印度公司于1758年送到广州的盂、奶壶及可可杯的设计图样（纸本铅笔素面）

资料来源：香港艺术馆编《东方瓷艺与荷兰德尔夫特陶瓷》（1984年1月6日至2月15日），荷兰国立艺术收藏院筹划，University of Havaii Library，第36页。

但东印度公司所从事的外销瓷的订货和销售主要是以价格相对低廉的日用瓷为主，一些特殊的瓷器订单则通过专门的私人订制完成。这类私人订制瓷往往品质更高，价格也会高出很多倍，在外销

---

① 万钧：《东印度公司与明清瓷器外销》，《故宫博物院院刊》2009年第4期。

图 7－11　清嘉庆粉彩描金样盘（瑞典东印度公司订货样品）

瓷中所占比例相对较小。当时阿姆斯特丹的画家科尼利厄斯·普隆科就参与了中国风瓷器的图样设计。例如，他设计的撑阳伞的仕女图样，被绘制在了数以百计的瓷器上，当时的有田窑和景德镇都有按这种原画生产的瓷器（见图 7－12）。① 瑞典皇家瓷器工厂的产品也曾经由瑞典东印度公司的商人带到过广州，请求中国的工匠小心谨慎地模仿制作。② 英国牛津著名的中国瓷商 Peers（1703～1781年）曾设计或指定了一些特定式样的餐具到广州订货，包括 250 件不同式样的青花瓷碟，450 件用玫瑰釉装饰且绘有客户家族纹章的汤碟、盐碟、啤酒杯，以及烛台、花瓶、咖啡壶、调味瓶、大口瓶和搅拌调料的大碗。③ Peers 于 1731 年在广州签署的订购中国瓷器的发货单目前被珍藏在英国国家博物馆。④ 当时欧洲很多地方出现了经销和承接委托去订制华瓷的专门商店，在英国伦敦有专门为私人订制带有特殊纹样瓷器的商人，被称为"瓷人"。

---

① 荷兰国立艺术收藏院筹划，香港市政局与荷兰驻港总领事馆联合主办《中国陶瓷与荷兰德尔福特陶瓷》展览图录，香港艺术馆 1984 年 1 月 6 日至 2 月 15 日，第 33 页。
② 吕成龙：《瑞典藏中国清代外销瓷》，《紫禁城》2005 年第 6 期。
③ 余张红：《17 世纪中期～19 世纪中期中西陶瓷贸易》，硕士学位论文，宁波大学，2012。
④ 朱培初：《明清陶瓷和世界文化的交流》，轻工业出版社，1984。

（1）　　　　　　　　　（2）　　　　　　　　　（3）

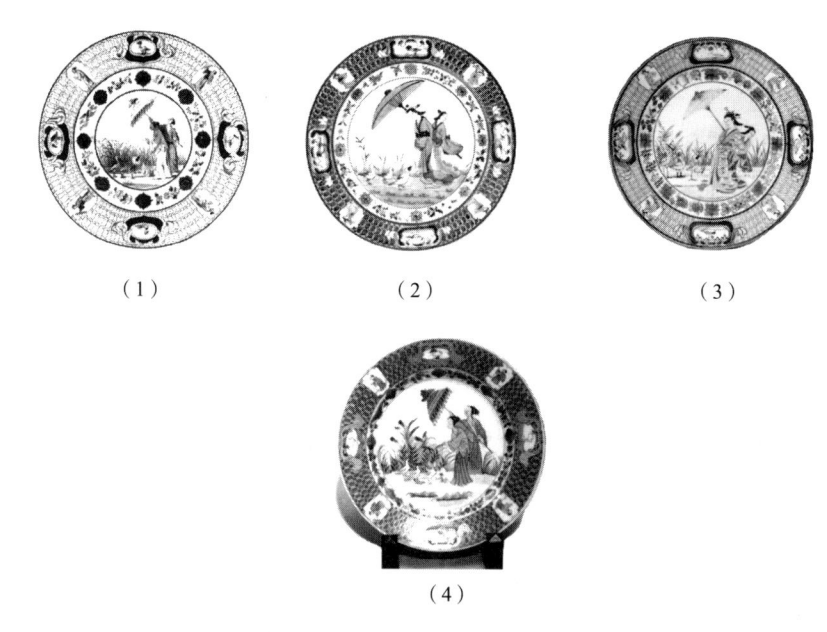

（4）

图 7-12　撑阳伞的仕女画样及以此为依据烧造的日本和中国的外销瓷

注：(1) 为撑阳伞的侍女图样的原画，(2) ~ (3) 为有田窑依据 (1) 烧造的瓷器，(4) 为景德镇依据 (1) 烧造的瓷器。

资料来源：引自《江户名瓷——伊万里展》，大阪市立东洋陶瓷美术馆，2012。

瑞典"哥德堡号"沉船中曾打捞上来7种纹章瓷，它们就属于私人订购的瓷器。乾隆时期广州一口通商以后，各国商人纷纷到广州订购瓷器，欧洲各国王室、贵族、军团、都市、团体、公司等都在中国订烧绘有其徽标或甲胄图案的纹章瓷。最早的纹章瓷订购发生于16世纪早期，当时葡萄牙王室订购了青花纹章瓷。早期的青花纹章瓷被发现的不多，随着五彩等工艺的出现，五彩纹章瓷逐渐成为主流，随后又出现了珐琅彩纹章瓷，伴随雍正时期粉彩技术的成熟，景德镇纹章瓷的生产也进入高峰时期。西方订制的这类瓷器的中央或边缘均绘有贵族的个人纹章、名门家族的徽章或公司商标图案等，有些纹章的下方还缠绕着各色飘带，上面用墨彩写着公司、王室等的名称或西方格言。这些纹章瓷都是由欧洲商人预先订制，再由中国工匠按照欧洲的纹饰、图案彩绘烧制而成的。最初订制的瓷器在景德镇生产，但因为景德镇地处内陆且中西方文化存有差异，这些订烧瓷的作者在瓷器烧制过程中无法及时与西方订货方进行有效的沟通，导致经常会出现信息误读的现象，造成订烧瓷在纹章图案的细节、字母拼写方面出现差错。① 为了更好地满足这种订烧业务的需要，中国商人开始将景德镇白瓷胎运到广州，在广州设立彩炉，根据外商的要求，甚至在外商的直接指导下进行绘画上彩、入彩炉二次烧成，人们将这样制作出来的瓷器称为"广彩"。民国刘子芬在《竹园陶说》中记载："清代中叶，海舶云集，商务繁盛，欧土重华瓷，我国商人投其所好，乃于景德镇烧造白器，运至粤垣，另雇工匠仿照西洋画法，加以彩绘，于珠江南岸之河南，开炉烘染，制成彩瓷，然后售之西商。"② 美国旅行者 William Hickey 曾于 1769 年参观了广州珠江南岸的广彩加工场，他描述当时情形说："在一间长长的房间里，大约二百人在忙着在瓷器上描绘图案，并进行各种装饰，既有老年工人，也有六七岁的童工。"③ 这种工场在当时遍布岭南。

在广州施彩便于欧洲商人直接监督和指导，减少错漏，且大大缩短了交易时间，能使产地更好地与消费市场紧密联系起来。法国国王路易十五曾下令将银器全部熔化以充国用，而日用品全部改用中国瓷器，这一运动对中国瓷器在欧洲的普及起到了巨大的推动作用。法国经营华瓷贸易虽然起步较晚，但是它作为"中国风"的中心地区，对瓷器艺术的要求非常高，特别喜欢色彩艳丽、富丽堂皇的广彩瓷器，法国贵族订购了大量的高级彩绘瓷。荷兰东印度公司也大量参与广彩瓷器的运销。1731 年，出自阿姆斯特丹的一张订货单记有"各种瓷器，蓝色、金蓝色、白色和金红色占多数，全都有漂亮图案"，

---

① 袁艺：《解读十八世纪中国外销瓷误读现象》，《收藏家》2009 年第 9 期。
② 转引自吕成龙《瑞典藏中国清代外销瓷》，《紫禁城》2005 年第 6 期。
③ John Golasmeih Phillips, *China Trade Porcelain* (Harvard University Press, 1974).

它所指的瓷器应该是一批高级的广彩瓷。① 英国东印度公司甚至从欧洲派来瓷器鉴定员，负责瓷器的设计以及包装时的质量检验。② 广彩瓷器迅速繁荣起来，在18世纪中后期达到极盛，完全占据了国际瓷器市场。广彩瓷器是为更好地满足外销需要而出现的，其在广州的绘画和二次装烧受到欧洲人的直接督导，因而其纹饰更多地采用西方的艺术表现形式，像西洋油画一样富有立体感。其题材广，通常有庭院人物、田园风光、山水、花鸟、虫蝶、船舶等纹饰，不少作品体现出了当时欧洲盛行的洛可可艺术风格，正是这一时期中西文化交流的产物。

除此之外，欧洲商人还从景德镇订制空白或者只带有边饰及辅助纹饰而中间留空白的瓷器，在将其运回欧洲后交由当地工匠在其上绘制徽章图案。荷兰、法国、英国、意大利及后来的美国都曾订购过这种半成品。彩绘装饰放在欧洲来做，能更灵活地满足欧洲市场的需求。当时由于直接从东方进口彩瓷成本比较高，于是荷兰就从东方进口价格较低廉的白瓷或青花，然后于荷兰本地在这些瓷器上加饰彩绘，这种陶瓷被称为"荷兰加彩瓷"，在荷兰国内则被称为"阿姆斯特丹瓷"。③

18世纪，中国风在欧洲依旧盛行，其中法国对华瓷的热爱最为强烈。法国国王路易十四非常热爱中国瓷器，曾派人到广州订购装饰有法国甲胄纹的广彩瓷，还将中国瓷器陈列在凡尔赛宫的各个角落。在法国路易十四风格的影响下，壁炉瓶、成套餐具非常流行。路易十四的夫人还委托商人在景德镇订购了他们夫妻二人的瓷塑作品。路易十五的宠姬庞帕多夫人对华瓷也充满热情，她尤其喜欢带有中国花卉和金鱼图案的瓷器，商人们为了迎合市场需要，在景德镇订购了被称为"庞帕多装饰"风格的瓷器，上面绘有鲜艳夺目的大花和金鱼图案的纹饰，这些带有金鱼图案的瓷器被运回法国后都

---

① 牟晓林：《海外需求对明清景德镇瓷器的影响》，博士学位论文，中国艺术研究院。
② 翁舒韵：《明清广东瓷器外销研究（1511~1842）》，硕士学位论文，暨南大学，2002，第20页。
③ 香港艺术馆编《东方瓷艺与荷兰德尔夫特陶瓷》（1984年1月6日至2月15日），荷兰国立艺术收藏院筹划，University of Havaii Library，第36页。

被她买去。① 荷兰东印度公司商船"哥德马尔森号"出水的花卉金鱼纹盘正揭示了这种市场需要，流行年代也吻合。路易十四风格随着新教徒移居国外向荷兰、英国、德国等地传播。中国艺术品逐渐成为欧洲宫廷非常流行的收藏品，波兰、西班牙、英国、法国、德国、奥地利、意大利等国的王室也都大量收藏中国瓷器，陈设和收藏华瓷成为一种时尚，并且它们设有专门陈列中国瓷器的陈列室，在墙壁、天花板和窗前都镶嵌上瓷器。② 这时候还出现了专门的橱柜，用以稳妥地陈列瓷瓶。17 世纪末至 18 世纪末，橱柜装饰品在荷兰极其盛行，将军罐和直筒状花觚常常被用作橱柜装饰。大约在 1720 年，橱柜装饰品中形成了三件盖瓶和两件广口瓶组合成一套的标准式样。③ 英国东印度公司商船"格里芬号"就出水有青花粉彩装饰的花觚和将军罐五件一套的陈设用器。这种陈设瓷器在同时期的荷兰德尔夫特陶器（见图 7-13）纹饰上有所揭示，该类陶器上面的纹饰绘制有荷兰家庭所必备的陶瓷器皿。

图 7-13　德尔夫特彩陶大盘

资料来源：香港艺术馆编《东方瓷艺与荷兰德尔夫特陶瓷》（1984 年 1 月 6 日至 2 月 15 日），荷兰国立艺术收藏院筹划，University of Havaii Library，第 36 页。

---

① 余张红：《17 世纪中期~19 世纪中期中西陶瓷贸易》，硕士学位论文，宁波大学，2012，第 52 页。
② 朱培初：《明清陶瓷和世界文化的交流》，轻工业出版社，1984。
③ 陈昆：《十七至十八世纪荷兰德尔夫特陶器中的中国风格》，硕士学位论文，湖北美术学院，2007，第 23 页。

另外，从考古发现的瓷器在船舱占据的空间及档案中的相关记载来看，瓷器在整个船货中占的比例并不高。茶叶作为易耗品占据着最主要船货的地位。其中"哥德堡号"沉船出发时载有370吨茶叶、100吨瓷器及丝绸、藤器等。"哥德马尔森号"上总共有价值80万荷兰盾的货物，包括203箱计239000件瓷器、687000磅茶叶、147件金条等，打捞的15万件瓷器中茶具占到1/3。随着红茶、咖啡、可可等热饮在欧洲的流行，瓷器成为最佳用具，大量的茶壶、茶碗和盘、咖啡杯、可可杯由有田和景德镇烧制出来并运销到欧洲。特别是，随着饮茶习俗的兴起，成套茶具也颇有市场。当时一个有教养的女士举办茶会是非常时尚的行为。这种风气随之传入北美，如在费城和马萨诸塞州等地，一直到19世纪，购买成套的茶具或者成套的茶具玩具，对当时的妈妈和女儿来说都是非常重要的事情。[1]

---

[1] William R. Sargent With an Essay By Rose Kerr, *Treasures of Chinese export Ceramics*, Peabody Essex Museum Distribute By Yale University Press, New Haven and London.

第 八 章

中国外销瓷器欧洲市场的衰落及美国对华瓷器贸易的兴起

第一节 中国外销瓷器欧洲市场的衰落
第二节 美国对华瓷器贸易的兴起
第三节 针对美国市场的中国外销瓷
第四节 结语

18世纪末，中国瓷器的外销发生阶段性的变化，随着中国风在欧洲的逐渐衰退和瓷器在欧洲市场的几近饱和，以及欧洲本土制瓷业获得突破性发展，在欧洲，中国的外销瓷渐渐失去其市场。与此同时，美国独立，积极经营远东贸易，特别是开展了与中国的直航贸易，外销华瓷逐渐拥有了美国市场。

第一节　中国外销瓷器欧洲市场的衰落

18世纪末期，欧洲盛行的中国风逐渐衰退，加之经过几个世纪的持续销售，瓷器作为一种耐耗品，在欧洲市场几近饱和。随着欧洲陶瓷制造业的发展，欧洲许多瓷器制造商人转向购买欧洲本土瓷器。18世纪后期，华瓷输出越来越少，在1792年广州输出的货物中，瓷器只占了0.59%。[①] 由于英国的竞争等因素，荷兰瓷器贸易从18世纪后期开始走下坡路，瓷器贸易额在荷兰东印度公司总贸易额中的比重下降。加上荷兰国内对亚洲货品的需求量大减，荷兰瓷器贸易最终在18世纪末走向衰落。[②] 英国东印度公司于1801年决定不再将瓷器列为公司的常规货物。[③] 此后，英国东印度公司在英国政府的不断打击和干预下，商业利益大为削弱，并最终在1813年失去了在印度的贸易权，1858年东印度公司从英国官方文件中永远消失。[④] 随着英、荷东印度公司的衰落，华瓷外销欧洲的贸易也逐渐走向终结。

[①] 余张红：《17世纪中期~19世纪中期中西陶瓷贸易》，硕士学位论文，宁波大学，2012，第37页。
[②] 林琳：《17~18世纪荷兰东印度公司瓷器贸易研究》，硕士学位论文，浙江师范大学，2007，第31页。
[③] 吴建雍：《清代外销瓷与早期中美贸易》，《北京社会科学》1987年第1期。
[④] 万钧：《东印度公司与明清瓷器外销》，载中国古陶瓷学会编《外销瓷器与颜色釉瓷器研究》，故宫出版社，2012。

16世纪晚期，在中国风盛行之下，欧洲出现了对中国外销艺术品的模仿。1647～1724年，荷兰德尔夫特制陶业繁荣发展，在仿制中国及日本外销瓷器的基础上根据不同时期市场需要进行了创新，其产品受到欧洲市场的欢迎，在销售市场中占有一席之地。经过一系列的探索、实验和试烧，到18世纪中叶，德国和荷兰人已经掌握了中国的瓷器生产技术，欧洲的硬质瓷开始获得发展。德国的迈森、法国的塞夫勒、英国的切尔西等著名瓷厂陆续创立。欧洲的现代瓷厂采用现代工业模式，瓷器价格低廉，相对于远距离运输而来的中国瓷器更具优势。同时欧洲本土生产的瓷器较中国进口瓷器，在满足欧洲和北美市场需要方面更容易调整、适应，因此欧洲本土制瓷业不但成功烧制出适合本国使用的日用瓷器，还打入了美洲、中东、北非等国际市场。从18世纪晚期开始，欧洲对高档华瓷的需求缩小，对粗瓷的需求增加。这一点从于1994年在马六甲海峡打捞起来的清嘉庆年间（1817年）的"戴安娜号"沉船出水瓷器中可以体现出来。从这艘沉船中共打捞起500箱、2.3万件陶瓷器（见图8-1），除了有中国山水图画的"柳树纹样"的成套青花瓷餐具外，还有少量于广州订制的广彩纹章瓷，另外还有釉陶雕塑。此外，更多的则是华南窑口所产大批质地较粗糙的青花碗碟及素胎粗陶，大部分都属于中低档陶瓷器。[1]

---

[1] 周世荣、魏止戈：《海外珍瓷与海底瓷都》，湖南美术出版社，1996，第58页。

图 8-1 "戴安娜号"沉船出水的陶瓷器

资料来源：引自周世荣、魏止戈《海外珍瓷与海底瓷都》，湖南美术出版社，1996。

在英国东印度公司解散以后，随着茶叶在印度的成功种植，以及法国等地丝绸和瓷器制造业的发展与成熟，欧洲人对东方的兴趣大为减弱，欧洲和中国的贸易因此急剧衰落。此时，美国市场的出现与扩大，在一定程度上推动了中国外销瓷的再次发展。

第二节　美国对华瓷器贸易的兴起

美国进口中国瓷器可以追溯到其殖民地时期。16世纪前期，美洲的西班牙殖民地已有瓷器输入，其后英国、荷兰的殖民也不断购入中国瓷器。这些中国瓷器主要满足殖民地人民的生活需要，也有少量的瓷器通过贩卖、赠送等方式流入当时美洲社会的上层人士手中。拥有中国瓷器可谓是当时社会地位的象征。到了18世纪，随着英国东印度公司在美洲殖民地的贸易兴起，中国瓷器大量涌入。中国瓷器畅销美国的高峰期，则是在1784年以"中国皇后号"来华为标志的中美直接通商以后。

一　北美殖民地出土的中国瓷器与殖民地时期的瓷器输入

1784年"中国皇后号"来华，是中美直接贸易的开端。而美国境内考古发现的中国瓷器，年代则更早于此，出土地点包括旧金山德雷克湾、弗吉尼亚州詹姆斯河流域、南卡罗来纳州、纽约州哈德逊河附近。

德雷克湾（Drake's Bay）聚落遗址出土了1000多件中国瓷片（至少来自235件瓷器），同时出土的还有16世纪欧洲大航海时期的遗物。[1]

---

[1] Clarence Shangraw and Edward P. Von der Porten, *The Drake and Cermeno Expeditions' Chinese Porcelains at Drakes Bay, California, 1579 and 1595* (Santa Rosa and Palo Alto, CA: Santa Rosa Junior College and Drake Navigator's Guild, 1981)。转引自李旻《早期全球贸易与福建陶瓷考古：太平洋航线上的漳州窑陶瓷》，载栗建安主编《考古学视野中的闽商》，北京：中华书局，2010，第68~99页。

这批瓷片为晚明时期的青花，包括景德镇克拉克瓷和福建漳州窑的产品，其中部分瓷片的图案风格与 1600 年沉没的"圣迭戈号"沉船出水的瓷器相近。[①] 詹姆斯河流域（James River Basin）出土的瓷器包括酒杯和漳州窑蓝地白花瓷盘的碎片，被认为来自弗吉尼亚州的詹姆斯镇（Jamestown），这里于 1607 年成为第一个英属殖民地。[②] 南卡罗来纳州"圣埃伦娜"考古遗址出土了一些漳州窑碎片，被认为同西班牙的贸易活动有关，当时那里为佛罗里达州的西班牙殖民地首府，于 1566~1587 年被西班牙占领。[③] 纽约州发现的碎片中包括 1 件万历年间的瓷碗、2 件 17 世纪 30~70 年代过渡期的瓷碗。前者的出土地点为 17 世纪 40 年代范伦塞勒家族（van Rensselaer family）的农场，后者的出土地在哈德逊河沿岸的一个码头附近，位于菲利普斯庄园（Philipse Manor）。[④] 纽约州克莱蒙的哈德逊河谷别墅内还出土了一块属于人物塑像的白瓷碎片。[⑤] 此外，在佛罗里达州塔拉哈西二十六英里处的西班牙传教区和佐治亚州沿海岛屿圣西门岛也出土有中国瓷器。[⑥]

从分布范围来看，美国境内所发现的中国瓷器主要集中在沿海地带和殖民地，与航海或贸易活动有着密切联系，这些活动反映了殖民地时期的美国历史，为之后美国的海外贸易奠定了基础。C.

---

① 李旻：《早期全球贸易与福建陶瓷考古：太平洋航线上的漳州窑陶瓷》，载栗建安主编《考古学视野中的闽商》，北京：中华书局，2010，第 68~99 页。

② William R. Sargent, *Treasures of Chinese Export Ceramics from the Peabody Essex Museum* (Salem: Peabody Essex Museum, 2012), p.9.

③ 〔英〕甘淑美：《西班牙的漳州窑贸易》，《福建文博》2010 年第 4 期，第 58~66 页。

④ David Sanctuary Howard and Conrad Edick Wright, *New York and the China Trade* (New York: New-York Historical Society, 1984), pp. 61-62。转引自 William R. Sargent, *Treasures of Chinese Export Ceramics from the Peabody Essex Museum* (Salem: Peabody Essex Museum, 2012).

⑤ 〔英〕甘淑美、〔墨西哥〕Eladio Terreros Espinosa：《17 世纪末~18 世纪初欧洲及新世界的德化白瓷贸易（第二部分）》，唐慧敏译，《福建文博》2014 年第 3 期，第 2~15 页。

⑥ 吴建雍：《清代外销瓷与早期中美贸易》，《北京社会科学》1987 年第 1 期，第 88~93 页。

约瑟夫·普萨特瑞在《美国商业史》一书中指出，经济利益的驱动是北美殖民地建立的最主要因素。其中，有四处殖民地是由股份公司建立的：弗吉尼亚，由伦敦商人、贵族和地主组建的伦敦弗吉尼亚公司建立；马萨诸塞，由普利茅斯和"马萨诸塞湾"公司建立；纽约（即新阿姆斯特丹），由荷兰西印度公司建立；特拉华，则由瑞典新南公司建立。此外，还有领主（proprietors）希望通过对殖民地本身的开发获得财富，马里兰、卡罗来纳、新泽西、宾夕法尼亚的建立都属于这一类。[1] 殖民地的开发和建设势必伴随着移民的迁入。同时，欧洲本土的政治、宗教、社会等诸多因素也促使更多民众前往北美。

上文提到的范伦塞勒和菲利普斯均为欧洲移民。基利安·范伦塞勒（Kiliaen Van Rensselaer）出生于荷兰，早年在欧洲从事珠宝生意，于1625年出资18200盾成为荷兰西印度公司的原始股东，在哈德逊河上游建立殖民地并将其命名为伦塞勒庄园（Rensselaerswyck）。[2] 菲利普斯庄园的第一任庄园主费德里克·菲利普斯（Frederick Philipse）作为荷兰西印度公司的木匠于1650年来到新尼德兰，于1662年与玛格丽特·哈登布鲁克（Margaret Hardenbroeck）结婚，而玛格丽特·哈登布鲁克本人则是一名从事跨大西洋贸易的女商人，拥有自己的船只。[3] 虽然无法确知在范伦塞勒家族农场和菲利普斯庄园中发现的中国瓷器是否与这两支移民家族有直接联系，但欧洲移民将收藏的瓷器带到北美殖民地，或是在当地定居后继续购置瓷器，甚至参与瓷器贸易，是有可能的。

殖民地的瓷器输入依赖于海外贸易。1602年成立的荷兰东印度

---

[1] C. Josephe Pusateri, *A History of American Business*, second edition (Harlan Davison Inc., 1988), p. 51.

[2] Donna Merwick, "A Genre of Their Own: Kiliaen van Rensselaer as Guide to the Reading and Writing Practices of Early Modern Businessme," *The William and Mary Quarterl* 65 (2008): 669 – 712.

[3] David Steven Cohen, "How Dutch Were the Dutch of New Netherland?" *New York History* 62 (1981): 43 – 60.

公司在17世纪与亚洲的贸易中拔得头筹,将包括中国瓷器在内的大量东方商品运至荷兰并进行分销。这一时期由荷兰驶往纽约(新阿姆斯特丹)的船只上装载的瓷器,在一定程度上满足了殖民地荷兰移民的需求。曾任纽约市市长的科内利斯·斯汀维克于1684年去世,其财产清单显示,他拥有19件瓷盘和2件花纹装饰的陶罐。可见在18世纪前,移民家庭已经拥有和使用一定数量的瓷器。自18世纪开始,英国在对华贸易中的地位超过荷兰,中英瓷器贸易增长迅速。这一阶段输入北美殖民地的瓷器通常由英国东印度公司从远东运至英国后再转运而来。1777年7月14日的《水星周报》(Weekly Mercury)刊出了中国瓷器新近到货,在莱茵兰德商店有售的消息,写道:从伦敦驶来的"汉娜号"载有中国瓷器。[1] 新英格兰殖民地建立于1620年,作为英国移民的主要聚居地,也进口了大量中国瓷器,到了18世纪30年代还对瓷器进行公开拍卖。比如1737年9月,在斯卡利特码头售出的商品除香料、丝绸、黑奴外,还包括:一批精致的彩瓷大盘,同种类不同尺寸的彩瓷碗,同种类不同型号的盘子;各种成套的茶具;青花碗和青花杯碟;各式各样的小篮子;等等。[2]

从这则记录来看,北美殖民地进口的瓷器种类也较为多样,并且有成套的产品,可以满足不同的需求。与香料、丝绸、黑奴一同在码头出售则再次表明这一时期瓷器是从海外运来的,具有强烈的商品性。经营这类贸易商品,参与海外贸易,意味着丰厚的回报。

然而,英国从未放松对北美殖民地的经济控制,更通过"航海

---

[1] Jean McClure Mudege, *Chinese Export Porcelain for the American Trade*, 1785-1835, 2nd edition (London and Toronto: Associated University Press, Inc., 1981), p.89. 原文中使用"China Ware"一词,Jean McClure Mudege认为指的应该就是瓷器(porcelain)。

[2] Alice Morse Earle, *China Collecting in America* (New York, 1982), p.60。转引自 Jean McClure Mudege, *Chinese Export Porcelain for the American Trade*, 1785-1835, 2nd edition (London and Toronto: Associated University Press, Inc., 1981), p.90。

条例"限制北美殖民地的商人出海贸易,并严厉查禁英属殖民地的走私贸易,从而垄断了英国与北美殖民地之间的贸易运输。1773年颁布的《茶叶法》授权东印度公司直接从事与殖民地的茶叶交易,北美殖民地商人对此极为不满并进行了有组织的反抗,从而引发了"波士顿倾茶事件",殖民地对于自由和独立的渴望越来越强烈,最终引发了独立战争。

二 以"中国皇后号"来华为开端的中美直接贸易

1783年9月3日,英美签订《巴黎和约》,英国正式承认北美13块殖民地独立。仅仅两个月后,罗伯特·莫里斯在给外交部长约翰·杰伊的信中就说道:"我将要派一些船到中国去,以鼓励其他人大胆寻求贸易的发展。"[1] 从中可见当时美国商人对于发展海外贸易,特别是前往东方进行贸易的迫切心情。

事实上,早在1783年6月,莫里斯在与曾随库克船长前往广州贸易的约翰·莱雅德会面时,就已明确表露出开展对华贸易的意愿。同年夏天,莫里斯的合伙人帕克买下了一艘即将在波士顿完工的船只并将其命名为"中国皇后号"。[2] 与此同时,船上货物的采购工作也已展开,由于莱雅德的西北海岸毛皮计划最终未能实施,将近30吨的西洋参成为"中国皇后号"最重要的货物,此外还装载了约32吨铅、55吨绳索、500码呢绒、12桶酒(葡萄酒、白兰地、朗姆酒)、1箱毛皮(主要是海狸皮)、价值20000美元的西班牙银币。船只及船上货物的总价值约为120000美元,其中银币和西洋参价值最高。[3] "中国皇后号"运载着这些货物于1784年8月

---

[1] H. P. Jahnston, *The Correspondence and Public Papers of John Jay* (New York and London, 1891), Vol. III, p. 97.
[2] Eric Jay Dolin, *When American First Met China* (New York: Liveright Publishing Corporation, 2012), pp. 11 – 12.
[3] Philip Chadwick Foster Smith, *The Empress of China* (Philadelphia: Philadelphia Maritime Museum, 1984), pp. 63, 87, 154 – 155, 239.

28日抵达广州,从而正式开启了中美直接贸易的历程。根据船主所列的货物清单,首航的"中国皇后号"在返程时带回了价值25000美元的瓷器①,数量达962担的茶叶②。自此,中国瓷器由美国船只直接运回国内,并开始出现专门针对美国市场的外销瓷。

中美直接贸易尽管起步较晚,但增长速度很快。从1784年中美通商开始,到1790年,美国的对华贸易已经占到其全部对外贸易的1/7。③ 关于美国对华贸易的增长情况,从历年抵达广州的美国船只数量上也能得到相应体现。根据马士所著《东印度公司对华贸易编年史》中所记录的1784~1833年到达广州的美国船数量(见图8-2)来看,1800年后基本每年在20艘以上,多数年份达到30~40艘,除1813年左右一段时期内因受到1812~1815年英美战争的影响而出现大幅减少外,总体呈上升趋势。其中,1808年的陡然下降则是由于1807年提交国会的"禁运法",该法案禁止美国船只离开合众国驶往世界上任何外国港口。当时曾发生美国船员被英国抓去"强征入伍"导致两国冲突的事件,杰弗逊希望维持和平,认为如果只是规定禁止船只驶往英国和法国港口,人们仍能通过假造报关文件规避法规。国会同时通过一项"强化法",授权政府监督"禁运法"的执行。④ 因此,"禁运法"生效后,1808年到达广州的美国商船数骤减。来华美国商船数量的两次高峰,分别出现在19世纪初和英美战争之后。而且自1799年起,除个别年份(1808年、1812~1816年、1826年)外,到达广州的美国船只数量已经超过英国东印度公司,列居第一。

---

① 转引自菲利普·查德威克·福斯特·史密斯编《中国皇后号》,《广州日报》国际新闻部、法律室译,广州出版社,2007,第173页。
② 转引自菲利普·查德威克·福斯特·史密斯编《中国皇后号》,《广州日报》国际新闻部、法律室译,广州出版社,2007,第173页。
③ 吴建雍:《清代外销瓷与早期中美贸易》,《北京社会科学》1987年第1期,第88~93页。
④ 〔美〕艾伦·布林克利:《美国史》,邵旭东译,海南出版社,2014,第206页。

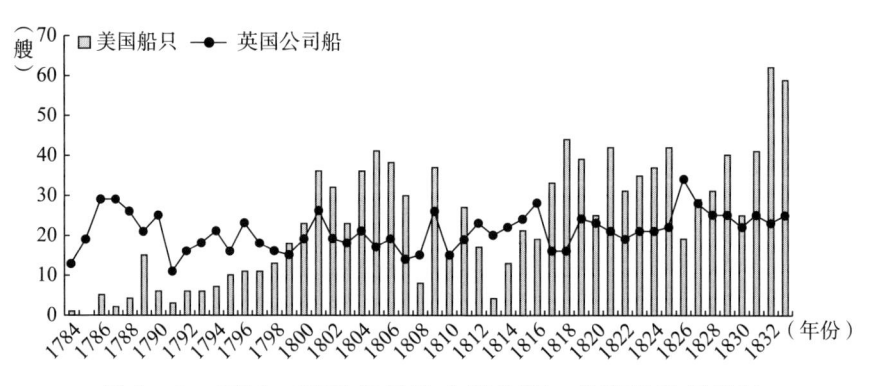

图 8-2　1784～1833 年抵达广州的英、美商船数量统计

虽然无法确切估算出早期中美贸易中，瓷器的数量及其金额占全部货物贸易额的比重，但个别年份的记录还是能体现中美外销瓷规模的大致面貌。1792 年，英国东印度公司提供给马戛尔尼的统计数字显示，美国船只在当年从广州运出价值 700 两，共 1492 担瓷器，同年其他国家船只运出的瓷器数量分别为：英国东印度公司船只所运瓷器价值 3500 两、英国散商船 5133 担，法国船 180 担，瑞典船 700 担，丹麦船 564 担，荷兰船 1100 担。① 可以看出在 1792 年，美国商人购买瓷器的数量超过法国、瑞典、丹麦和荷兰，仅次于英国。此外，罗伯特·沃尔恩记录了 1798 年 10 月 1 日～1799 年 6 月 30 日 5 艘从中国回到美国的船只所载瓷器的数量："海王星号"（Neptune）运回瓷器 150 箱，"托马斯·罗素号"（Thomas Russell）400 箱，"吉恩号"（Jean）100 箱，"雅典娜号"（Pallas）177 箱，"希望号"（Hope）350 箱。② 根据 1809 年威廉姆·贝尔的记录，运回瓷器最多的为"三叉戟号"（Trident），所运瓷器达到 5800 担约重 385 吨，最少的为"密涅瓦号"（Minerva），所运瓷器

---

① 〔美〕马士：《东印度公司对华贸易编年史（1635～1834 年）》，区宗华译，中山大学出版社，1991，第 517～523 页。注：该记录中未列明英国东印度公司船只中的瓷器数量。

② Jean McClure Mudege, *Chinese Export Porcelain for the American Trade*, 1785-1835, 2nd edition (London and Toronto: Associated University Press, Inc. 1981), p.93.

仅为2担，其他还有"太平洋号"（Pacific）527担、"爱尔兰号"（Hibernia）321担、"萨斯奎哈纳号"（Susquebanna）291担、"猎人号"（Hunter）165担、"特拉华号"（Delaware）5担。除后4艘的目的地未有记录外，其他都驶往东海岸的港口。① 据琼·麦克卢尔·迈德格估算，美国船一船所运瓷器平均为200~250箱，重量约150到200吨。② 各船运载瓷器数量存在较大差别，一方面可能和船只本身的容量有关，如"阿塔瓦尔帕号"（Atahualpa）和"琼斯号"（Jacob Jones）的排水量分别为200吨和550吨③，"马萨诸塞号"（Massachusetts）的排水量达到820吨④，而双桅帆船的排水量通常不超过350吨⑤。另一方面，各城市某段时间对于瓷器的具体需求可能存在一定差异。此外，考虑到远距离海运的传统，也不能忽视瓷器作为压舱物的因素。比如1794年"约翰·杰伊号"（John Jay）的押运员就收到指令，要求用箱装的瓷器代替船舱外的生铁以作压舱之用。⑥

美国贸易者在广州订购瓷器，大致出于两种目的。一种是自用，被购买或代买的瓷器或作为纪念品、礼物，待带回美国后用于馈赠亲友或日常使用，这部分瓷器一般不再经过公开拍卖和销售，经过运输的环节后直接流向消费者。另一种是商业投资，美国商人将购入的中国瓷器作为商品，通过零售或拍卖等方式售出并赚取

---

① Jean McClure Mudege, *Chinese Export Porcelain for the American Trade, 1785–1835*, 2nd edition (London and Toronto: Associated University Press, Inc., 1981), p. 93.
② Jean McClure Mudege, *Chinese Export Porcelain for the American Trade, 1785–1835*, 2nd edition (London and Toronto: Associated University Press, Inc., 1981), p. 93.
③ 〔美〕马士：《东印度公司对华贸易编年史（1635~1834年）》（第三卷），区宗华译，中山大学出版社，1991，第106、203页。
④ 〔美〕马士：《东印度公司对华贸易编年史（1635~1834年）》（第一、二卷），区宗华译，中山大学出版社，1991，第497页。
⑤ 〔美〕马士：《东印度公司对华贸易编年史（1635~1834年）》（第一、二卷），区宗华译，中山大学出版社，1991，第492页。
⑥ Jean McClure Mudege, *Chinese Export Porcelain for the American Trade, 1785–1835*, 2nd edition (London and Toronto: Associated University Press, Inc., 1981), p. 102.

利润。

直接与广州商人进行贸易,代买和订制瓷器的,主要是前往广州参与贸易的押运员、船长和船上的其他工作人员。出于工作便利,他们于在华停留期间,自行选购一些瓷器。"中国皇后号"上的工匠约翰·摩根在广州购买了瓷瓶和瓷碗,他在返程途中不幸去世,其遗物由船上的炮手兼伙食管理员交托给他父亲。① 船长约翰·格林也购买了瓷器,一件绘有美国船只图案的大酒碗内明确绘有"中国皇后号指挥官约翰·格林"字样。② 通过中美贸易购置自用瓷器数量较大的,则多是美国的商人阶层。塞勒姆的埃利亚斯·哈斯克特·德比(Elias Hasket Derby)是最早参与亚洲贸易的美国商人之一,同时也是"大土耳其号"的船主。1787年5月返回塞勒姆的"大土耳其号"上装载有75箱瓷器,其中就包括德比为自己订制的带有其铭言和名字缩写的瓷器,其中的一套餐具和茶具分别包括171件和101件瓷器。③ 为自己的婚礼订制特别餐具的大卫·平格里(David Pingree)从舅父那里继承了皮博迪帕金斯航运公司(Peabody & Perkins)并成为一名成功的商人,拥有自己的船只,其远洋贸易涉及多地,其中就包括中国。④ 在这些同合众国共同成长起来的美国商人中,一些还与政府官员私交甚密,后者也会通过他们从广州订制和代买中国瓷器。入籍美国的荷兰商人范罢览(Andrew E. van Braam)曾在广州替华盛顿总统的夫人玛莎·华盛顿购置瓷器,上面以环状装饰着美国州名以及玛莎·华

---

① 菲利普·查德威克·福斯特·史密斯编《中国皇后号》,《广州日报》国际新闻部、法律室译,广州出版社,2007,第222~225页,图62~图65。

② 菲利普·查德威克·福斯特·史密斯编《中国皇后号》,《广州日报》国际新闻部、法律室译,广州出版社,2007,第216~217页,图60、图61。

③ Jean McClure Mudege, *Chinese Export Porcelain for the American Trade, 1785 – 1835*, 2nd edition (London and Toronto: Associated University Press, Inc., 1981), p. 107.

④ Jean McClure Mudege, *Chinese Export Porcelain for the American Trade, 1785 – 1835*, 2nd edition (London and Toronto: Associated University Press, Inc., 1981), p. 421.

盛顿的首字母缩写"MW"。①

当然，美国商人从中国购买瓷器，更主要的还是出于第二种目的，即商业投资。以塞勒姆商人德比为例，他的"大土耳其号"1786年到达广州，船上的押运员寄回的信件显示，德比此次购买的瓷器包括成套的餐具、茶具及咖啡具、杯碟等，总价达到2000美元。② 除为自己订制的少量瓷器外，其余部分则会被售出。对于订购的瓷器，商人们通常会有较高的要求，希望产品精致美观，以便在出售时拥有优势，卖出好价。尤其是成套的茶具，因为包含件数较多，其中任何一件质量略次，都可能影响整套的价值。比如1815年，押运员本杰明·施里夫（Benjamin Shreve）搭乘"新哈泽德号"（New Hazard）前往广州采购货物，其雇主就要求他保证瓷器的成色，注意茶具里面小糖罐、小奶壶以及茶壶的质量，信中写道："瓷器要光滑，尤其是杯碟不能太厚太粗笨。彩绘的茶具、杯碟和碗，样式要精致，颜色要鲜明有层次。那些画得过于厚重的大多卖不出好价钱，买来时却要花一样多的钱。成套青花餐具的颜色和样式要保证一致……盘子、碟子等一些器物的底部常常非常粗糙。一定要特别小心那些老式的小糖罐、小奶壶和茶壶，它们是要搭配在成组茶具里的，会对茶具的销售有很大影响。"③

在中国商人方面，与美商直接接触的是在广州从事贸易活动的十三行商人和行外散商。茶、丝的经营仅限于行商，瓷器、棉布、漆器、绘画等项目的经营则没有限制，十三行商人和行外散商皆可贩卖。根据押运员本杰明·施里夫的记录，公行商人中的 Houqua

---

① 〔荷〕包乐史：《看得见的城市：东亚三商港的盛衰沉浮录》，赖钰匀、彭昉译，浙江大学出版社，2010，第100、102页。注：范罢览为玛莎·华盛顿购置的瓷器在弗农山庄妇女协会和大都会博物馆都有收藏，藏品图片可参见弗农山庄妇女协会网站，http://www.marthawashington.us/items/show/74。

② Jean McClure Mudege, *Chinese Export Porcelain for the American Trade, 1785–1835*, 2nd edition (London and Toronto: Associated University Press, Inc., 1981), p. 106.

③ Jean McClure Mudege, *Chinese Export Porcelain for the American Trade, 1785–1835*, 2nd edition (London and Toronto: Associated University Press, Inc., 1981), p. 97.

经营中美贸易最多，声誉颇高，Paunkeequa 和 Kingqua 曾担任美国商船的保商。① Houqua 是怡和行"浩官"伍秉鉴，Paunkeequa 即同孚行潘启官，Kingqua 为天宝行梁经国。② 1808 年"三叉戟号"（Trident）即从"浩官"伍秉鉴那里购置货物，两年后再次购买了他的瓷器。③ 散商则有被美国人喻为"瓷商浩官"的 Synchong，为"大土耳其号"供应过瓷器的 Echong、Hopyuk 和 Souchinchiouqua，业务量仅次于 Synchong 的 Sonyeck，以及在费城人那儿口碑不错的 Fouchong。④ 除了在贸易季度等待美国商人前来订货和采购外，从事瓷器外销的广州商人们还积极地进行宣传，甚至把广告打到美国，以吸引更多客户。比如瓷商 Yam Shinqua 曾于 1804 年 5 月 12 日在《普罗维登斯公报》（Providence Gazette）上登载广告："广州瓷商 Yam Shinqua，敬请各位美国商人、押运员和船长周知，他能提供各类瓷器，纹章、花押字和其他装饰（如果需要的话）绘制精美上乘，价格合理。所有订单的处理均细心、迅速。"⑤ 从中可以看出，中国商人在外销瓷的经营模式上相当灵活主动，已直接与国外市场联系互动。

关于瓷器的采购流程，1789 年"亚洲号"（Asia）船长约翰·巴瑞（John Barry）从广州寄回给费城客户的信件反映了相关信息。巴瑞在信中称，他一到广州就着手置办瓷器，按照客户给他的样式去询问、打听，但没能找到，随即去了第一个瓷商那里，希望瓷商能从南京弄到这些瓷器。瓷商表示这很容易，于是巴瑞提供给他一

---

① Jean McClure Mudege, *Chinese Export Porcelain for the American Trade*, 1785 – 1835, 2nd edition (London and Toronto: Associated University Press, Inc., 1981), p. 54.
② 梁嘉彬：《广东十三行考》，广东人民出版社，1999，第 259、284、321 页。
③ Jean McClure Mudege, *Chinese Export Porcelain for the American Trade*, 1785 – 1835, 2nd edition (London and Toronto: Associated University Press, Inc., 1981), p. 118.
④ Jean McClure Mudege, *Chinese Export Porcelain for the American Trade*, 1785 – 1835, 2nd edition (London and Toronto: Associated University Press, Inc., 1981), pp. 55 – 56.
⑤ Jean McClure Mudege, *Chinese Export Porcelain for the American Trade*, 1785 – 1835, 2nd edition (London and Toronto: Associated University Press, Inc., 1981), pp. 56 – 57.

份客户订单的复印件以及图版。瓷商表示他会拿去不同的瓷器商店,看能不能找到符合订单要求的货品。巴瑞自己已经试过,但还是被瓷商说服,认为瓷商可能有更多门道。然而这是一次失败的经历,直到最后一天那名瓷商也没能找来所需的瓷器。巴瑞表示自己已经尽力,并在信件结尾向客户表达了歉意。① 从巴瑞船长的描述中,我们可以知道大致的流程,美国贸易者们首先尝试自行配货——按照客户的要求在市场上寻找符合的瓷器,在没有相配的样式时再委托广州的瓷商,让瓷商想办法从外地调运货物。而广州瓷商在接到委托后,如果自己店内没有符合要求的货品,会先试着在广州当地的其他瓷器商店配货。当然,这种配货采购的方式应该是针对市面上较为流行的样式,通常是有一定产量的现货。至于巴瑞船长提到"从南京运来这些瓷器",可能与景德镇的瓷器经南京转运有关。

---

① Jean McClure Mudege, *Chinese Export Porcelain for the American Trade, 1785 – 1835*, 2nd edition (London and Toronto: Associated University Press, Inc., 1981), p.57.

第三节　针对美国市场的中国外销瓷

自中美贸易一开始,中国陶瓷就是美国人争相购买的物品。中国瓷器物美价廉,很快在美国赢得市场。而且在广州,有专门的商人负责瓷器的出口贸易。这些人中包括十三行的"浩官"伍秉鉴,对美贸易的茶、丝、瓷等大部分都由他承办。还有不少十三行外的散商,其中最为著名的是Synchong("鑫行"),他是瓷器商人中的领袖,信誉好,且经营的瓷器物美价廉,直到19世纪20年代一直活跃在中美瓷器贸易中。还有一位叫Yam Singua("亚兴官")的瓷商,在中美贸易中非常活跃,他甚至把广告做到了美国。[1] 随着中美贸易的扩大,饮茶在美国日渐成为风尚,美国对茶具的需求也越来越大。[2] 华瓷在美国商舶货物量中所占的比重逐年上升,美国迅速超越其他西方国家成为这一阶段订购中国瓷器的主要市场。

在中美贸易的初期,销售到美国市场的中国陶瓷受到欧洲市场的影响较大。这是因为美国在建国初期,尚未同中国建立起直接的贸易联系,中国瓷器须通过欧洲转运到美国。此时美国商人对瓷器原产地的了解相对有限,加上殖民地时代以来的传统,这一时期销美瓷器的风格与欧洲特别是英国市场所流行的基本一致,包括大宗

---

[1] 吴建雍:《清代外销瓷与早期中美贸易》,《北京社会科学》1987年第1期。
[2] Jean McClure Mudege, *Chinese Export Porcelain for the American Trade, 1785 – 1835*, 2nd edition (London and Toronto: Associated University Press, Inc., 1981), pp. 145 – 146.

生产的青花和沿袭自殖民地传统的高档纹章瓷。自"中国皇后号"来华开始，美国商人得以自行前往广州购买和订制瓷器。

就瓷器种类而言，针对美国市场的中国外销瓷总体可分为两大类：一类是数量居多的大宗产品，另一类是根据订单要求专门订制的瓷器。

前一类的大宗产品不需特别订制，通常是批量生产的成品，主要为日用器，质量大多比订制的差。这类批量生产的大宗产品主要为青花瓷和普通装饰的彩瓷，部分带有描金。1785年，华盛顿写信给蒂尔曼（Tench Tilghman），请他代买一批中国货，其中就明确提到了杯碟、碗盘等瓷器。[①] 弗农山庄关于华盛顿夫妇的藏品中就包括中国瓷器，比如青花瓷盘（见图8-3），盘面以包含山水、楼阁、柳树、宝塔等元素的传统中国风景为中心纹样，另以花草、蝴蝶等组成边饰。在销往美国之前，这类以中国风景为主并辅以边饰的外销青花瓷已经生产了相当长的时间，最初用以供应欧洲市场，

图8-3 弗农山庄所藏华盛顿夫妇的青花瓷盘

注：图片来自弗农山庄妇女协会（Mount Vernon Ladies' Association），http://www.marthawashington.us/items/show/328。

---

① 《致蒂尔曼》（To Tench Tilghman），载《华盛顿文集》（《The Writings of George Washington》）（第28卷），第238~239页。转引自艾周昌《华盛顿与中国》，《历史教学问题》1984年第3期。

1752年沉没的荷兰东印度公司船只"哥德马尔森号"（Geldermalsen）即载有类似风格的货物（见图8-4）。

图8-4　"哥德马尔森号"（Geldermalsen）出水的青花瓷器

注：图片引自C. J. A. Jörg, The Geldermalsen: History and Porcelain (Kemper Publishers, 1986), p. 64。

这类批量化生产的日用青花瓷器（见图8-5），主要有南京式样、柳树式样、广州式样等，都是以山水、城墙、楼阁等图案构成中心花纹，有条状边饰，其生产的历史比较长，越到晚期质量越差。在外销美国市场里的产品中，属于质量较粗的一类。到19世纪，这类瓷器的质量普遍下降，装饰上更为简化和粗糙，青花的用

图8-5　批量化生产的日用青花托盘（皮博迪·埃塞克斯博物馆藏）

色缺少变化，整体趋于平淡。装饰的简化和统一是为了更好地适应规模化的批量生产，对画工水准的要求也会相应下降，工人只需按照设定好的图案进行复制，这缩短了其绘制单件产品的时间，从而降低了生产成本，并在相同的生产时间内提高了产量。

在批量化生产的大宗产品之外，另一类是根据客户的特殊要求，按订单生产的订制瓷，订制瓷在数量上少于前一类大宗产品。买主在指定式样、标志等内容时，多半也对瓷器质量提出了要求，所以这类瓷器的档次普遍更高，价格更贵。带有花押装饰的瓷器，要价甚至翻倍。[1] 订制瓷以彩瓷居多，青花较少，包括精美的纹章瓷、费茨休（Fitzhugh）风格瓷器、航船装饰题材的瓷器等。

美国在独立后，沿袭了欧洲崇尚中国瓷器的传统，也流行以在瓷器上描绘特殊图案为荣耀，常常把纹章或者一个家族的首字母围起来的图案方式订烧在中国外销瓷上。1785年在中国订烧的"辛辛那提"瓷（见图8-6）就是美国订烧的最早的纹章瓷，包括有碗、盘、盖碗等，上面绘有"辛辛那提"会徽。纽约等城市也在中国订制了绘有城市市徽的纹章瓷（见图8-7）。而数量更多的是绘有个人标识或甲胄的纹章瓷。美国订烧纹章瓷的意义和欧洲强调的特权和等级的观念不一样，它满足了新兴商人阶层的需要，是美国民众及团体个人观念和个人意识觉醒、追求平等观念的一种体现。

图8-6 "辛辛那提"瓷（皮博迪·埃塞克斯博物馆藏）

---

[1] William R. Sargent, *Treasures of Chinese Export Ceramics from the Peabody Essex Museum* (Salem: Peabody Essex Museum, 2012), p.393.

（1） （2）

图 8-7 美国纹章瓷

注：（1）为绘有纽约市市徽的杯子和托盘，（2）为绘有宾夕法尼亚州州徽的杯子和托盘。

18世纪后期，美国社会还流行一种费茨休风格瓷器（见图8-8），其名字来源于英国费茨休家族。这是由英国东印度公司的托马斯·费茨休在中国广州任职时（1787～1800年）大量订购的，其家族曾广泛参与了这类瓷器的私人订制和买卖。费茨休家族订购经营的瓷器逐渐形成了独特的装饰风格，其特征为周围有四组不相连的花朵图案，围绕着中间的团花或椭圆形画押字图案（也有人称其为圆形的大奖章图案），中间的圆形图案里面绘团花、瓜果或欧洲风格的动物图案，偶尔也见徽章图案。边饰为格状花纹，由石榴、蝴蝶等混合而成。[①] 英国商船"戴安娜号"上曾发现有成套的这种装饰风格的青花瓷器。这一时期的美国市场流行的费茨休瓷器

图 8-8 费茨休（FitzHugh）瓷（皮博迪·埃塞克斯博物馆藏）

① 吴建雍：《清代外销瓷与早期中美贸易》，《北京社会科学》1987年第1期。

的风格与之前销英瓷器的风格并无多大差别，只是出现了釉彩装饰且在中央纹饰的装饰上略有变化。

在销美的外销瓷中，一些盘、碗、瓶上非常流行帆船装饰。这些带有帆船装饰的瓷器（见图8-9）主要由前往广州贸易的商人、船员订制，作为纪念品携带回国。帆船题材的订制瓷除描绘有船只图案外，大多还标记有船名、年份、船长等信息，个别则描绘了海上航行的画面[①]，有些还与其他徽章图案一起绘制在同一件器物上。在中美直接贸易开通前，欧洲客户订购此类瓷器已有很长的时间，广州画工对于这类题材的绘制也就不再陌生，很可能存有海船图案的模板，画工会根据订制国的不同，对细节——比如国旗加以修改。

图8-9 帆船装饰瓷器（皮博迪·埃塞克斯博物馆藏）

与海船题材订制瓷类似，针对美国市场的表现广州贸易场景的瓷器也在一定程度上延续了销往欧洲瓷器的传统。这类订制瓷主要是描绘广州港口及十三行建筑的大碗，因此也被称为"行碗"（Hong Bowl）。

绘有商馆建筑的大碗最早由丹麦商人订制，大约是在1765年左右，将广州的贸易场景在大碗外壁绘成一整圈的装饰方式则出现于1780年，并延续到18世纪末。[②] 中美直接贸易之初，"中国皇后

---

① William R. Sargent, *Treasures of Chinese Export Ceramics from the Peabody Essex Museum* (Salem: Peabody Essex Museum, 2012) p. 417.

② William R. Sargent, *Treasures of Chinese Export Ceramics from the Peabody Essex Museum* (Salem: Peabody Essex Museum, 2012), p. 432.

号"即订购过此类大碗,其货物清单记有"一桶包含4件绘有商馆的瓷碗,5.5美元一件,共计22美元"①,这批行碗与此前销往欧洲的同类行碗最明显的区别即在于画面中美国国旗的出现。

销美的中国瓷器中很少见到欧洲外销瓷中流行的宗教或神话的题材,更多的是反映历史现实题材的装饰,出现了很多关于美国的标志和英雄的题材。在1787年《美国宪法》签订之后,出现了崇拜建国英雄的热潮,导致爱国主义兴起,这种情感也影响到美国在广东的商船代理和商人,导致这一时期的订制瓷器上出现了华盛顿、本杰明·富兰克林以及约翰·亚当斯等的肖像(见图8-10),以及其他一些爱国主义题材的符号。此外,代表美国精神的鹰、美国国旗等题材也在瓷器上广泛出现。

图 8-10　绘有华盛顿肖像及华盛顿墓碑的瓷器

鹰纹饰是具有典型美国特色的装饰题材,在美国外销瓷中非常流行。秃鹰生存于北美大陆的上空,美国认为其象征着自由、力量和勇气,代表了美国精神,于是把鹰作为国鸟并设为国徽图案。外销瓷上的鹰的图案往往来自广州外贸市场上的美国铸币以及中美来往的信件。早期的鹰图案较为简单,后来鹰的头上开始出现十三颗星的光效,越向后期发展,瓷器上的鹰图案的绘画也越精致。鹰形图案在瓷器绘画上也往往作为美国纹章的代表而广泛出现在订烧瓷

---

① William R. Sargent, *Treasures of Chinese Export Ceramics from the Peabody Essex Museum* (Salem: Peabody Essex Museum, 2012), p. 432.

上。到了19世纪早期,鹰身上的盾牌常用带状条纹或者交织字母填充,鹰头上一般有星空的光效,鹰身一般为棕色和褐色,右爪紧紧抓着象征和平的橄榄枝,左爪紧紧抓着象征防卫的一捆箭,嘴上还衔着带字的丝带(见图8-11)。FitzHugh风格瓷盘上也出现了以鹰图案作为中央图案的例子,反映了销美瓷器中的美国特色。

图8-11 鹰纹饰大碗(皮博迪·埃塞克斯博物馆藏)

18世纪末至19世纪初期,受法国文化的影响,古希腊、罗马风格的那种简洁、线条性装饰较多的装饰开始流行。1789年,费城的本杰民·富勒在订单中要求不要有"旧的风格"类的瓷器,这种"旧风格"器物应当指18世纪中期的洛可可式风格的茶杯与咖啡杯。在18世纪的最后十年,"旧风格"器物被新的审美风格所遗弃,也就是说,这时期的销美瓷器开始脱离销英瓷器末期的风格,转向较为简洁、线条性较多的古罗马、希腊风格(见图8-12)。

19世纪的前三十年是早期中美瓷器贸易的快速发展以及鼎盛时期,中国商人对于美国的历史及美国本土文化有了更深入的认识,与此同时欧洲的制瓷业也取得了较为迅速的发展,欧洲瓷器在美国的销售也影响了美国民众的审美观,开始追求繁缛、精致、自然化的装饰风格,这种风尚特别体现在费茨休彩瓷上。但由于欧洲瓷业与美国本国瓷业的兴起,中国的瓷器在美国商船订单中的份额迅速降低,只有少量的精致的瓷器还在被订购,这些瓷器还可能不

图 8-12 受现实主义风格影响的简洁风格的瓷器

是作为实用器，而是作为一种艺术品被收藏。19世纪后期订制的这类精致瓷器很大程度受到了中国本土瓷器装饰风格的影响，非常流行描绘中国贵族生活的题材，如中国的花鸟图案及庭院仕女等装饰大量出现（见图8-13）。另外，由于爱国主义情绪的复苏，以《美国独立宣言》的签订为题材的销美瓷器在这一时期成为订单中比例较大的项目。

图 8-13 中国风格的销美瓷器（皮博迪·埃塞克斯博物馆藏）

销美陶瓷的装饰风格随着美国民众审美的变化而变化。从18世纪中后期的销英瓷器末期风格变为18世纪末19世纪初所流行的简单、清淡的风格，19世纪中期追求繁缛装饰的审美一扫之前的清新风格，而随着中美瓷器贸易在19世纪中后期的衰落，中国本土的瓷器装饰风格也渐渐地在销美瓷器中得到体现。

在美国商船到达中国广州的同时,欧洲的制瓷业随着 18 世纪传教士将制瓷的配方带回欧洲而获得了长足的发展与进步,故而欧洲逐步减少了对华瓷的进口,新加入贸易的美国恰好填补了欧洲市场收缩引起的空缺。中国瓷器以其洁美和廉价的特征受到了美国人的欢迎,在满足了美国人民对东方艺术好奇的同时,也为刚建立的美国积累了丰厚的原始资本。中国瓷器被美国商人称之为"价值极高,价格不高"的商品,价格低廉的商源为美国商人原始资本的积累起到了重要的促进作用,巨额的利润也吸引着更多的美国商船到中国进行贸易,为美国第一代富豪的崛起提供了平台。19 世纪上半叶,随着欧美制瓷业的发展,美国市场也开始排斥华瓷,华瓷逐渐被激烈的资本主义竞争挤出国际市场。1820 年以后,随着欧洲瓷器进入美国市场,中美瓷器贸易逐渐衰落,从广州返航的美国商船已不再运载华瓷。[1]

---

[1] 余张红:《十八世纪晚期至十九世纪中期华瓷外销》,《中国陶瓷工业》2011 年第 4 期;郑立新、秦波:《中西瓷器贸易中的明清陶瓷》,《陶瓷研究》2003 年第 2 期。

第四节　结语

清代前期,大量华瓷向欧洲输出,但到了18世纪末,华瓷在经历了近三个世纪的对欧出口后,在欧洲的市场不断萎缩。1787年之后,华瓷在欧洲市场开始不景气,欧洲人开始转向使用本土瓷器。18世纪40～60年代是中欧瓷器贸易的高峰时期,18世纪后期则中欧瓷器日渐低迷,到19世纪初华瓷已经很少出口欧洲了。与此同时,中国的瓷器由于制瓷业沿用传统的手工作坊形式,加上资本的不足而质量不断下降,慢慢地,华瓷被挤出欧洲瓷器市场,甚至还出现了洋瓷销往中国的现象。1869～1918年,外国瓷器的输入不断增多,进口的瓷器主要由日本、英国、德国、俄国等地所产,民国以后进口瓷器则主要以日本瓷器为主。[1]

18世纪末,中国封建社会由盛转衰,华瓷的质量和产量都不断下降,封建统治者也开始实行闭关锁国的政策,欧洲制瓷业的发展和社会风尚发生转变,贩运华瓷的利润急剧下降,这些因素综合起来使得华瓷外销趋于低迷,华瓷销量在欧洲市场不断萎缩。在独立之后,出于发展经济及海外贸易的需要,美国取代英国成为华瓷的主要进口国。自中美《望厦条约》签订之后,中美之间的正常贸易

---

[1] 靳海彬:《中国近代海关瓷器进出口贸易研究》,硕士学位论文,河北师范大学,2006,第17、21页。

关系被破坏。此后，茶叶和纺织品在中美贸易中占的份额较大，而瓷器和其他的一些装饰物品在对华贸易中占据了相对较小的一个比重。也就是说，美国人的审美在这一时期转向了银器、毛毯、雕刻家具及室内织物等的装饰上。

长期以来，中国茶叶、生丝、丝绸、瓷器等源源不断地输出，而自给自足的小农经济决定了中国不需要太多的外来商品，因此在16~18世纪的对欧洲贸易中，中国始终处于出超地位，为了支付购买中国商品的费用，西方各国不断输入白银，中国成为最大的白银吸收国。贸易的不平衡最终导致欧美各国向中国输入大量鸦片，鸦片的输入改变了之前平等、自由的贸易格局，使我国在不平等的对外贸易中形成庞大的逆差。在鸦片战争之后，中国瓷器外销逐渐走向枯竭。

第 九 章

明清华南瓷业的生产及外销

第一节 明清华南外销瓷业的考古发现
第二节 漳州窑的兴起与早期全球贸易
第三节 白釉类型产品的生产及运销
第四节 厦门港的崛起与清代华南外销瓷器的兴盛

第一节　明清华南外销瓷业的考古发现

　　学界对于华南明清瓷器的研究始于对米黄釉开片的"漳窑"瓷器的探查。据清光绪年间的《闽产异录》记载："漳窑出漳州，明中叶始制白釉米色器，其纹如冰裂。"20世纪50年代，故宫的古陶瓷研究学者为寻找这种米黄釉开片瓷器曾专门到漳州地区进行调查。此后，古陶瓷学者一直关注这一课题，逐渐揭开了漳州地区古窑址考古与研究的序幕。20世纪80年代以来，福建文物考古工作者经过多次调查，在漳州华安县高安镇及南靖县龙山镇交界地带的东溪窑址采集到大量的瓷器标本，其以青花瓷器为主，还有米黄釉瓷器、青釉瓷器、酱褐釉瓷器、模印绿釉器及彩绘瓷器等；器型包括碗、盘、杯、碟、炉、瓶、壶、盒、罐、水注、汤匙、鼻烟壶、烟斗、瓷塑等。调查资料显示，东溪窑是一处面积广大、文化内涵丰富的自明中期至晚清民国时期延续生产的重要窑区。[1] 后经继续调查得知，明清时期华南地区的窑址在漳浦、平和、南靖、诏安、云霄、华安等县有广泛分布，产品以青花瓷为主，还有青瓷、白瓷、单色釉瓷（如蓝釉、酱釉、黄釉、黑釉）以及彩绘瓷（五彩、素三彩）等。[2] 由此，对于华南地区明清瓷器生产面貌的认识进一

---

[1]　吴其生、郑辉：《华安东溪窑1998年度调查》，《福建文博》2001年第2期。
[2]　栗建安：《福建古瓷窑考古概述》，福建教育出版社，1993。

步深化，之后华南地区窑址考古工作也蓬勃开展起来。

20世纪90年代，福建省博物馆考古部组织了对漳州平和县青花瓷窑址的重点调查，逐步摸清了该地区古窑址的分布情况与各个窑址的基本情况，并于1994年底组织了对平和县的南胜镇花仔楼窑址、五寨乡大垅和二垅窑址（平面图如图9-1所示）的考古发掘。[1] 之后又于1997年和1998年分别对平和县的南胜镇田坑窑址、五寨乡洞口窑址进行了考古发掘。[2] 通过一系列考古工作，确定漳州窑的年代为明代晚期至清代初期，是在吸收和模仿景德镇制瓷工艺的基础上发展起来的以生产外销瓷为主的窑口。其产品以青花瓷器为主，兼烧五彩瓷器、青瓷、单色釉瓷器等。主要器型包括大盘、碗、碟、盒子、壶、瓶等。装饰题材丰富，有动植物、仙道人物、

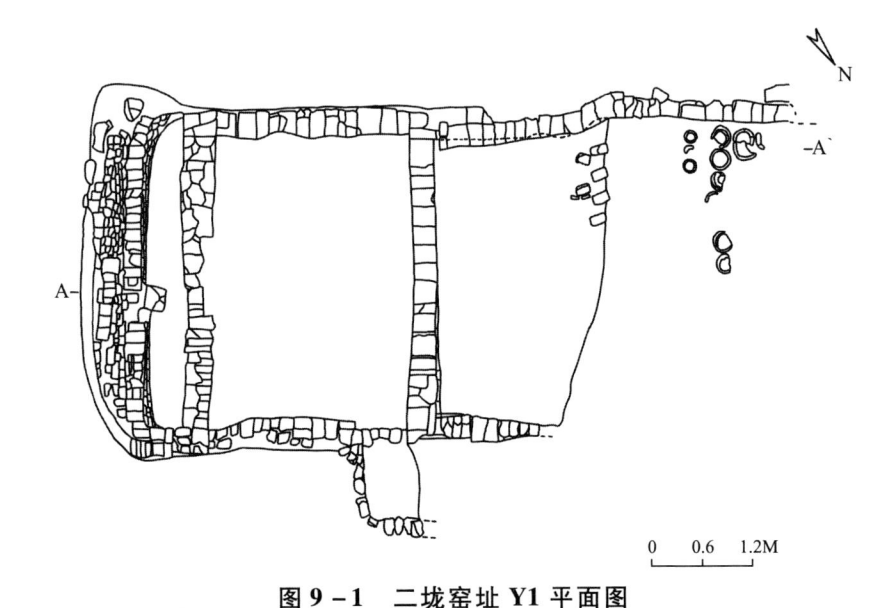

图9-1 二垅窑址 Y1 平面图

资料来源：福建省博物馆《漳州窑：福建漳州地区明清窑址调查发掘报告之一》，福建省人民出版社，1997。

---

[1] 福建省博物馆：《漳州窑：福建漳州地区明清窑址调查发掘报告之一》，福建省人民出版社，1997。

[2] 福建省博物馆：《福建平和县南胜田坑窑址发掘报告》，《福建文博》1998年第1期；福建省博物馆：《平和五寨洞口窑址的发掘》，《福建文博》1998年增刊。

山水风景、吉祥文字等，又分主题纹样和辅助边饰，开光装饰手法非常流行。漳州窑瓷器①以平和县分布最多、最为集中。此外，在漳浦县西北部与平和县五寨乡交界的石榴乡澎（坪）水村一带的澎水窑址、南靖县北部梅林乡科岭村的碗坑窑址、云霄县火田乡高田村的火田窑址、诏安县西北部秀篆乡的秀篆窑址等也都发现了明末清初漳州窑类型的瓷器。②

漳州南靖、华安等地东溪窑址出土的青花瓷标本（见图9-2），除一部分与明末清初的漳州窑青花瓷相同或相似外，更多则是与清代德化地区青花产品相同或相似的器物。③ 2007年，福建博物院文物考古研究所发掘了华安县高安镇的下洋坑窑址（见图9-3）、马饭坑窑址，揭露出4座横室阶级窑，出土陶瓷器标本以青花瓷为主，经过分析比对，得出这些青花瓷器的烧造年代大约为18世纪

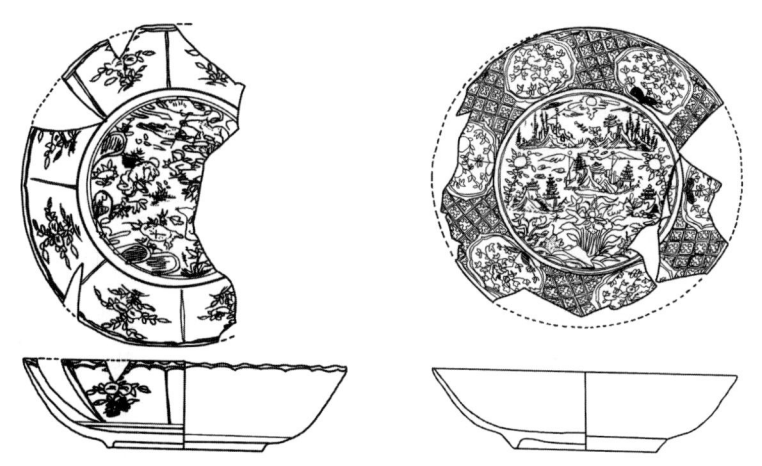

图9-2 漳州窑瓷器标本

资料来源：福建省博物馆《漳州窑：福建漳州地区明清窑址调查发掘报告之一》，福建省人民出版社，1997。

---

① 福建省博物馆：《漳州窑：福建漳州地区明清窑址调查发掘报告之一》，福建省人民出版社，1997。
② 福建省博物馆：《漳州窑：福建漳州地区明清窑址调查发掘报告之一》，福建省人民出版社，1997。
③ 栗建安：《从考古发现看福建古代青花瓷的生产与流通》，载中国古陶瓷学会编《中国古陶瓷研究》（第13辑），紫禁城出版社，2007。

早期至19世纪中期。这4座窑炉相对于明末清初平和地区漳州窑的窑炉有了很大的进步，窑址间数增多，窑炉加长，窑室由窄变宽，窑炉整个体量增大，提高了产量。①

图9-3 华安东溪下洋坑窑址

2013年，为推动南靖东溪窑址申报海上丝绸之路中国史迹首批申遗遗产点的相关工作，漳州南靖县人民政府联合福建博物院文物考古研究所再次对南靖县龙山镇封门坑（见图9-4）等地的东溪窑址进行了调查和发掘。② 封门坑窑址发现陶瓷器（见图9-5）的年代主要为清代，瓷器种类有青花瓷、白瓷和青瓷。青花瓷数量最多，器型常见碗、盘、杯、汤匙、烟斗，纹饰流行龙纹、花卉、洞石牡丹、灵芝、山水、印花变体寿字纹等，器物外底常饰有"东玉""玉"等文字款识。还发现白釉炉、碗、盘等以及青釉素面盘、青釉鼻烟壶等物。这次考古发掘工作揭露出数条有叠压打破关

---

① 栗建安：《华安东溪窑址的横室阶级窑》，载郑欣淼、罗宏杰主编《09古陶瓷科学技术国际讨论会论文集-7（ISAC'09）》，上海科学技术文献出版社，2009。

② 福建博物院、南靖县文物保护中心：《南靖县东溪窑封门坑窑址2015年发掘简报》，《福建文博》2015年第3期。

系的窑炉遗迹，以及作坊和建筑居址遗迹。

图 9-4 南靖封门坑窑址

图 9-5 南靖封门坑窑址出土的瓷器

德化地区是明清时期华南窑业的另一个中心。明清德化地区制瓷业在宋元青白瓷烧造的基础上提高了制瓷技术，进一步发展了元以来分室龙窑的优势，创造了所谓"中国白"的世界名品。依照其瓷质和釉色，明代德化窑白瓷又被分为"乳白""象牙白""猪油白"

"葱根白""鹅绒白"等名贵瓷种。明代德化窑瓷器主要以适应市场需要的造型为主，除部分订制外销的产品外，大部分器型是民间百姓常用的日常器具，如碗、盘、盆、杯、碟、壶、炉、盒、洗、盏以及文人墨客和宗教方面的用品、陈设品等。德化窑的瓷塑艺术登峰造极，主要有观音、达摩、弥勒、如来、寿星、关公、童俑以及各种瓷塑人物造像。同时还造就了何朝宗、张寿山、林朝景等一批瓷塑艺术大师。经过发掘的这一时期的瓷窑有甲杯山窑和祖龙宫窑。2001年，福建文物部门对德化甲杯山窑址进行了发掘，揭露出元代至明代的3座窑炉遗迹，出土了白釉器物，包括观音、弥勒、童子等人物塑像，以及杯、洗、瓶、执壶、水注、盒、匙、炉、鼎、钵、盏、碗、盅、洗等。这批瓷器（见图9-6）釉色精美，以"猪油白"白釉产品为主，其明代窑炉为分室龙窑。[1] 2004年，福建文物部门又发掘了德化的祖龙宫窑址，发掘出有上下叠压打破关系的元至明代的3座窑炉，出土有元代青白瓷、白瓷以及明代的象牙白瓷和平底匣钵等物。[2] 这两处为明清德化地区烧制白釉瓷器的代表性窑址。

图9-6 甲杯山窑址出土的白瓷标本

---

[1] 栗建安：《德化甲杯山明代窑址的发掘与收获》，《福建文博》2004年第4期。
[2] 栗建安：《福建宋元时期外销瓷研究的若干问题》，载郑培凯主编《十二至十五世纪中国外销瓷与海外贸易国际研讨会论文集》，香港：中华书局，2005。

入清以后，德化窑业进入全盛时期。在德化地区发现的185处古窑址中，属于清代的窑址有160多处。① 清代的德化窑产品（见图9-7）以青花为主，兼有白釉、五彩、酱釉等品种。器型以碗、盘为主，还见碟、杯、匙、小瓶等。受其影响，永春、安溪②、华安③乃至粤东地区④，均生产相似风格器物。考古调查和发掘资料显示，福建清代窑址主要集中在德化、永春、安溪、华安、南靖等县，且形成了以德化为中心的窑业格局，它们呈现共同风貌。牵牛花、佛手、菊花、牡丹花、缠枝花、圆圈点纹、云龙纹、狮纹、寿字纹、楼阁纹等装饰是清代华南地区各个窑场最普遍的装饰题材。这一时期的青花装饰手法包括手绘和模印两种，早期产品均采用手

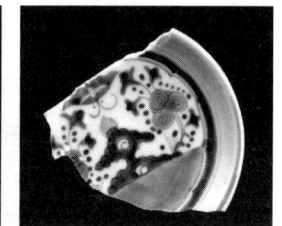

图9-7 清代德化窑青花瓷器

---

① 陈建中：《德化民窑青花》，文物出版社，1999。
② 张仲淳：《明清时期的福建安溪青花瓷器》，《考古》1989年第7期。
③ 栗建安：《从考古发现看福建古代青花瓷的生产与流通》，载中国古陶瓷学会编《中国古陶瓷研究》（第13辑），紫禁城出版社，2007。
④ 何纪生、彭如策、邱立诚：《广东饶平九村青花窑址调查记》，载文物编辑委员会编《中国古代窑址调查发掘报告集》，文物出版社，1984。

绘，较晚时候出现了模印青花的装饰技法。变体"寿"字纹、半"寿"字纹带饰及一些折枝花卉纹饰，多采用模印青花装饰的手法，它们往往出现在胎釉粗糙、内底常见涩圈的器物上。各个窑口中还流行外底书写作坊款识的做法，最常见第二字为"玉""兴""珍""利""裕""源""美""宝""茂"的双字款铭文。2004年，福建博物院文物考古研究所发掘了位于德化城关东头村的德化杏脚窑（见图9-8），揭露出窑炉遗迹1座，以及一批清代窑具和遗物。窑炉形态为典型的横室阶级窑，瓷器品种包括青花瓷和白瓷，还有少量的酱釉和蓝釉瓷，年代为清代中期。[①]

图9-8 德化东头村杏脚窑

[①] 栗建安：《德化清代窑址的发现及其意义》，载郭景坤主编《05古陶瓷科学技术国际讨论会论文集-6（ISAC'05）》，上海科学技术文献出版社，2005。

第二节　漳州窑的兴起与早期全球贸易

瓷器的生产和外销往往与特定时期的海外贸易背景及港口变迁有着密切关系。明代中期以后，随着官方势力在海洋的退缩，民间私商活动开始活跃起来。明代晚期漳州月港逐渐成为民间海外贸易活动的中心，月港附近以平和、南靖、广东饶平为生产中心的制瓷业随之兴起。漳州窑的兴烧与海外市场的大量需求有直接关系。地理大发现以后，葡萄牙、西班牙、荷兰等西方殖民势力陆续到达东亚海域，建立基地，逐步开展起早期全球贸易。

一般认为漳州窑的始烧年代为嘉靖时期，或与葡萄牙在嘉靖时期以漳州月港、浯屿为贸易据点进行对华走私贸易有关。[①] 1557年以后，葡萄牙人以澳门为基地，开始在此开展全球贸易，澳门成为远东地区最大的商品集散地。东非的象牙、犀角，印度的棉织品，东南亚的胡椒等都被运到澳门，以便在广州换取丝绸和瓷器。葡萄牙人还于1543年到达日本，作为中日贸易的主要中介者，大力发展中日贸易。葡萄牙人利用在对日贸易中赚取的白银在广州购买大量的丝绸和瓷器运到澳门，再销往东南亚和欧洲。当时，在东亚地区的商品中，丝绸"主要运往印度、中东和欧洲市场"，瓷器"主要在占婆、暹罗、文华和印度尼西亚等东南亚港口进行交易，更精

[①] 肖发标：《中葡早期贸易与漳州窑的兴起》，《福建文博》1999年增刊。

细的则穿过霍尔木兹海峡运到波斯,另有一部分运到东非,质量最好的则运往里斯本市场"。①

这一时期西班牙渡过大西洋,在占有墨西哥后,又横跨太平洋到达菲律宾建立殖民地,并于1571年占领马尼拉后将其作为贸易基地。因为菲律宾自身并没有多少可供贸易的物资,西班牙的货物主要依靠中国商人供应,所以他们很快与中国商人建立起贸易关系。西班牙殖民地统治者曾积极鼓励中国商船到马尼拉贸易。1574年,拉末沙礼士写信给西班牙国王说:"由于我们的热情接待,中国人每年不断地增加他们的贸易,带来许多货物供应我们,如糖、大小麦粉、坚果、葡萄干、梨和桔子、丝、上等瓷器和铁,以及我们在此缺乏的其他小物品。"② 跨太平洋的马尼拉帆船贸易逐渐形成,漳州月港也成为其贸易货品的主要来源地。

稍晚时期,荷兰人也到达东亚海域,并凭借着更强大的坚船利炮与西班牙、葡萄牙等国开展了激烈的海上霸权的争夺。16世纪末至17世纪初,荷兰东印度公司先后在万丹、日本平户、北大年及印度沿岸的许多港口设立起一系列商馆,并以这些商馆为基础逐步建立起完善的贸易体制。荷兰东印度公司将葡萄牙人一步步逐出亚洲市场,逐渐主导了亚洲的贸易。17世纪30年代,在荷兰东印度公司于台湾建立起的贸易线路稳定之后,中国陶瓷开始大规模输出,每年有大量船只往返于台湾、巴达维亚和荷兰,每艘船只每次返航时都会运输数万件瓷器,而荷兰每年运往欧洲和亚洲各地的瓷器数量都在几十万件以上。③ 荷兰东印度公司以特定样品订单订制符合欧洲、波斯、印度等市场需要的瓷器,以精美的景德镇瓷器为主,同时还将粗制瓷器运销东南亚各岛之间从事"岛间贸易",或

---

① 文德泉:《中葡贸易中的瓷器》,载吴志良主编《东西方文化交流国际学术研讨会论文选》,澳门基金会,1994。
② 转引自李金明《明代海外贸易史》,中国社会科学出版社,1990,第189页。
③ 陈玉芳:《16至18世纪中西贸易中的外销瓷》,东北师范大学,2010,第33~38页。

亚洲境内各港埠间的"港脚贸易"。① 福州、厦门、安海都是这一时期向台湾运送精、粗陶瓷的主要港口。荷兰东印度公司档案中经常提到的粗瓷产品就应包含漳州窑类型的瓷器。

隆庆元年（1567年），月港的开放，使得闽南海商有了合法出洋贸易的机会。及至澳门开埠，闽粤商人更是"趋之若鹜"。② 受中西贸易的刺激，嘉靖、万历时期中国东南私人海外贸易更为发达，几乎遍及闽浙沿海，甚至出现了像以林凤、李旦、郑芝龙这样的巨头为首的武装集团。它们往往拥有庞大的资产、船队与武装力量，活跃在北到日本、南到东南亚的海域上。它们作为环中国海域的主人，在早期西方人的转口贸易中占有举足轻重的作用。月港兴起及东南海商贸易的活跃进一步带动了中国沿海地区农副产品及手工业产品的生产，漳州窑的兴起即是其体现。

相对于景德镇产品来说，漳州窑产品要粗糙得多。从万历十一年（1583年）开始，景德镇制瓷原料匮乏，特别是在官窑的压迫下，民窑的发展受到制约。面对欧洲人到来带来的广阔海外市场，漳州窑瓷器在万历年间景德镇民窑因原料的匮乏而出现危机的时候，作为景德镇外销瓷器的补充品而大量烧造。在日本、东南亚以及东非、拉美等地的古遗址中，在南海以及东南亚海域直至大西洋海底的古代沉船中，都发现有漳州窑类型的瓷器。

广东海域发现的"南澳Ⅰ号"沉船出水的瓷器以漳州窑青花瓷（见图9-9）为大宗，所以人们推测"南澳Ⅰ号"沉船的始发地极有可能是漳州月港，航行年代为万历时期。③ 菲律宾海域发现的明代沉船"皇家舰长暗沙2号"（Wreck 2 of the Royal Captain Shoal）

---

① 卢泰康：《从台湾与海外出土的贸易瓷看明末清初中国陶瓷的外销》，载郑培凯主编《逐波泛海：十六至十七世纪中国陶瓷外销与物质文明扩散国际学术研讨会论文集》，香港城市大学中国文化中心，2012，第246页。
② 樊树志：《晚明史》（上卷），复旦大学出版社，2003，第14页。
③ 广东省文物考古研究所、国家水下文化遗产保护中心等：《广东汕头市"南澳Ⅰ号"明代沉船》，《考古》2011年第7期；广东省文物考古研究所：《南澳Ⅰ号明代沉船2007年调查与试掘》，《文物》2011年第5期。

上发现有3700多件漳州窑生产的青花瓷器以及彩色玻璃珠、铜锣、铁棒、铜钱等物①，其出水瓷器特征及器物组合与"南澳I号"沉船出水的非常相似，二者出水的船货主要是漳州窑产品，结合窑址考古资料可知它们主要是漳州二垅窑的器物②。这类风格的漳州窑产品在菲律宾、印度尼西亚等东南亚地区也有广泛的出土。

图9-9　"南澳I号"沉船出水的漳州窑瓷器

西沙海域发现的"北礁3号"沉船遗址中出水了大批青花瓷器，从产品特征看，既有景德镇窑产品，也有福建漳州窑产品。特别是漳州窑的大盘非常有特色，装饰手法流行口沿一周锦地开光带饰，腹部留白，盘心装饰仙山楼台、双凤山水、荷塘芦雁、岁寒三友等。③ 菲律宾好运岛海域打捞的1600年沉没的西班牙战舰"圣迭戈号"（San Diego）出水了500多件明代万历时期的青花瓷，包括景德镇生产的典型开光装饰的克拉克瓷，也包括漳州窑产品。④ 越南中南部平顺省沿海海域打捞的"平顺号"（Binh Thuan）沉船出水的船货主要是成摞的铁锅和漳州窑瓷器，包括漳州窑的青花、五

---

① Franck Goddio. *Discovery and Archaeological Excavation of A 16th Century Trading Vessel in the Philippines* (World Wide First, 1988).
② 栗建安：《福建古瓷窑考古概述》，福建教育出版社，1993，第69~91页。
③ 中国国家博物馆水下考古研究中心等编《西沙水下考古（1998-1999）》，科学出版社，2006，第150~185页。
④ Cynthia Ongpin Valdes, Allison I. Diem, *Saga of the San Diego (AD 1600)* (Philippines: National Museum, Inc., 1993); 森村健一：《菲律宾圣迭哥号沉船中的陶瓷》，《福建文博》1997年第2期。

彩、素三彩瓷器，总数达34000多件。① 西方学者在查找档案后认为，"平顺号"沉船可能是在1608年中国商人I Sin Ho为荷兰运载丝绸及其他中国货物到马来西亚柔佛地区的过程中沉没于越南海域的。② 大西洋圣赫勒拿岛附近的荷兰东印度公司"白狮号"沉船（Witte Leeuw）（1613年）③、中国南海海域的哈彻沉船（Hatcher Junk）（1643年左右）④ 等也都被发现装载有一定量的漳州窑产品。

和"南澳Ⅰ号"沉船出水瓷器相似的沉船器物组合还见于在南加利福尼亚海岸沉没的马尼拉帆船"圣菲利普号"（San Felipe）。⑤ 在旧金山以北的德雷克斯海湾附近的印第安人贝冢中，发掘、出土了和"圣迭戈号"沉船瓷器一样的景德镇克拉克瓷和福建漳州窑器物。⑥ 从16世纪后期开始，中国瓷器随着马尼拉帆船大量销往拉美地区，最早在巴西的上层殖民者家庭中被使用，后来其使用范围逐步扩大到墨西哥和南美的广大地区，使用人群也从上流社会扩大到一般的拉美民众。近些年，墨西哥、秘鲁、利马等拉美各地的考古遗址也不断出土中国明清瓷片⑦，除了一部分景德镇所产的优质克拉克瓷外，还有不少是华南外销瓷窑口所产。可见，华南瓷器作为一般民众使用的产品也进入了非洲、美洲等地的欧洲殖民地市场。

---

① 中国广西壮族自治区博物馆、中国广西文物考古研究所、越南国家历史博物馆：《海上丝绸之路遗珍——越南出水陶瓷》，科学出版社，2009，第169~181页。
② 刘朝晖：《越南平顺沉船出土的漳州窑青花瓷器》，载中国古陶瓷学会编《中国古陶瓷研究》（第13辑），紫禁城出版社，2007。
③ 范梦园：《克拉克瓷研究》，香港中文大学，2010，第25页。
④ Colin Sheaf & Richard Kilburn, *The Hatcher Porcelain Cargoes* (Oxford: Phaidon · Christie's, 1988).
⑤ Edward P. von der Porten, "Manila Galleon Porcelains on the American West Coast," *TAOCI* 2 (2001).
⑥ Clarance Shangraw and Edward P. von der Porten, *The Drake and Cermeno Expeditions' Chinese Porcelains at Drake's Bay, California 1579 and 1595* (California: Santo Rosa Junior college, Drake Navigator Guild, 1981).
⑦ George Kuwayama, *Chinese Ceramics in Colonial Latin America* (The University of Michigan, 2002).

但漳州窑产品主要还是在菲律宾、印度尼西亚、越南、日本等东亚、东南亚地区出土，表明亚洲是其主要的消费市场。日本关西地区的大阪、长崎、堺市、平户等地城市遗址的16世纪后半期至17世纪前半期的地层中大量出土过漳州窑的青花瓷和五彩瓷器，这两类瓷器在印度尼西亚、菲律宾、埃及以及土耳其等地也都有发现。[1] 在对17世纪代表性的国际贸易港口会安遗址的发掘中，发现大量的16世纪末至17世纪前半叶的中国陶瓷器，且其中，福建、广东窑系的制品多于景德镇窑系制品。日本学者根据遗址资料和沉船资料的综合研究，认为漳州窑瓷器大量出现和存在的时间是16世纪末至17世纪初（1585~1615年，明万历十三年至四十三年），到17世纪初至17世纪中叶（即中国的明晚期至清初期）才逐渐被景德镇窑系制品所取代。[2] 万历晚期，景德镇民窑不仅摆脱了原料危机，而且还逐步获得了任意开采和使用优质高岭土的权利，特别是随着御器场的停烧，大量的优秀工匠流向民间，景德镇民窑制瓷业获得飞速发展，烧造的瓷器再次取代漳州窑产品成为外销瓷器的主体。较晚时期的哈彻沉船上发现的漳州窑瓷器无论是在产品质量还是在装饰的复杂性上，都无法和漳州窑盛烧期的产品相提并论，这或许就代表了漳州窑的衰落。

---

[1] 栗建安：《从考古发现看福建古代青花瓷的生产与流通》，载中国古陶瓷学会编《中国古陶瓷研究》（第13辑），紫禁城出版社，2007。

[2] 〔日〕森村健一：《漳州窑系制品（汕头瓷）的年代与意义》，载福建考古学会编《明末清初福建沿海贸易陶瓷的研究——漳州窑出土青花、赤绘瓷与日本出土中国外SWATOW》，福建省博物馆、福建省考古博物馆学会、西田纪念基金，1994。

第三节　白釉类型产品的生产及运销

自宋以来，德化窑的青白瓷产品大量销往国外。明清时期，德化白瓷因其莹润透白、品质出众而更负盛名，曾在17世纪末被大量运销欧洲，获"中国白"（Blanc de Chine）的盛誉。

最早将德化白瓷运往欧洲的是葡萄牙人，他们在1650~1675年就已经开始了德化白瓷的贸易。在澳门的葡萄牙遗址圣保罗教堂附近、印度果阿的圣奥古斯丁教堂遗址及废墟，以及南非海域发现的葡萄牙商船中均发现了德化窑白瓷碎片，包括贴梅花纹直颈瓶、执壶、槟榔盖盒、杯、仙人塑像、佛狮及鸟、犬等塑像的残片。[1] 西班牙的马尼拉帆船贸易也参与了德化白瓷的运销。在美洲加勒比海的牙买加附近港口发现过德化窑17世纪制造的白釉瓷杯、送子观音像、狮子插器等[2]，德化白釉瓷器在北美西北海岸沉船遗址及墨西哥城市考古遗址中也有发现[3]。

继葡萄牙和西班牙殖民者或商人到达东亚海域的荷兰东印度公

---

[1]〔英〕甘淑美：《17世纪末~18世纪初欧洲及新世界的德化白瓷贸易（第一部分）》，《福建文博》2012年第4期。

[2] 龚国强：《牙买加发现的德化"中国白"》，载中国古陶瓷学会编《中国古陶瓷研究》（第3辑），紫禁城出版社，1990。

[3]〔英〕甘淑美：《17世纪末~18世纪初欧洲及新世界的德化白瓷贸易（第二部分）》，《福建文博》2014年第3期。

司也曾运载德化白瓷至欧洲。① 属于这一时期的荷兰东印度公司沉船上常发现有运载少量德化白瓷的现象。约在 1643 年驶往巴达维亚的途中沉没于中国南海的哈彻沉船、1690 年左右沉没于越南海域的"头顿号"（Vung Tau）沉船②、1697 年沉没于南非开普敦附近的"Oosterland"商船③中均发现有德化白瓷杯、盒、佛像人物、狮形烛台、动物雕塑等。漳州月港和厦门港都是输出德化白瓷的重要口岸。

而运载德化白瓷最多的则是英国商船。自明清交替时期，英国就已经开始了同中国的接触。在郑氏海商集团的晚期，即在郑成功将荷兰人驱逐出台湾之后的 1670 年，英国东印度公司万丹分部派遣商船驶达台湾，开启了郑英贸易。英国东印度公司于 1671 年在台湾设立商馆，希望以台湾为中继站，与日本、马尼拉及中国（大陆）通商，从马尼拉购买黄金、白银及铜，从日本购买木箱和柜子，从中国（大陆）购买丝织品、名贵瓷器及真麝香等物资。④ 17 世纪末至 18 世纪初期，英、法商船每年都到厦门、广州购买茶叶、生丝、丝绸及瓷器。由于当时对欧洲走私瓷器的贸易特别活跃，促使巴达维亚总督在无利可图的情况下，于 1694 年下令暂时中止荷兰东印度公司从东方输入瓷器，而致力于亚洲国家和地区间的瓷器贸易。之后，英国商人取代荷兰东印度公司，成为将瓷器运销欧洲的主要力量。⑤ 厦门港则成为英国的主要通商口岸。英国东印度公司的档案记载及船货清单显示，从厦门港驶回欧洲的英国商船上往

---

① 刘幼铮：《中国德化白瓷研究》，科学出版社，2007，第 19~20 页。
② 中国广西壮族自治区博物馆、中国广西文物考古研究所、越南国家历史博物馆：《海上丝绸之路遗珍——越南出水陶瓷》，科学出版社，2009。
③ 〔英〕甘淑美：《17 世纪末~18 世纪初欧洲及新世界的德化白瓷贸易（第一部分）》，《福建文博》2012 年第 4 期。
④ 林仁川：《清初台湾郑氏政权与英国东印度公司的贸易》，《中国社会经济史研究》1998 年第 1 期。
⑤ 荷兰国立艺术收藏院筹划、香港市政局与荷兰驻港总领事馆联合主办：《"中国陶瓷与荷兰德尔福特陶瓷"展览图录》，香港艺术馆，1984，第 33 页。

往运载了大量德化白瓷，主要有圣母玛利亚像、耶稣像、欧洲洋人瓷塑、送子观音像等人物造像及各种鸟兽、佛狮等动物塑像，还有专门为欧洲市场设计生产的白釉把杯、巧克力杯、酒杯、糖杯等日用器型。[1] 德化白瓷成为这一时期欧洲皇室贵族最喜爱的物品，是他们竞相收藏的对象，也是当时荷兰静物画中的常见题材，还被迈森瓷厂等欧洲制瓷工厂大量仿烧。[2] 如今，德化白瓷在大英博物馆、阿尔伯特工艺博物馆、德国德累斯顿艺术博物馆等海外各大博物馆中均有广泛收藏。

明代中期以后特别是明末清初，漳州地区依托月港的优势，除了大量生产仿景德镇风格的青花瓷器外，还生产仿德化白瓷风格的白釉及米黄釉瓷器。目前，在华安及南靖等地的寨仔山窑址、封门坑窑址、东坑庵窑址、松柏下窑址等地均发现了以烧造白釉瓷器及米黄釉开片瓷器为主的窑业堆积。窑址采集到的米黄釉瓷及白釉瓷器的器型主要有碗、盘、碟、杯、壶、罐、瓶、炉、觚、尊、佛像等仿铜礼器、文房用具及日用生活器皿，其中陈设供器类最为讲究，观音、弥勒等人物雕塑也很精美。华安及南靖生产的青白釉、白釉及米黄釉瓷器（见图9-10）毫无疑问是在明清德化白釉瓷器兴盛的影响下出现的仿烧品种。但基于这一地区原料及技术上的缺陷，这些瓷器的品质远远达不到德化白瓷的精良水准，反而形成了米黄釉开片的独特胎釉特征，或许这类产品在特定的地区及特定的时期充当了德化白瓷的替代品。[3] 入清以后，德化瓷业转向以生产青花为主，清代中晚期的漳州米黄釉瓷器也逐渐走向自身发展的道路。

---

[1] 〔英〕甘淑美：《17世纪末～18世纪初欧洲及新世界的德化白瓷贸易（第一部分）》，《福建文博》2012年第4期。
[2] 李国清、郑培凯、梁宝鎏、余君岳、李果：《中国德化白瓷与欧洲早期制瓷业》，《海交史研究》2004年第1期。
[3] 傅宋良：《福建漳窑米黄釉瓷研究》，载中国古陶瓷学会编《中国古陶瓷研究》（第8辑），紫禁城出版社，2002。

图 9-10　南靖封门坑窑出土的白釉、米黄釉小杯

我国东南海域发现的福建东山冬古沉船为明郑晚期的一艘战船，其上出水了一批华南瓷器，数量较多的有华南窑口生产的青花秋叶纹盘、文字纹装饰碗，此外还见有白釉、酱釉、米黄釉开片瓷器等。[①] 一些白瓷壶、罐类胎体致密，釉色光润透亮，类似胎釉特征的白瓷在华安县高安东坑庵、松柏下窑址都有生产，也见于南靖窑址。还有一类白釉产品，以杯为主，也见少量的碗，胎体洁白细腻，釉色莹润纯净，装烧方式采用支钉叠烧，为典型的德化白瓷产品。米黄釉开片瓷器，正是漳州地区明末清初的另一类重要的瓷器品种，在南靖窑、华安窑、平和洞口窑址都有发现，主要有碗、瓶、罐、壶等器型。冬古沉船出水的瓷器组合代表了17世纪末期华南瓷业的生产情况。[②]

---

① 陈立群：《东山岛冬古沉船遗址初探》，《福建文博》2001年第1期。
② 刘淼：《福建东山冬古沉船出水陶瓷器研究》，载吴春明主编《海洋遗产与考古》，科学出版社，2012。

第四节　厦门港的崛起与清代华南外销瓷器的兴盛

入清以后，中国制瓷业格局发生变化。在漳州窑衰落之后，德化青花瓷代之而起并在清代中、晚期走向兴盛。康熙晚期至道光年间应是整个福建青花瓷器生产的全盛时期。[①] 以德化为中心，包括永春、安溪、华安、南靖、粤东饶平以及惠来、大埔、潮州等在内的华南地区的众多窑口，在产品特征、纹饰题材、题写名款乃至装烧技术上均体现出共同风貌，形成了一个庞大的清代外销瓷产区。

清代华南地区以德化为中心的青花外销瓷业的兴起与厦门港的崛起密切相关。明朝末年，随着漳州月港、安平港的衰落，厦门港逐渐兴起，并且凭借自身良好的港口优势在清朝初年成为福建南部最大的港口。[②] 清康熙二十三年（1684年），随着郑氏海商集团退出政治舞台，清廷宣布停止海禁，在厦门、广州等地设立四大海关。雍正五年（1727年），厦门被辟为福建省通洋正口和全国对台航运的总口，成为清代对外贸易的主要口岸，也被清政府定为往南洋官方贸易的发舶中心。[③] 每

[①] 陈建中：《德化民窑青花》，文物出版社，1999。
[②] 陈希育：《清代厦门港的海外贸易与华侨》，《南洋问题研究》1987年第3期。
[③] 徐晓望：《论明代厦门港周边港市的发展》，《福建论坛》（人文社会科学版）2008年第7期；庄国土：《论17—19世纪闽南海商主导海外华商网络的原因》，《东南学术》2001年第3期。

年出国贸易者以福建省最多，其次是广东省。即使到了嘉庆、道光时期，厦门港有所衰退，但每年从厦门开赴暹罗的大船仍至少有40艘，还有很多大型船只前往婆罗洲等东南亚地区。① 实际上，也有很多外国船只到达厦门。如朝廷特许西班牙船来厦门贸易，因为它能带来大量的白银。"按吕宋夷船每岁载番银一十四、五万来厦贸易，所购布匹之外，瓷器、石条、方砖亦不甚贵重，非特有利于厦门，闽省通得其利。"② 故而，有清一代，厦门"田少海多，民以海为田，自通洋弛禁，夷夏梯航，云屯雾集（《莫凤翔水仙宫碑》）"③。

厦门港的崛起带动了周边沿海地区乃至福建内陆经济的发展，其中很重要的一项就是闽南陶瓷业的振兴。清代厦门港成为闽南陶瓷外销的中转站和集散地。从厦门港出洋的货物有"漳之丝绸纱绢、永春窑之瓷器、及各处所出雨伞、木屐、布匹、纸扎等物"④。文献中也多有这一时期外国商船来厦门购买瓷器的记载，如"乾隆四十六年六月，吕宋夷商万梨落及郎吗叮先后来厦，番梢六十余名，货物燕窝、苏木；各带番银一十四万余元，在厦购买布疋（匹）、瓷器、桂皮、石条各物""乾隆四十八年九月，夷商郎万雷来厦，番梢五十余名，货物苏木、槟榔、呀兰米、海参、鹿脯；在厦购买布疋（匹）、瓷器、雨伞、桂皮、纸墨、石条、石磨、药材、白羯仔"⑤。

进入清代，厦门港的海外贸易由明郑时期以对日贸易为主，转

---

① （清）周凯：《厦门志》卷十五"风俗记"，载《台湾文献史料丛刊》第二辑，台湾大通书局，1985。
② （清）周凯：《厦门志》卷五"船政略·番船"，载《台湾文献史料丛刊》第二辑，台湾大通书局，1985。
③ （清）周凯：《厦门志》卷十五"风俗记"，载《台湾文献史料丛刊》第二辑，台湾大通书局，1985。
④ （清）周凯：《厦门志》卷五"船政略·洋船"，载《台湾文献史料丛刊》第二辑，台湾大通书局，1985。
⑤ （清）周凯：《厦门志》卷五"船政略·洋船"，载《台湾文献史料丛刊》第二辑，台湾大通书局，1985。

而面向东南亚等南洋地区。① 在清政府开放海禁初期，日本限制中国商船入港数量以后，中国商船纷纷改赴南洋，南海贸易一度繁盛。"由厦门过琼之大洲头、七洋洲（大洲头而外，浩浩荡荡，罔有山形标识，偏东则犯万里长沙、千里石塘。而七洲洋在琼岛万州之东南，凡往南洋必经之所）至广南，水程七十二更；由七洲洋之西绕北而至交趾，水程七十二更（《海国闻见录》）。"② 这段话清楚地记载了由厦门经西沙群岛往南洋的路程。

西沙群岛地处我国古代南海航线的必经之地，是我国与中南半岛、南洋群岛及印度洋沿岸地区交通往来之要冲，地理位置险要。自20世纪70年代以来，经过多次的水下普查和考古工作，西沙群岛海域陆续发现了一批沉船遗址和水下遗物点。③ 这些水下遗址出土了大量陶瓷器标本，时代跨度从南朝至明清，其中清代中晚期的青花瓷器遍布西沙群岛的北礁、南沙洲、南岛、和五岛、珊瑚岛、金银岛、全富岛、石屿、银屿等各个岛礁及其附近的水下遗物点。④ 考古发现的这些清代青花产品风格较为一致，绝大多数胎釉质量较差，釉色多偏灰偏青，青花呈色不稳定，纹样多见云龙、飞凤、"寿"字纹带饰、灵芝形牵牛花纹、折枝花卉纹、亭台楼阁、行船、山水、诗句等。器物内底心或外底心常见字款或花押，晚期器物内

---

① 陈希育：《清代厦门港的海外贸易与华侨》，《南洋问题研究》1987年第3期。
② （清）周凯：《厦门志》卷八"番市略·南洋·越南"，载《台湾文献史料丛刊》（第二辑），台湾大通书局，1985。
③ 广东省博物馆：《广东省西沙群岛文物调查简报》，《文物》1974年第10期；广东省博物馆、广东省海南行政区文化局：《广东省西沙群岛第二次文物调查简报》，《文物》，1976年第9期；广东省博物馆、广东省海南行政区文化局：《广东省西沙群岛北礁发现的古代陶瓷——第二次文物调查简报续编》，载文物编辑委员会编《文物资料丛刊》（第6辑），文物出版社，1982；郝思德：《'96西沙群岛文物普查的新收获》，载广东炎黄文化研究会编《岭峤春秋——海洋文化论集》，广东人民出版社，1997；中国国家博物馆水下考古研究中心、海南省文物保护管理办公室：《西沙水下考古（1998~1999）》，科学出版社，2006；赵嘉斌：《海上丝绸之路上的中国古代外销瓷——中国水下考古的工作与发现》，载中国古陶瓷学会编《中国古陶瓷研究》（第14辑），紫禁城出版社，2008。
④ 刘淼：《从西沙沉船瓷器看清代的南海贸易》，载中国古陶瓷学会编《中国古陶瓷研究辑丛：外销瓷器与颜色釉瓷器研究》，故宫出版社，2012。

底心还见涩圈。对比窑址资料可知，其中除了少数属于江西景德镇的民窑产品外，大多为清代华南地区德化窑、东溪窑、粤东地区窑口的产品。

清朝中晚期华南瓷业兴盛的另一个背景是18世纪末期以来华瓷特别是高品质华瓷在欧洲市场的衰落。18世纪末期，欧洲盛行的"中国风"热潮逐渐衰退，加之经过几个世纪的持续销售，瓷器作为一种耐耗品，在欧洲市场几近饱和。随着欧洲陶瓷制造业的发展，欧洲许多瓷器商人转而购买英国的陶器或欧洲大陆的瓷器。从18世纪晚期开始，欧洲对高档华瓷的需求减少，对粗瓷的需求增多。这一点在东南亚地区发现的属于这一时期的一系列沉船资料中体现得非常明显。

1994年，于马六甲海峡打捞出水的清嘉庆年间（1817年）的"戴安娜号"沉船共出水500箱计2.3万件陶瓷器，包括中国山水图画风格的"柳树纹样"青花瓷成套餐具、少量在广州订制的广彩纹章瓷、一些釉陶雕塑。除此之外，更多的则是华南窑口所产大批质地较粗糙的青花碗、碟及素胎粗陶，绝大多数都属于中低档陶瓷器。[1] 澳大利亚海洋公司在中国南海打捞的"泰兴号"沉船也属于这一时期。它是道光二年（1822年）从厦门港出发绕道西沙群岛前往印度尼西亚的船只。[2]"泰兴号"沉船打捞出水35万件陶瓷器，器物组合和"戴安娜号"沉船的陶瓷器组合非常接近，以碗、盘、碟等实用器为主。该沉船出水的瓷器仍以德化窑类型青花瓷为主，包括德化窑、东溪窑、安溪窑等窑场的产品。其上的产品风格和西沙群岛附近沉船出水的瓷器一致，如灵芝纹青花碗、盘、碟，梅雀图青花盖碗，兰、竹、菊青花盘，菊花纹青花盘，圈点纹青花碗等为典型的德化窑产品。而该沉船出水的青釉鼻烟壶、青釉青花山水纹盘、青釉炉和琮式瓶、釉面开冰裂纹青釉器、青花折枝石榴纹

---

[1] 周世荣、魏止戈：《海外珍瓷与海底瓷都》，湖南美术出版社，1996，第58页。
[2] Nagel Auctions. *Tek Sing Treasures*. Germany：Nagel Auktionen，2000.

碟、带状印花青花酒杯、寿字纹印花青花碗盘、青花洞石牡丹纹碗、盘、碟、盖盒等，以及大量发现的酱褐釉、白釉及青花花卉纹汤匙等器物，均为东溪窑产品。

清朝中晚期，以德化窑类型为主的大量陶瓷商品通过厦门等华南港口销往世界各地，在印度尼西亚、印度、斯里兰卡、越南、柬埔寨、泰国、菲律宾、新加坡等东南亚、南亚地区都有发现。[1]

窑址资料、航线遗址资料及沉船资料都印证了明清以来华南瓷业的繁盛和南海航路上的繁忙景象。华南瓷业参与了明末清初早期以月港为中心的全球贸易的兴起以及清代中期以来以厦门港为中心的南海贸易繁盛的进程，是我国古代海洋文化遗产的重要内容。

---

[1] 叶文程、罗立华：《德化窑青花瓷器几个问题的探讨》，载德化陶瓷研究论文集编委会编《德化陶瓷研究论文集》，德化陶瓷研究论文集编委会，2002。

第 十 章

陶瓷贸易与中外文化交流

第一节 从长颈瓶看宋代瓷器对伊斯兰玻璃器的
　　　 模仿与借鉴
第二节 永乐、宣德青花瓷造型装饰中的伊斯兰艺术
第三节 陶瓷外销与饮茶风尚的传播

隋唐以来，东西方的文化交流不断增多。承载着鲜明时代特征的中国陶瓷，在对外输出的过程中影响着他国的文化，而其本身从造型到纹饰，也反映出丰富的外来因素。同时，以日常实用器为大宗的陶瓷器，在外销过程中也伴随着生活习俗的传播，推动了中外交流和文化互通。

第一节　从长颈瓶看宋代瓷器对伊斯兰玻璃器的模仿与借鉴

　　中国古代瓷器中一些长颈瓶的造型未见于宋以前，而在两宋时期的定窑、汝窑、老虎洞窑、龙泉窑产品中却多有发现，因此它们应该是宋代创烧的新器型。因其外形与捶打纸浆所用的槌具相似，也有一些研究者将它们命名为"纸槌瓶"。这些长颈瓶的造型在宋代以前的陶瓷器中鲜有发现，却与9～11世纪的伊斯兰玻璃瓶十分相似，后者常作为大食等国进贡宋廷的礼物，而前来进贡的大食使节有不少本身就是海商，这种长颈玻璃瓶在井里汶沉船中即有发现。据此推断，宋代创烧的一系列长颈瓷瓶或多或少地受到了9～11世纪伊斯兰玻璃器的启发。考虑到唐代中期以后，西域交通受阻，陆上丝绸之路转向衰落，海上丝绸之路代之而起，这些伊斯兰玻璃器可能更多地通过当时的海上贸易输入中国。

　　在梳理、介绍宋代烧造的长颈瓷瓶之前，有必要对西方玻璃器传入中国的背景稍做了解。西方玻璃器传入中国由来已久，目前出土于中国且经过成分分析的玻璃制品最早可追溯至春秋末到战国初。河南固始侯古堆春秋末年墓出土的玻璃珠、河南辉县出土的吴王夫差剑格上嵌的透明玻璃、湖北江陵"望山1号"墓出土的越王勾践剑格上嵌的蓝色玻璃，均为玻璃饰品，根据成分和工艺判断，它们基本被认定是由外国输入的。① 而玻璃器皿的传入则稍晚，一般认为始于汉代。自汉迄宋，中国与地中海沿岸及伊朗高原先后出现的罗马帝国、萨珊王朝、伊斯兰阿拉伯帝国这三个世界性玻璃生产中心都保持着贸易联系。② 西方玻璃器的传入，在推动中国玻璃器制造技术进步的同时，也对其他手工艺品比如瓷器的创作产生了一定影响。

目前所发现烧造于宋代的长颈瓷瓶根据口部的特征的不同，大致可分类两类：口部有沿的和口部无沿的。

1. 口部有沿的长颈瓶（包括盘口、平口两种）

台北故宫博物院所藏的白瓷盘口纸槌瓶（见图10-1）高15.9厘米，口径为7.2厘米，足径为9.2厘米，颈部长直，腹部扁圆，为10~11世纪的定窑产品。③ 浙江瑞安北宋慧光塔所出的一件刻花玻璃瓶（见图10-2）在器型上与台北故宫博物院所藏白瓷盘口纸槌瓶有相似之处，塔内写经的题记显示，慧光塔拓建于北宋景祐元年（1034年）至庆历三年（1043年）间。④ 根据安家瑶的研究，该刻花玻璃瓶属伊斯兰玻璃器。⑤ 器型较为相似的还有开泰七年（1018年）辽陈国公主墓出土的高颈玻璃水瓶（见图10-3），只是此瓶颈部有两道凸纹，口部为漏斗形，尺寸也更大一些。这件玻璃水瓶被认为是伊斯兰玻璃器东传过程中，制造于中亚的产品，带有伊斯兰风格。⑥ 7世纪兴起的阿拉伯帝国在占领地中海东岸和伊朗高原两个玻璃器制造中心后，直接承袭了罗马和萨珊玻璃器制作传

---

① 高至喜：《论我国春秋战国的玻璃器及有关问题》，《文物》1985年第12期，第54~65页。
② 安家瑶：《中国的早期玻璃器皿》，《考古学报》1984年第4期，第413~448页。
③ "国立"故宫博物院编辑委员会：《千禧年宋代文物大展》，"国立"故宫博物院，2000年，第159页。
④ 浙江省博物馆：《浙江瑞安北宋慧光塔出土文物》，《文物》1973年第1期，第48~58页。
⑤ 安家瑶：《中国的早期玻璃器皿》，《考古学报》1984年第4期，第413~448页。
⑥ 安家瑶：《试探中国近年出土的伊斯兰早期玻璃器》，《考古》1990年第12期，第1116~1126页。

统，到9世纪开始形成具备自身特色的伊斯兰玻璃器风格。上面提到的两件玻璃器在伊朗国家博物馆收藏的出土于内沙布尔（Nishapur）的玻璃瓶（见图10-4）①中可以找到类似的造型，尽管后者的尺寸较小，高度都在10厘米以内，年代为9~10世纪。此外，在五代时期的井里汶沉船（Cirebon Wreck）出水的玻璃器中，也有具备平折形盘口、颈部长直特征的残片（见图10-5）②。

图10-1　台北故宫博物院所藏白瓷盘口纸槌瓶

图10-2　慧光塔所出刻花玻璃瓶

图10-3　辽代陈国公主墓出土的高颈玻璃水瓶

图10-4　伊朗国家博物馆所藏的内沙布尔出土的长颈玻璃瓶

---

① Jens Kröger. *Nishapur*: *Glass of the Early Islamic Period* (New York: Metropolitan Museum of Art, 1995), p.71.
② "The Cargo from Cirebon Shipwreck," Musée royal de Mariemont, http://cirebon.musee-mariemont.be/the-cargo/search-cargo.htm?lng=en&doc=1565.

无独有偶，故宫博物院也收藏有一件北宋年间的长直颈定窑白釉盘口瓶（见图10-6），此瓶口径为5.5厘米，足径为6.4厘米，高22厘米。① 不同于台北故宫博物院所藏的定窑纸槌瓶的隐圈足，这件定窑刻花白釉盘口瓶且圈足较高，且外撇。

图10-5　井里汶沉船出水的玻璃瓶残片　**图10-6　故宫博物院所藏的北宋定窑白釉盘口瓶**

1987年，在宝丰清凉寺考古发掘出土的两件天青釉折肩盘口瓶（见图10-7），口沿较平，细长直颈，折肩桶腹，平底，盘口口径为8.4厘米，颈长10.9厘米，底径为8.5厘米，器高分别为33.5厘米和34厘米。② 类似造型的伊斯兰玻璃瓶在宋代遗址中也有发现。如南京大报恩寺北宋地宫出土的编号为TN9的玻璃净瓶（见图10-8），器型和纹饰具有鲜明的伊斯兰风格，样品的成分分析显示，"TN9"的化学成分接近于伊斯兰地区某些铅钡玻璃的配方，可判断其为伊斯兰玻璃器。③ 形制相近的玻璃瓶也见于井里汶沉船出水的玻璃器④，其他颈部由下至上渐收，但仍具备平折形盘口、折肩桶腹特征的伊斯兰长颈玻璃瓶发现的更多，如井里汶沉船出水器物

---

① 吕成龙：《定州花瓷天下白——定窑研究与故宫藏定窑瓷器》，《紫禁城》2012年第11期，第30~87页。
② 赵青云主编《宋代汝窑》，河南美术出版社，2003年，第123页。
③ 于宁、宋燕、杨益民等：《南京大报恩寺北宋地宫出土玻璃器的研究》，《中国科学：技术科学》，2012年第8期，第886~892页。
④ "The Cargo from Cirebon Shipwreck," Musée royal de Mariemont, http://cirebon.musee-mariemont.be/the-cargo/search-cargo.htm?lng=en&doc=1559.

(见图10-9)①，辽陈国公主墓所出的刻花玻璃瓶（见图10-10）以及蓟县独乐寺白塔出土的刻划玻璃瓶②。而作为这类玻璃瓶生产中心的伊斯兰地区，如伊朗内沙布尔9~10世纪的遗址也出土有类似的长颈玻璃瓶（见图10-11），器高分别为16厘米和25.5厘米。③

图10-7 宝丰清凉寺出土的天青釉折肩盘口瓶

图10-8 南京大报恩寺北宋地宫出土的玻璃净瓶

图10-9 井里汶沉船出水的长颈玻璃瓶

图10-10 辽代陈国公主墓出土的刻花玻璃瓶

图10-11 伊朗内沙布尔9~10世纪的考古遗址出土的长颈玻璃瓶

① "The Cargo from Cirebon Shipwreck," Musée royal de Mariemont, http://cirebon.musee-mariemont.be/the-cargo/search-cargo.htm?lng=en.
② 安家瑶：《试探中国近年出土的伊斯兰早期玻璃器》，《考古》1990年第12期，第1116~1126页。
③ Jens Kröger, *Nishapur: Glass of the Early Islamic Period* (New York: Metropolitan Museum of Art, 1995), pp. 108-109.

宋代瓷器中，这种颈部长直、折肩桶腹的盘口长颈瓶除了出土于宝丰清凉寺汝窑遗址，还在杭州老虎洞窑址中大量发现。老虎洞窑的这批长颈瓶器（见图10-12）高度大多为18~25厘米，平口，底部都为隐圈足，腹部形制略有变化，从腹部微鼓到直筒形不等。[①] 此外，口部有沿的桶腹长颈瓶还有张公巷窑址出土的青釉盘口折肩长颈瓶（见图10-13）[②] 和台湾历史博物馆所藏北宋中期以后的定窑系白釉刻花长颈瓶（见图10-14）[③]。

图10-12 老虎洞窑址出土的长颈瓶

图10-13 张公巷窑址出土的长颈瓶

图10-14 定窑系白釉刻花长颈瓶

---

① 杜正贤主编《杭州老虎洞窑址瓷器精选》，文物出版社，2002年，第53~63页。
② 孙新民：《汝州张公巷窑的发现与认识》，《文物》2006年第7期，第82~89页。
③ "白瓷刻花长颈瓶，" http://www.nmh.gov.tw/zh-tw/History/Content.aspx?Para=10|10|56&unkey=32。

观察这类带有口沿的长颈瓷瓶可以发现,其口沿的造型基本可分为盘口和平口两种。按照窑口来看,各窑生产的器物在造型上存在一定区别。其中宝丰清凉汝窑的长颈瓶均为盘口且平底;老虎洞窑的长颈瓶均为平口,底部为隐圈足;张公巷窑的长颈瓶为平口但口沿斜出,不同于其他长颈瓶的口沿平出,较为特别。另外,定窑白瓷长颈瓶有两件的腹部形制与其他长颈瓶的差别稍大,皆为圆形腹,一件隐圈足、一件圈足较高。其他长颈瓶虽由直筒至微鼓不等,但基本均为桶形腹。而圆腹带口沿的长颈瓶在龙泉窑的器物中多有发现,龙泉窑的这些长颈瓶(见图10-15)有较高的直圈足,腹部形制从球形至扁圆形不等,口部形态有盘口、喇叭形口和斜出平口,其中一些长颈瓶带弦纹装饰。有口沿的圆腹玻璃瓶在内沙布尔的遗址中也可以找到(见图10-16)。① 尽管各窑的长颈瓷瓶在造型上存在各种大小不一的差异,但基本都能在9~11世纪的伊斯兰玻璃瓶中找到类似的器型,或是相近的因素和风格。长颈瓶形制上的差别一方面可能出于对不同造型玻璃瓶的模仿,另一方面也存在一件瓷瓶借鉴多件玻璃瓶的特征并将之融合的可能。此外,由于制作年代和地域有一定跨度,还要考虑到各窑产品自身的发展演变、窑业技术特点及交流传承等因素。

图 10-15 龙泉窑长颈瓶

---

① Jens Kröger, *Nishapur: Glass of the Early Islamic Period* (New York: Metropolitan Museum of Art, 1995), p. 72.

图 10-16　内沙布尔圆腹玻璃瓶

2. 口部无沿的长颈瓶（即直口长颈瓶）

台北故宫博物院收藏的粉青釉纸槌瓶（见图10-17），口径为4厘米，底径为8.7厘米，高20.5厘米，长颈直口，桶腹平底。该器物与宝丰清凉寺汝窑发掘出土的盘口折肩瓶形制基本一致，只是盘口残缺，经过加工磨平。[1]另一件造型类似的"奉华"汝窑纸槌瓶（见图10-18）也收藏于台北故宫博物院，制作年代为12世纪前半叶，此瓶口径为4.4厘米，底径为8.6厘米，高22.4厘米，口部扣铜。[2]除汝窑外，直口长颈瓶在定窑的器物中也有发现（见图10-19），其口沿也包以铜边；另据介绍，类似的传世品曾在香港的拍卖市场出现，口部无扣铜且包釉。[3]中直口长颈瓶中，同样出现在拍卖市场上的还有一件被认为是南宋官窑粉青釉纸槌瓶（见图10-20），该瓶口沿及底部有残，后包金，曾于1978年在大阪博物馆展出过。[4]此外，长颈瓶也是龙泉窑常见的瓶式，其中就有直口型的长颈瓶，如日本梅泽纪念馆收藏的南宋龙泉窑长颈瓶（见图10-21）[5]，此瓶颈部长直，唇微外卷。

---

[1] 赵青云主编《宋代汝窑》，河南美术出版社，2003年，第129页。
[2] "国立"故宫博物院编辑委员会：《千禧年宋代文物大展》，"国立"故宫博物院，2000，第146、423页。
[3] 叶英挺：《宋代龙泉窑纸槌瓶漫谈》，《东方收藏》2014年第1期，第52~55页。
[4] 《南宋官窑瓶香港拍出6000万港币》，载《江苏陶瓷》2008年第5期，第46页。
[5] 王芳：《南宋时期龙泉窑与官窑比较研究》，硕士学位论文，中央民族大学，2012，第54~55页。转引自〔日〕今井敦《青瓷》，东京平凡社，1997，图60。

图 10 -17　台北故宫博物院所藏的粉青釉纸槌瓶

图 10 -18　台北故宫博物院所藏的"奉华"汝窑纸槌瓶

图 10 -19　定窑直口长颈瓶

图 10 -20　南宋官窑粉青釉纸槌瓶

图 10 -21　日本梅泽纪念馆收藏的南宋龙泉窑长颈瓶

需要注意的是，到目前为止所发现的直口长颈瓶口部多包铜或经加工打磨，特别是上面提到的台北故宫博物院收藏的两件直口汝窑纸槌瓶。这两件纸槌瓶流传有序，原为清宫旧藏。谢明良根据"奉华"瓶底部刻字和纸槌瓶御制诗的释读，认为瓶口镶铜扣是乾隆对此瓶的防护和美化，另一件口沿边有不平整的露胎面且带有疑似胶着剂留下的痕迹，因而被认为过去很可能也镶扣有金属。[①] 另外，宝丰清凉寺汝窑所出的类似长颈瓶未见有直口式，均为盘口，除口部的形制差异外，造型几乎与台北故宫博物院所藏的这两件直口纸槌瓶完全一致。"直口式长颈瓶是否存在"的问题也因此被提出。

从现有的资料来看，台北故宫博物院所藏的两件直口纸槌瓶的确有很大可能原为盘口式，但是否有可能在流传到清代前已经失去盘口，盘口被截去是否有刻意为之的可能？

这两件直口纸槌瓶的底径和口径尺寸相差无几，因造型基本一致，可以推断全器的尺寸应该也很接近，目前的器高分别为20.5厘米和22.4厘米，考虑到后者口沿包铜，可以推断两瓶在被截去盘口后的高度基本相同。宝丰清凉寺汝窑所出的盘口折肩瓶底径与这两件纸槌瓶底径基本一样，因全器造型相仿，所以这两件纸槌瓶全器的高度应该也和宝丰清凉寺盘口折肩瓶接近，在34厘米左右。纸槌瓶的盘口如因破损而截去，很难想象两瓶破损的范围为何如此一致，而且都要被截去10厘米以上，占到器高1/3。而且从图片中看，它们的颈长似乎不比宝丰清凉寺出水的折肩槌瓶低矮许多，器型的整体比例仍旧接近。由此推断，这两件纸槌瓶的盘口很可能是故意截去的；甚至，还可能预先就存在把瓶子制作或加工成直口型的意图。

第一，南宋龙泉窑的长颈瓶中发现有直口式，表明在宋代，确

---

① 谢明良：《院藏两件纸槌瓶及相关问题》，载《陶瓷手记：陶瓷史思索和操作的轨迹》，上海古籍出版社，2013。

曾烧制过直口长颈瓶。第二，从上文提及的台湾历史博物馆藏定窑系盘口长颈瓶和定窑直口长颈瓶来看，二者造型比例基本一致。定窑直口长颈瓶镶有铜扣，从定窑产品有使用金属扣（和有无芒口没有必然联系）进行装饰以提高身价（但不排除清代后加的可能）[①]的情况来看，该瓶不是截去盘口加工而成，应该原本就是直口式，这表明直口式的长颈瓶在定窑也有生产。第三，直口式造型在9～11世纪的伊斯兰玻璃器中并不鲜见，在内沙布尔出土的玻璃瓶（见图10-22）[②]和井里汶沉船出水的玻璃器（见图10-23）[③]中均有发现。在国内的遗址中，虽然还没有发现与这些直口长颈瓶造型完全一致的玻璃瓶，但带有"直口"这一特征的伊斯兰刻花玻璃瓶和细颈玻璃瓶曾在河北定县北宋5号塔基出土过。[④]定县北宋5号塔基所出的玻璃瓶尺寸较直口长颈瓷瓶小，折肩鼓腹，直颈，但颈部不长。另外，直口细长颈的玻璃瓶也曾于唐代的西安东郊舍利塔基出土。[⑤]

图10-22 内沙布尔出土的9～11世纪伊斯兰玻璃瓶

[①] 吕成龙:《定州花瓷天下白——定窑研究与故宫藏定窑瓷器》，《紫禁城》2012年第11期，第30～87页。

[②] Jens Kröger, *Nishapur: Glass of the Early Islamic Period* (New York: Metropolitan Museum of Art, 1995), pp. 69, 92, 113.

[③] "The Cargo from Cirebon Shipwreck," Musée royal de Mariemont, http://cirebon.musee-mariemont.be/the-cargo/search-cargo.htm?lng=en.

[④] 安家瑶:《玻璃器史话》，社会科学文献出版社，2011，第156、159页。

[⑤] 安家瑶:《玻璃器史话》，社会科学文献出版社，2011，第113页。

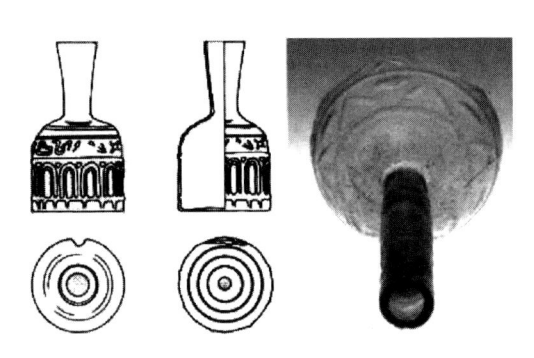

图 10 - 23　井里汶沉船出水的玻璃瓶

内沙布尔出土的直颈玻璃瓶中有一些口部粗糙，似经平截，这与玻璃制造工艺或有一定关系。这一时期的伊斯兰玻璃器制作采用吹制技术，玻璃器吹制法又分为无模吹制法和有模吹制法。但无论采用哪一种吹制法，在玻璃泡吹成后都需要用剪刀将玻璃器从吹管上剪下来，玻璃器的口沿则需要被进一步加工。若未经修整，则多为粗糙的直口，有些还留有爆口。瓷器中直口式长颈瓶的口部造型也有可能是出于对这类玻璃瓶的模仿。

从汝窑、定窑及龙泉窑的直口长颈瓶来看，器型较盘口（或平口）直颈瓶更为丰富，不再是之前的单纯模仿，确切地说，已经发展为借鉴、融合乃至创新。尤其是时代较晚的南宋龙泉窑长颈瓶，更为深刻地反映出这种变化。这种借鉴与创新在南宋龙泉窑的凤耳瓶（见图10-24）[①]、鱼（化龙）耳瓶（见图10-25）[②]等器物中体现得更为生动。凤耳瓶和鱼（化龙）耳瓶均为龙泉窑创烧的新器型，盘口长颈、桶形腹、暗圈足，除双耳不论的话，造型与前面提到的宝丰清凉寺汝窑、老虎洞窑、张公巷窑所出的长颈瓶非常接近，而新加入的凤鸟、游鱼、鱼（化龙）双耳则是传统的中国元素。可以看出，长颈瓶已经由创烧之初的单纯模仿伊斯兰玻璃器过

[①] 王芳：《南宋时期龙泉窑与官窑比较研究》，硕士学位论文，中央民族大学，2012，第54~55页。转引自根津美术馆学芸部《南宋の青瓷》，根津美术馆，2010，第51页，图22。

[②] 叶英挺编著：《梅子初青：龙泉窑青瓷图集》，西泠印社出版社，第75页。

渡到借鉴其造型特征，创新为带有自身特色的凤耳瓶、鱼耳瓶。

图 10-24　龙泉窑凤耳瓶

资料来源：王芳《南宋时期龙泉窑与官窑比较研究》，硕士学位论文，中央民族大学，2012，第 54～55 页。

图 10-25　龙泉窑鱼（化龙）耳瓶

资料来源：叶英挺编著《梅子初青：龙泉窑青瓷图集》，西泠印社出版社，第 75 页。

定县北宋 5 号塔基出土的各种伊斯兰玻璃瓶，从实物的角度证明了这一时期西方玻璃器的传入，史籍中对此也多有记载。大食进贡宋廷的物品，就会以玻璃器装盛，如《宋史·大食传》中记载的"眼药二十小琉璃瓶，白沙（砂）糖三琉璃瓮，千年枣，舶上五味子各六琉璃瓶，舶上褊桃一琉璃瓶，蔷薇水二十琉璃瓶"[1]。《宋会要辑稿》关于历代朝贡的记载中，玻璃器也多次出现。玻璃器在这一时期属于十分珍贵的宝物，这从模仿生产伊斯兰玻璃器造型的长颈瓶之瓷窑多具官方性质也能得到体现。统治者和贵族对于这些随大食进贡而来的玻璃瓶十分喜爱，而此时国内的玻璃制造工艺还没达到生产这类器物的水平，效以瓷器为之，这种可能性是完全存在的。

关于这些玻璃器传入的途径，应该有两条。[2] 一条是陆上丝绸之路，根据《宋史》的记载，高昌、于阗、回鹘在10世纪末和11世纪初都曾向宋廷进贡过玻璃器，走的当是传统的陆上丝绸之路。另一条是在宋代十分兴盛的海上丝绸之路，沉船中出水的玻璃器表明玻璃瓶有经海路而来的可能，史籍中记载前来进贡的大食使节有不少本身就是海商，比如"大食勿巡国进奉使辛押陀罗"[3]是"家赀数百万缗"的蕃商[4]，各种长颈玻璃瓶极有可能就是这些海商在进贡时带来的。而唐代中期以后，陆上丝绸之路受阻，盛极而衰，海上丝绸之路迅速繁荣起来。因此，这一时期以朝贡方式传入中国的西方长颈玻璃瓶可能大部分来自海路。这些经由海上丝绸之路传入唐宋朝廷的玻璃瓶为统治者所珍视，汝窑、定窑、龙泉窑等具有官窑性质或曾为官方烧制过瓷器的瓷窑为此生产出了一批造型模仿西方玻璃器的长颈瓷瓶。从这些造型模仿或借鉴玻璃器的长颈瓶中可以看到，在中国与域外的交流中，瓷器不仅是重要的输出品，对其他国家和地区的艺术文化产生了影响，而且在往来于海上丝绸之路的双向互动交流中接受了其他文化的启迪。

---

[1] 《宋史·大食传》，第14119页。
[2] 安家瑶：《试探中国近年出土的伊斯兰早期玻璃器》，《考古》1990年第12期，第1116~1126页。
[3] 《宋会要辑稿》蕃夷七之二〇。
[4] 苏辙撰、俞宗宪点校《龙川略志》，北京：中华书局，1982，第28~29页。

第二节　永乐、宣德青花瓷造型装饰中的伊斯兰艺术

　　唐代的对外文化交流基本上在东亚文化圈内，以唐为中心，侧重于东方的高丽、日本等国。元代不同，当时阿拉伯－伊斯兰文化已经越过鼎盛时期并已形成阿拉伯－伊斯兰文化圈。元代的对外文化交流侧重于西方，主要是中国文化与阿拉伯－伊斯兰文化这两大先进文化之间的交流。① 这正是元代青花瓷大量出现的时代背景，因此人们看到了元青花瓷器上的异域风格，器型庞大，装饰繁缛，它在整个亚洲获得了人们的喜爱，并通过陆地和海洋两种途径从景德镇向西方传输。

　　阿拉伯－伊斯兰文化圈是"以巴格达为中心，往西经开罗和摩尔多瓦传播到北非和整个欧洲；往东传到中亚、印度和东南亚"。② 13～15 世纪，随着部分东南亚、印度洋国家和地区完成伊斯兰化过程，广大的东南亚、南亚，及中亚、西亚地区形成了具有浓厚伊斯兰文化背景的区域环境，从而为青花瓷器的生产提供了广阔的需求

---

① 黄时鉴：《元代的对外政策与中外文化交流》，载中外关系史学会编《中外关系史论丛》（第3辑），世界知识出版社，1991，第42页。
② 吴于廑、齐世荣主编《世界史·古代史编》（下册），高等教育出版社，1996，第143页。

市场。① 而这些地区正是明初郑和"下西洋"的主要区域,在郑和的宣传、努力、鼓动和影响下,各国使团纷纷搭乘中国船只来朝,穆斯林中许多上层人物成群结队自愿为明朝效力。有人据《明实录》统计,从洪武到成化的百余年间(1368~1487年),西方来归的穆斯林近70批,其中宣德六年(1431年)的一次来归人数即多达300余口。这一时期见征了历史上继元代之后穆斯林入附中原的新高潮。他们精于手工业制作,其中的手工匠艺人为明初的染织、制瓷、铸造等行业注入了新的活力。② 永乐、宣德青花瓷正是在这种比较开放交流的社会条件下融合、吸收了大量伊斯兰手工艺品风格的产物。正如吴仁敬在其《中国陶瓷史》中所述:"明人对于瓷业,无论在意匠上、形式上,其技术均渐臻至完成之顶点。而永乐以降,因波斯、阿拉伯艺术之东渐,与我国原有之艺术相融合,对瓷业上,更发生一种异样之精彩。"③

国外的学者在研究我国青花瓷发展的历史时指出,在15世纪早期,中国的青花瓷器上出现了明显的风格转变,从这一时期瓷器的装饰风格上看,它相对于元青花来说更加中国化,但同时指出,从永乐瓷器开始,中国瓷器上出现了另一个更重要的特征,那就是造型多模仿伊斯兰风格的器物,而这些器物主要是波斯王朝和马姆鲁克王朝的金属加工品甚至玻璃器皿,并认为这正是中国陶瓷生产适应外销市场的一种体现。④

考古资料证明,这种仿伊斯兰器物造型的瓷器最早体现在永乐白瓷上,白瓷是永乐时期最重要的瓷器,许多器物的造型直接模仿波斯帝国和伊斯兰世界的金属制品,后来在宣德时期这些器型更被

---

① 苏沛权:《青花瓷与中外文化交流》,暨南大学博士学位论文,2005,第77页。
② 王健华:《明初青花瓷发展的原因及特点》,《故宫博物院院刊》1998年第1期。
③ 吴仁敬、辛安潮:《中国陶瓷史》第十一章"明时代",上海书店出版社,1961,第37页。
④ John Carswell, *Blue & White: Chinese Porcelain Around the World* (London: British Museum Press, 2000), pp. 13 – 14.

大量用于青花瓷。就瓷器的装饰而言，自汉唐以来，在与外域文化的相互融合中，汉族文化一直是主体，完全模仿的装饰多用在局部或作点缀之用，唯独永乐、宣德青花瓷器由于历史的、社会的、文化的诸多方面的原因，其所含文化在与伊斯兰文化的相互融合中，出现了短暂的以外来文化为主体的倾向。瓷器上这种风格的突现，唯一的解释是永乐、宣德青花在明政府的外交政策中充当了"和平使者"。

伊朗的阿德比尔宫博物馆和土耳其的伊斯坦布尔博物馆，前身都是伊斯兰的宗教寺院，所收藏的明初青花瓷，大多是最高档次的精美官窑产品。结合景德镇珠山御窑厂的考古发掘结果及国外收藏的明初官窑青花瓷看，永乐、宣德时期青花瓷器中有不少奇异而神秘的具有异域风格的造型。

现藏大英博物馆的青花无挡尊，是在叙利亚的首都大马士革被发现的。这件青花无挡尊的装饰几乎完全模仿马姆鲁克王朝的雕刻金属工艺，而且还不太成功地刻画了阿拉伯文的祈祷题记，唯一可以看到的中国因素是掩藏于口沿之下的蔷薇花形装饰。[1] 类似的器物还见于河北文物商店[2]、天津博物馆，景德镇珠山御窑厂也有相关碎片出土。王健华先生认为这种器型应来自叙利亚黄铜嵌银器座。

托普卡帕宫博物馆和阿德比尔宫博物馆的藏品中还包括具有波斯或中亚风格的瓷质水壶，在我国被又称为执壶。它们圆柱形的高直颈，方形流以及肩部扇贝形图案一周，都显示了其模仿金属器原型的痕迹。这种水壶在穆斯林举行朝拜仪式时被用于沐浴净身，在美索不达米亚、伊朗和阿富汗都非常流行这种腹壁出棱的金属制

---

[1] John Carswell, *Blue & White: Chinese Porcelain Around the World* (London: British Museum Press, 2000), p.83.

[2] 陈联众：《明青花无挡尊》，《文物》1994年第1期。

样，在美国佛利尔美术馆的收藏中可见。①景德镇珠山御窑厂遗址中也出土了永乐甜白釉和宣德青花的这种方流直颈壶。

景德镇珠山御窑厂曾出土复原了一件青花折沿大盆，完整的器物可见于故宫博物院、伊斯坦布尔以及日本的收藏中。这种大盆上的装饰往往是中国风格的，但器型起源于穆斯林的净手盆，多为铜制，流行于埃及等地区。②伊斯坦布尔收藏的青花折沿大盆③，在内沿上绘的是传统的缠枝花卉图案，在花卉图案中间穿插着弯弯曲曲的线或字的摹写，当是阿拉伯文字的书法，可解释为"顺从真主安拉"之意，体现了浓重的伊斯兰文化气息，也体现了其对金属制品的模仿的痕迹。

1983年，在景德镇珠山御窑厂附近出土的永乐、宣德瓷器中有一种被称为"三壶连通器"的器型，"口作盅状，盅底有花形筛孔，通过颈部的内管及其下的三扁管与三个带圈足的球状皿相连通。颈之外层以镂空花纹为饰，器身有七道凸起的弦纹，其间镌刻阿拉伯錾金纹饰"。其用途目前尚不明确。不过，我们可以从另一种器型的"酒瓶"中寻找线索。土耳其托普卡帕宫博物馆收藏的一件酒瓶有很窄的瓶颈，瓶上端被塑造成杯形，并有滤孔装置，这种窄的瓶颈造型源自波斯地区的同类金属器物。研究人员认为，顶端杯形口的设计，是为了方便液体倒入，具有漏斗功能，瓶颈窄，液体流出就比较慢，而且液体从瓶口唇边斟出时就不会沿瓶边流下。这是由于波斯地区气候干燥，易倒入、不易倒出可以节省水，有滤孔设计更可防止昆虫落入。④这件永乐白釉三壶连通器，除了底部分叉成三个独立的球状器皿外，杯形口、窄瓶颈以及镂空装置的设置几乎和上面酒瓶如出一辙，二者在使用功能上也应该更为相近。

---

① 王健华：《明初青花瓷发展的原因及特点》，《故宫博物院院刊》1998年第1期。
② 王健华：《明初青花瓷发展的原因及特点》，《故宫博物院院刊》1998年第1期。
③ John Carswell, *Blue & White: Chinese Porcelain Around the World* (London: British Museum Press, 2000), p. 86.
④ 苏沛权：《青花瓷与中外文化交流》，暨南大学博士学位论文，2005，第188~189页。

青花酒瓶的造型在15世纪菲律宾发现的沉船瓷器中有大量发现[1]，从当时青花使用者的阶层来看，研究者进一步推测三壶连通器可能是皇族或社会上层人士用来装葡萄酒的瓶子，因为当时波斯地区盛产葡萄。

此外，模仿伊斯兰造型生产的永乐、宣德白瓷和青花瓷器还见有带盖豆、花浇、双耳绶带瓶、抱月瓶、军持、天球瓶、大扁壶、灯笼瓶、卧足碗、盘等器型，这类器物不但在景德镇考古发掘中大量出土，还见于中东等地的收藏中。

除了模仿伊斯兰造型外，许多青花瓷器上还直接描绘着伊斯兰风格的图案。伊斯兰文化"尊奉独一的真主安拉，反对偶像崇拜"，所以在清真寺中，几乎都是植物和几何图案，而没有人和动物的画像和雕像。但是阿拉伯的艺术家匠心独具，他们利用阿拉伯字母和几何图案把清真寺装饰得华美壮丽。[2] 伊斯兰文化的图案装饰中采用的题材是植物花卉，它们常采取繁缛的缠枝图案，以柔美的曲线为主，有规律地展开呈蔓延状的花、果、叶、藤等植物图案，从而充满旺盛的生命力和梦幻之美。它们的这种特征和反映的审美取向同样体现在了永乐、宣德时期的青花瓷上。

阿拉伯文字的书法也是永乐、宣德青花瓷上的装饰题材之一，点线的搭配和变化无穷的组合，布局跌宕起伏，具与流畅的韵律美。青花卧足碗、青花无挡尊和前面提到的青花折沿大盘等器物上均有以阿拉伯文作为装饰，是这一时期富有代表性的作品。

天文学和数学向来为穆斯林所重视，随着农业和航海的发展，其天文学水平更加高超。数学又与天文学有着密切联系，因此阿拉伯的数学也发展到了很高水平。他们创立的几何形装饰体系显示出

---

[1] Nguyen Dinh Chien, *The CaMau Shipwreck (1723–1735)* (London: Periplus Publishing Ltd., 2000), pp. 36–39.

[2] 吴于廑、齐世荣主编《世界史·古代史编》（下册），高等教育出版社，1996，第147~148页。

对数学抽象思维的喜好与透彻理解。从青花瓷的造型到装饰，几何形的排列几乎无处不在。在图形方面常见的有八角星系列、变体图形、六角、五角、三角、棱形、圆形、八方、六方、棋盘格、工字等。这些因素在前面提到的器物上均有不同程度的体现。

第三节　陶瓷外销与饮茶风尚的传播

　　海上丝绸之路贸易史包含若干时空片断，内涵丰富，除丝绸、陶瓷之外，还有香料、茶叶等贸易品，因而又被称为"香料之路""陶瓷之路""茶叶之路"。其中，茶叶的外销还带动了饮茶之风的传播，外销陶瓷中也不乏各类风格独特的茶具，如建窑系黑釉盏、同安窑系"珠光青瓷"碗、欧美市场成套订购的青花及广彩茶具等。在某种程度上而言，中国陶瓷与饮茶之风原本就有着密切联系，陆羽曾在《茶经》中写道："碗，越州上，鼎州次，婺州次，岳州次，寿州、洪州次……邢瓷白而茶色丹，越瓷青则茶色绿，邢不如越三也。"[1] 而越窑瓷器与邢窑瓷器（见图10-26）在"黑石号"沉船中均有发现[2]，井里汶沉船也出水了越窑盏托（见图10-27）[3]，表明从唐代起，茶具即与其他大量陶瓷船货一起远销海外。饮茶风尚的传播更是与陶瓷茶具的外销相互促进，在海外贸易进程中推动东西方文化不断交流、融合和创新。

　　在中国茶叶向外传播的过程中，其他国家受到其影响并形成不同的饮茶方式，对应的茶具形态也有所不同。其中最具代表性的要

---

[1] （唐）陆羽撰、沈冬梅校注：《茶经校注》，中国农业出版社，2007，第24页。
[2] 谢明良：《记"黑石号"（Batu Hitam）沉船中的中国陶瓷器》，载谢明良《贸易陶瓷与文化史》，台北：允晨文化实业股份有限公司，2005。
[3] 秦大树：《拾遗南海　补阙中土——谈井里汶沉船的出水瓷器》，《故宫博物院院刊》2007年第6期。

图 10-26 "黑石号"出水的邢窑白瓷杯及盏托

图 10-27 井里汶沉船出水的越窑盏托

数日本茶道所推崇的"天目茶碗"和"珠光青瓷",而西方世界流行的下午茶与名目繁多的成套茶饮用具则是另一类突出代表。

一般认为,中国茶种和饮茶习俗是在唐代时由遣唐僧们带回日本的,日本茶道源于中国,已是学界共识。日本最早关于茶事的文献是《奥议抄》,其中记载了天平元年(公元 729 年)朝廷召集百僧入禁并赐茶的事迹,由此推断日本人饮茶可能始于奈良时代(710~794 年)初期。9 世纪初,日本天台宗开创者最澄带回茶籽播种,弘法大师空海将制茶的石臼带回日本并将他在唐朝学习的制茶技术进行了传播,促成了古代日本茶文化的黄金时期,即"弘仁茶风时期"。[1] 这一时期,茶文化在日本上层社会进一步传播、流

---

[1] 张婷婷:《从日本茶道形成的历史看日本人的本土化创新意识》,《东北亚外语研究》2013 年第 3 期。

行，高僧、贵族乃至皇室都欣然效仿。瓷器在当时的日本还是奢侈品，仅仅为贵族们所享用，茶道的流行势必令茶具（主要是茶碗）的需求量增加，也就意味着有更多中国陶瓷输入日本。唐代销往日本的陶瓷茶具主要是青瓷、白瓷制品。青瓷分别来自越窑和长沙窑。日本东京仁和寺、奈良法隆寺及立明寺都曾发现有唐代越窑茶具。① 日本出土长沙窑瓷器的地点共有27处，其中福冈、太宰府、三国川町出土的器型包括杯和托子。② 白瓷茶具主要是河北邢窑、定窑、河南巩县窑的产品，这些窑口生产的茶具在日本的福岗、奈良、广岛均有出土。③

弘仁茶风过后，日本的茶文化曾一度衰退。镰仓前期，僧人荣西带回陆羽的《茶经》，撰写《吃茶养生记》，开辟茶园并积极传播饮茶知识。在荣西的大力推动下，饮茶之风在日本再次兴起，此时的茶事逐渐开始由寺院向民间普及。

唐宋时代的烹茶之法大致可分为"煎茶""点茶"两种，煎茶尤盛于唐，两宋之际则更流行点茶。荣西引入日本的，正是当时宋朝所盛行的点茶法。点茶之法，用茶筅或茶匙在茶汤中"击拂"，形成乳花。④ 点茶尤其看重击拂形成的乳花，陆羽称之为"沫饽"并视其为"汤之华"，不同厚薄的乳花呈现似"枣花""青萍""浮云""绿钱""菊英""积雪"的各异形态。⑤ 建盏的盛烧和外销就与宋代点茶之法的流行密不可分。北宋蔡襄的《茶录》云："茶色白，宜黑盏，建安所造者绀黑，纹如兔毫，其坯微厚，熁之久热难冷，最为要用。"⑥ 一来建盏胎体厚重利于保温，使茶汤更易打出且有助于保持乳花；二来建盏釉色深黑，更能衬托乳花的色泽和形

---

① 何鸿：《"陶瓷之路"上的越窑瓷器》，《佛山陶瓷》2002年第5期。
② 长沙窑课题组：《长沙窑》，紫禁城出版社，1996，第211页。
③ 冯小琦：《中国古代瓷器对日本瓷器的影响》，《收藏家》1999年第4期。
④ 扬之水：《两宋茶诗与茶事》，《文学遗产》2003年第2期。
⑤ （唐）陆羽撰、沈冬梅校注：《茶经校注》，中国农业出版社，2007，第35页。
⑥ （宋）蔡襄撰：《茶录》，商务印书馆，1936，第4页。

态。宋徽宗时的宫廷斗茶，即比试点茶技巧，评判标准就是盏面的乳花，建盏也因此更受推崇。宋代建州曾向朝廷上贡御用茶盏，这种底部带"供御""进盏"字样的黑釉盏残片及垫饼在建窑芦花坪窑址就有发现。[1]建盏的流行还引发闽北、福州各地窑场的仿烧，形成了一大批生产这种仿建盏的黑釉瓷窑群。建窑系黑釉盏在福冈博多遗址和"白礁一号"、东礁沉船、新安海底沉船、龙海"半洋礁一号"等宋元时期的沉船遗址中均有发现，表明它们曾通过海上贸易被运销日本。

以宋代建盏为代表的茶碗在日本被称为"天目"，来自中国的是"唐物天目"，日本国内仿烧的被称作"和物天目"。虽然关于"天目"一词的由来和定义，学界目前尚未达成一致，但"天目"与茶碗（茶盏）有关则是无疑。考古资料显示，最迟在十二世纪前半叶，建盏已经输入博多，日本文献记载建盏的最早年代则在镰仓中期以后。金泽贞显（1278～1333年）写信向镰仓称名寺第二代住持剑阿（1261～1338年）借一套茶具，信中出现了"建盏"等词句。[2]建窑系黑釉盏除了发现于日本的考古遗址外，还有大量传世佳品。据小山富士夫统计，日本国内各大博物馆、寺院、美术馆和民间都收藏了大量黑釉盏精品，包括兔毫、油滴、曜变等，它们在日本被作为国宝级文物珍藏起来，如"油滴天目"（见图10-28）、"曜变天目"（见图10-29）、"灰被天目"等，这些黑釉盏除少量由佛教僧侣带回日本外，大多通过海上贸易外销到日本。[3]目前为止，除曜变天目外，与其他品种的建盏相同和相似的标本，大多已在建窑遗址的考古调查和发掘中有发现和出土，而"灰被天目"与南平茶洋窑安后山窑址出土的一类黑釉碗十分相似，"曜变天目"的标本虽然尚未在遗址中见到，但其器型、釉色、胎质及制

---

[1] 厦门大学人类博物馆：《福建建阳水吉建窑发掘简报》，《考古》1964年第4期。
[2] 林蔚文：《"唐物天目"茶盏在日本的传播》，《农业考古》1996年第2期。
[3] 叶文程、林忠干：《建窑瓷鉴定和鉴赏》，福建人民出版社，1999，第82页。

作工艺的特征等，都说明该类瓷器确应产自建窑。①

图 10-28 龙光院所藏的曜变天目

资料来源：引自福建省博物馆、茶道资料馆编《唐物天目：福建省建窑出土天目と日本伝世の天目 特别展》，MOA 美术馆，1994，第 13 页。

图 10-29 根津美术馆所藏的油滴天目

资料来源：引自福建省博物馆、茶道资料馆编《唐物天目：福建省建窑出土天目と日本伝世の天目 特别展》，MOA 美术馆，1994，第 13 页。

宋元时期从中国输入日本的陶瓷茶具除建窑系黑釉盏外，还有一类被称为"珠光青瓷"的茶碗。这类青瓷碗内壁饰刻划纹、篦梳纹、云气纹，器外刻划数组斜直线纹，因受到草庵茶道创始人村田珠光的喜爱而得名。目前通常认为，这种茶碗属于以宋元时期汀溪窑为代表的同安窑系青瓷，技术方面受龙泉窑传统工艺影响。日本出土的同安窑系青瓷数量大、地点多，包括镰仓海岸、佐贺县唐津市的山麓一带、福冈市的博多湾、福冈县的观音寺、太宰府附近等

---

① 栗建安：《福建古代陶瓷与日本茶道具》，载浙江省博物馆编《东方博物》（第四辑），浙江大学出版社，1999，第 76 页。

镰仓时代遗址。① 泉州湾后渚沉船、西沙"华光礁Ⅰ号"沉船等遗址也发现有同安窑系青瓷碗，表明这类产品曾销往海外。

如果说以建盏为代表的天目茶碗更多地符合贵族武士等上层阶级的审美，属于奢侈品，那么被称为"珠光青瓷"的同安窑系青瓷则与日本茶道自上而下的继续推广和发扬相辅相成。村田珠光倡导的禅宗系草庵茶尊崇自然、尊崇朴素，千利休在继承村田珠光思想的基础上进一步改良了草庵茶道，使茶道的精神世界摆脱了物质因素的束缚，将茶道还原到淡泊寻常的本来面目。② 同安窑系青瓷朴实、素雅的风格正与之不谋而合，故而广受欢迎，这在一定程度上推动了同安窑系窑场的扩张及其产品的大量烧制。

伴随新航路的开通，西方贸易者相继东来，中国茶叶于17世纪正式进入欧洲市场，并迅速成为高利润的大宗贸易品。茶叶与陶瓷茶具一起被大量运销欧美，推动了饮茶风尚在西方的传播。以1784年首航广州的"中国皇后号"为例，在它带回美国的货物中，茶叶和瓷器的数量是最多的，位居前二。③

西方的饮茶风尚首先在英国以"下午茶"的方式兴起，然后流传到整个欧洲，并随着移民活动传入北美。饮茶风尚在传播、推广的过程中，也逐渐由上流社会普及到中产阶级和普通民众。西式的饮茶不仅仅着眼于茶饮本身，确切而言更是一种社交活动和生活方式，其饮茶习惯亦不同于中国的清茶品茗，会加入牛奶、白糖，并配上蛋糕等茶点，所以销往西方的成套茶具除了包含茶壶和茶杯外，还包括茶碟、蛋糕盘、奶壶、糖罐等完全西式的器型，它们都是专门订烧的。由于使用场合和饮用方式相近，这类成套的西式茶

---

① 林忠干等：《同安窑系青瓷的初步研究》，《东南文化》1990年第5期。
② 张婷婷：《从日本茶道形成的历史看日本人的本土化创新意识》，《东北亚外语研究》2013年第3期。
③ 转引自菲利普·查德威克·福斯特·史密斯编《中国皇后号》，《广州日报》国际新闻部、法律室译，广州出版社，2007，第173页。

具大多还配有咖啡杯碟，可充当咖啡具，一些订单中明确表述为"茶与咖啡具（Tea & Coffee Setts）"，整套茶具的各类配件总数普遍在几十件以上，规格不可谓不大。

"中国皇后号"运回美国的6套茶与咖啡具，每套有61件。[①] 1786年，塞勒姆商人为自己订购的一套茶具，则瓷器数量达到了101件。[②] 1794～1798年畅销的瓷器中，包括51件套的茶具。[③] 1797年，一位罗得岛商人记录下的广州市场上销售的瓷器价目中，详细标明配件的整套茶具就有不下4种：65件套的描金南京式样茶具，43件套的普通茶具，45件、49件、53件一套的茶具组合。其他零散出售的不同档次、各类款式的茶壶、茶碟、茶杯等则品种更多。以43件套的普通茶具为例，其中包括茶杯、茶碟12组计24件，咖啡杯6件，含罐盖及底托的糖罐1组计3件，含盖及壶承的茶壶1组计3件，含盖及底托的茶叶罐1组计3件，碗碟1组计2件，蛋糕盘1件，奶壶1件。[④]

饮茶作为一种社交活动，渗透进西方人的日常生活。懂得如何待客奉茶、举办茶会成为贵族及富裕家庭中女性成员的必备素质，相关社交礼仪和技巧的引导与训练，甚至在她们童年时就已开始，并带动了相应的瓷器消费。费城的佩吉·利文斯顿（Peggy Livingston）曾经收到叔叔送给她的一整套过家家用的玩具茶具。同样是在费城，南希·希彭（Nancy Shippen）在年仅5岁时就举

---

① Jean McClure Mudege, 1981. *Chinese Export Porcelain for the American Trade, 1785 - 1835*, 2nd edition (London and Toronto: Associated University Press, Inc., 1981), p.99。转引自Homer Eaton Keyes, "The Chinese Lowestoft of Early American Commerce," *Antiques*, XVI (November, 1929), pp. 382 - 383。

② Jean McClure Mudege, *Chinese Export Porcelain for the American Trade, 1785 - 1835*, 2nd edition (London and Toronto: Associated University Press, Inc., 1981) p.107.

③ Jean McClure Mudege, *Chinese Export Porcelain for the American Trade, 1785 - 1835*, 2nd edition (London and Toronto: Associated University Press, Inc., 1981) pp. 99 - 100.

④ Jean McClure Mudege, *Chinese Export Porcelain for the American Trade, 1785 - 1835*, 2nd edition (London and Toronto: Associated University Press, Inc., 1981), APPENDIX II, pp. 256 - 260.

办茶会，招待了 20 位客人。① 1788 年，塞缪尔·弗莱明（Samuel Fleming）写给"杰伊号"（Jay）船长的信中提到"也给我女儿买一套儿童茶具"。② 1819 年，塞勒姆的皮克曼（D. L. Pickman）想给他的孩子们买一小套瓷餐具，并提到孩子们已经有一套茶具。③ 可见瓷质茶具在西方的消费普及到了不同的年龄层，孩童们在潜移默化中了解和接受了饮茶风尚，并开始使用中国瓷器。

可以看到，无论是日本还是欧美，中国陶瓷的输入与当地饮茶风尚的形成、传播都有着密不可分的联系。后者带动了瓷器消费，而为了满足这种需求，瓷器生产得以维持甚至扩大。消费者在自身的文化情境下选择或订烧符合其审美的茶具，陶瓷种类和风格也因此更为丰富。中外之间的陶瓷贸易，从生产到消费，都包含着双向互通的文化交流。

---

① William R. Sargent, *Treasures of Chinese Export Ceramics from the Peabody Essex Museum*. Salem: Peabody Essex Museum, 2012, p. 15.

② Jean McClure Mudege, *Chinese Export Porcelain for the American Trade, 1785 – 1835*, 2nd edition (London and Toronto: Associated University Press, Inc., 1981), p. 118.

③ Jean McClure Mudege, *Chinese Export Porcelain for the American Trade, 1785 – 1835*, 2nd edition (London and Toronto: Associated University Press, Inc., 1981), p. 109.

索 引

Jepara 沉船　55~56，69，71

白礁一号　60，69，76，196，330

白狮号　163，166，182~183，184，189，192，293

班达号　163，183

北礁 3 号　156~158，160~161，185，191~292

笔架山窑　24，53，72~73

长沙窑　9，12，20，31~39，41~44，46，329

朝贡贸易　102~103，121~123，125~126，128，138~141，148，185

磁灶窑　25，52，57，59，66，68~71，75~76，88，91~92，94，96，113

德化窑　25，52，56，58，67~68，70~71，75，78，82，86，88，97，98，113，219，285~287，295，302~303

杜里安沉船　131

鳄鱼岛沉船　51~53，68，70~71

肥前瓷器　209~212

费茨休　269~270，273

芙蓉手　210，213

哥德堡号　236~237，243，247

哥德马尔森号　236~239，246~247，268

格里芬号　236，238，246

广彩　27，244~245，252，302，327

哈彻沉船　154，164，168，175，184，187，192，293~294，296

行碗　271~272

荷兰加彩瓷　245

黑石号　37~40，43~44，46，327~328

华光礁 I 号　56~57，69，71，85~86，90~91，332

皇家舰长暗沙二号　156，159~

160，185

皇家南海号沉船　133～135

加增饷　174，197

建窑　21，25，51，56，61，63，66，68～69，71，75～78，90，97～98，110，112～113，138，140，230，327，330～331

金襕手　224

金瓯沉船　229，231～232

井里汶沉船　45～47，307，309，310～311，317～318，327～328

九梁一号　164～165，175，185

克拉克瓷　160，163～166，169～170，172～175，178～179，182～185，189～190，213，232，255，292～293

空白期　117，119～121，133，135，140

老牛礁沉船　147～148

利纳沉船　146～148

龙泉窑　21，22，25，53，55～56，59，61，63，69，71，75，88～89，95，98，110，125，129，138～139，307，313～316，318，320，331

罗宛井窑　52，70，82

闽清义窑　25，57，58，63，69～71，75，82，84～85，88，112，140

南澳Ⅰ号　156～157，159～160，

170，185，291～293

南海Ⅰ号　57～59，69，71，85～86，91

帕塔亚沉船　163

潘达南岛沉船　133～134，136～137

庞帕多装饰　245

平顺号　154，160，162～163，174，185，192，292～293

秋叶纹盘　216～217，230，298

荣坚沉船　131

三组合　20

汕头器　162，191

圣迭戈号　154，160～162，173～174，180，192，197，255，292～293

圣菲利普号　159～160，293

圣伊西德罗沉船　146，155

十三行　11，234～235，263，264，266，271

市舶司　9，10，35，103，105～106，108，139

四洋　1，13～14

四组合　23

宋加洛窑　131～133，139

素可泰窑　132～133

素攀武里府窑　132

天目　81，328，330～332

汀溪窑　25，75，82，88～89，331

头顿号　216～218，229～231，296

碗礁一号　227～229，231

万历号　154，164～166，169，174～

175，179，189

西昌岛二号　130～131

西昌岛一号　161，163

西村窑　24，32，68，72～73

"辛辛那提"瓷　269

新安海底沉船　63～66，69，76，81，100，112，114，330

宣德号　152～153，155，169

伊万里瓷　209～211，220，224，236～237，239～240

印坦沉船　45～46

玉龙号　62～63，69

越窑　12，18～21，31～38，41～43，45～47，327～329

漳州窑　71，84，144，155～157，159～160，162～164，166，170～174，176，182～185，191～193，205，216，218，254～255，279，282～284，289，291～294，299

郑氏海商集团　203～206，208，211，214，220，296，299

纸槌瓶　307～310，314～316

中国白　285，295

中国风　175，191，221，223，225，236～237，239～240，242，244～246，250～252，267，274，302，324

中国皇后号　254，258～259，262，267，332～333

珠光青瓷　25，75，88～89，327～328，331～332

竹篙湾遗址　148～149

图书在版编目(CIP)数据

沉船、瓷器与海上丝绸之路 / 刘淼，胡舒扬著. -- 北京：社会科学文献出版社，2016.12（2024.3 重印）
（海上丝绸之路与中国海洋强国战略丛书）
ISBN 978-7-5201-0217-9

Ⅰ.①沉… Ⅱ.①刘… ②胡… Ⅲ.①丝绸之路-海上运输-考古发现-中国 Ⅳ.①K878

中国版本图书馆 CIP 数据核字（2016）第 317458 号

海上丝绸之路与中国海洋强国战略丛书
沉船、瓷器与海上丝绸之路

著　　者 / 刘　淼　胡舒扬

出 版 人 / 冀祥德
组稿编辑 / 陈凤玲
责任编辑 / 陈凤玲　田　康　关少华

出　　版 / 社会科学文献出版社·经济与管理分社（010）59367226
　　　　　　地址：北京市北三环中路29号院华龙大厦　邮编：100029
　　　　　　网址：www.ssap.com.cn
发　　行 / 社会科学文献出版社（010）59367028
印　　装 / 唐山玺诚印务有限公司

规　　格 / 开本：787mm × 1092mm　1/16
　　　　　　印　张：22　字　数：284 千字
版　　次 / 2016 年 12 月第 1 版　2024 年 3 月第 6 次印刷
书　　号 / ISBN 978-7-5201-0217-9
定　　价 / 88.00 元

读者服务电话：4008918866

版权所有 翻印必究